基于循环经济的
我国钢铁企业能源效率研究

JIYU XUNHUAN JINGJI DE
WOGUO GANGTIE QIYE NENGYUAN XIAOLÜ YANJIU

张川 著

中国商务出版社
CHINA COMMERCE AND TRADE PRESS

图书在版编目（CIP）数据

基于循环经济的我国钢铁企业能源效率研究 / 张川
著 . — 北京：中国商务出版社，2022.7
ISBN 978-7-5103-4292-9

Ⅰ . ①基… Ⅱ . ①张… Ⅲ . ①钢铁工业－能源效率－
研究－中国 Ⅳ . ①F426.31

中国版本图书馆CIP数据核字(2022)第 103082 号

基于循环经济的我国钢铁企业能源效率研究

张川 著

出　　版：中国商务出版社				
地　　址：北京市东城区安定门外大街东后巷 28 号邮编：100710				
责任部门：教育事业部（010-64243016）				
责任编辑：刘姝辰				
总 发 行：中国商务出版社发行部（010-64208388 64515150）				
网　　址：http://www.cctpress.com				
邮　　箱：349183847@qq.com				

开　　本：710 毫米 × 1000 毫米　1/16　　　　字　　数：251 千字

印　　张：18.25

版　　次：2022 年 7 月第 1 版　　　　　　　　印　　次：2022 年 7 月第 1 次印刷

书　　号：ISBN978-7-5103-4292-9

定　　价：75.00 元

S 摘要
UMMARY

　　"十四五"时期我国进入新发展阶段，要实现更高质量、更有效率、更加公平、更可持续、更为安全的发展，离不开循环经济的支撑。步入经济新常态的中国，能源、资源和环境的约束取代了资本给经济发展带来的束缚。"创新、协调、绿色、开放、共享"的新发展理念指引着高能耗、高排放和高污染的钢铁工业未来的发展方向，发展循环经济是首要切入点。循环经济的典型特征就是物尽其用、综合利用、循环利用，"以少产多"，以更少能源资源消耗和污染物排放，获得更多、更高附加值和更具可持续性的产品和服务，其核心与本质就是提高资源利用效率。将循环经济"减量化、再利用、资源化"的理念贯彻到资源开采加工、产品生产制造、商品流通消费、废物循环处置的各环节，全面提高资源利用效率，对保障国家资源安全、助力双碳目标的实现都将发挥重要作用。由于钢铁工业循环经济的发展目标围绕着钢铁工业的微观因子"钢铁企业"的能源效率、污染物排放等问题展开。所以，本书对我国钢铁企业的能源效率问题进行了一系列研究，主要研究内容和创新性成果如下：

　　（1）构建含有能源和资源消耗以及污染物排放的非合意产出的拓展四阶段SBM-DEA模型，对我国钢铁企业全要素能源效率进行测算。结果显示第一阶段测算中我国钢铁企业全要素能源效率呈阶梯形的特征，从东部地区至东北部地区依次递减；第二阶段结果显示环保关注度指标对全要素生产率影响显著；第三阶段别除外生不可控环境因素调整投入产出指标；第四阶段结果显示调整后的样本钢铁企业全要素能源效率与第一阶段相比下降了12.40%。从区域的角度看，东部、中部、西部和东北部要素能源效率差距较大。

（2）构建我国钢铁企业发展循环经济的驱动概念框架，综合钢铁工业领域相关专家建议构建了基于循环经济的我国钢铁企业综合能源效率评价系统。综合能源效率评价结果与拓展四阶段SBM-DEA模型结果较为相似，其中宝山钢铁股份有限公司在两种测算方法中能源效率均居于首位，但在相对效率评价中表现较好的太原钢铁集团有限公司和河南济源钢铁（集团）有限公司在综合能源效率评价中表现欠佳。综合能源效率的评价可以弥补基于拓展四阶段SBM-DEA方法测算结果的不足。

（3）运用偏最小二乘方法揭示影响我国钢铁企业循环经济能源效率的影响因素及作用路径，得出环保与技术因素、企业因素、政府因素和文化因素是最为重要的影响因素的结论。

（4）构建组合灰色预测模型对我国"十四五"期间钢铁工业能耗和污染物排放趋势进行科学预测。结果显示"十四五"期间钢铁工业能耗呈小幅稳步提升的状态；总耗新水呈现小幅下降的趋势。污染物排放方面，废气排放总量呈现出小幅增长趋势，但其中二氧化硫的排放量却有小幅下降；废水及二氧化碳排放呈下降趋势，且下降幅度较大。

（5）通过对目前钢铁企业的发展状况的分析及循环经济背景下全要素生产效率的测算，结合我国的新发展理念和新发展目标，本书提出了我国钢铁工业在节能减排、循环经济发展方面的合理化建议。

关键词：循环经济，钢铁企业，能源效率

Research on Energy Efficiency of China's Iron and Steel Enterprises Based on Circular Economy

Abstract

During the 14th Five-Year Plan period, China has enterd a new stage of development. With the augmentation of the comprehensive national strength, the constraints of energy, resources and environment replaced the bandage of the capital. The Fifth Plenum of the 18th Central Committee of the Communist Party of China in 2015 put forward "five development concepts" which includes innovation, coordination, green development, opening up and sharing. As high energy consumption, high emission, high pollution of iron and steel industry should be followed the green development in China. The typical feature of circular economy is to make the best use of everything, comprehensively utilize and recycle. The core essenceis to improve the efficiency of resource utilization. The goal of iron and steel industry circulation economy development is around the microscopic factors. Therefore, this paper applied a more scientific and accurate research method to study the energy efficiency of China's iron and steel enterprises. The main research contents and innovation results are as follows.

（1）This paper puts forwards the expanding four-stage SBM-DEA model to measure the energy efficiency of China's iron and steel enterprises from 2009 to 2015 under the background of circular economy. This research brings the integrated total energy consumption, total consumption of new water, waste residue and waste gas into the model and constructs the expanding four-stage SBM-DEA model with undesirable output. The model calculation results show that the energy efficiency of China's iron and steel enterprises display ladder type characteristics in the first stage, diminishing from the eastern region to the northeast region. The second stage results show that the awareness of environmental protection index has significant effects on total factor productivity. The third stage adjusts the input and output indicators through cutting out the exogenous uncontrollable environmental factors. The results of fourth stage show that the samples of iron and steel enterprises total factor of energy efficiency after the adjustment compared with the first stage results fell by 12.40%. From the regional perspective, the gap of total factor energy efficiency in four areas is big.

(2) On the basis of measuring energy efficiency through expanding four-stage SBM-DEA model, combining with the characteristics of iron and steel industry development, this study firstly constructs China's iron and steel enterprises developing circular economy driving conceptual framework. This paper also builds integrated iron and steel enterprises circular economy evaluation system referring to expert advice in iron and steel industry field. Comparing the comprehensive measuring results with the results of expanding four-stage SBM-DEA model, we found that the results of the two methods are similar. The energy efficiency of Baogang in these two methods is both in the first place. However, the relative energy efficiencies of Taigang and Jiyuan perform better than the results in the comprehensive energy efficiency evaluation. Visibly, the comprehensive energy efficiency evaluation method can make up for the expanding four-stage SBM-DEA model.

(3) This study applies partial least squares (PLS) method to reveal the influence factors of China's iron and steel enterprises and the path of action. The main influence factors include environmental and technological factors, economic factors, government factors and cultural factors. The results show that the environmental and technological factors, economic factors, governmental factors and cultural factors on the iron and steel enterprise all have directly

effects on the energy efficiency of China's iron and steel enterprises. And the factors influencing level presents decreasing trend. The research of this part provides strong support on improving the economic benefit, social benefit and ecological benefit of iron and steel enterprises.

（4）This study uses combination gray prediction model to predict the trends of energy consumption and pollutant emission of iron and steel industry during the period of "14th five-year plan" in China. The results show that the energy consumption has small rising steadily and the total consumption of new water edged down during the "14th five-year plan". From the pollutant emissions, the waste gas emissions present a small growth trend, but the sulfur dioxide emissions will fall slightly during the "14th five-year plan". The wastewater discharge forecast results show that the discharge of wastewater quantity is on the decline trend and decrease greatly. The discharge trend of chemical oxygen demand emission is in line with the trend of wastewater.

（5）This paper puts forward corresponding reasonable suggestions for energy conservation, emission reduction and circular economy in the development of China's steel industry, combined with China's new development concept and new development goals.

Key Words：Circular Economy, Iron and Steel Enterprise, Energy Efficiency

目 录
CONTENTS

第一章 >>>

导　论

第一节 研究背景

一、研究背景及问题的提出

从工业化发展阶段开始，人类就在不断地创造任何时期都无法与之比拟的物质财富，然而，创造财富的同时，自然资源和生态环境也受到了前所未有的浪费与破坏。能源短缺、生态环境恶化、生态失衡等情况不断涌现，成为工业化发展阶段制约世界各国经济进一步发展的枷锁。在人类不断开采、使用、破坏大自然的生态平衡的同时，大自然也无情地让人类付出了沉重的代价。因此，如何实现生态的平衡、经济社会的可持续发展已然成为全世界共同关注的问题，合理高效地利用能源资源、减少污染物的排放、实现废弃物的再利用等循环经济的思潮开始成为全人类的共同认知。循环经济力图改变传统的高能耗、高污染经济增长模式，提出了一种全新的经济发展方式。循环经济理论认为，经济活动可以完成"资源—产品—再生资源"的过程，使得能源物质得到高效利用，并减少生产过程对环境的危害程度。所以，循环经济被认为是实现可持续发展战略的必经之路。循环经济的典型特征就是物尽其用、综合利用、循环利用，"以少产多"，以更少能源资源消耗和污染物排放，获得更多、更高附加值和更具可持续性的产品和服务，其核心与本质就是提高资源利用效率。将循环经济"减量化、再利用、资源化"的理念贯彻到资源开采加工、产品生产制造、商品流通消费、废物循环处置的各环节，全面提高资源利用效率，对保障国家资源安全、助力"双碳"目标的实现都将发挥重要作用。

1991年至2011年，我国的经济年均增长率维持在10%左右，保持着高速的经济增长速度；从2012年开始我国经济增长速度逐步放缓，进入了经济新常态，2016年的经济增长速度为6.7%，但2015年中国GDP达到68.91万亿元的新高度，获得了举世瞩目的成绩。2021年，面对复杂严峻的国际环境和国内新冠肺炎疫情散发等多重考验，在以习近平同志为核心的党中央坚强领导下，各地区各部门认真贯彻落实党中央、国务院决策部署，坚持稳中求进工作总基调，科学统筹疫情防控和经济社会发展，扎实做好"六稳"工作，全面落实"六保"任务，加强宏观政策跨周期调节，加大实体经济支持力度，国民经济持续恢复发展，改革开放创新深入推进，民生保障有力有效，构建新发展格局迈出新步伐，高质量发展取得新成效，实现了"十四五"良好开局。经初步核算，全年国内生产总值1 143 670亿元，按不变价格计算，比上年增长8.1%，两年平均增长5.1%。分季度看，一季度同比增长18.3%，二季度增长7.9%，三季度增长4.9%，四季度增长4.0%。分产业看，第一产业增加值83 086亿元，比上年增长7.1%；第二产业增加值450 904亿元，增长8.2%；第三产业增加值609 680亿元，增长8.2%。

　　然而，以生态环境、能源、资源为代价的粗放型的经济增长模式给中国未来经济的发展带来严峻挑战。不仅如此，我国与先期工业化国家相比，面临更为严峻的资源、环境和生态约束等问题。在目前激烈的国际竞争中，中国才意识到"地大物博"给自身经济发展带来的不利条件。从2002年开始，我国大范围地推广循环经济的理论研究工作和循环经济实践工作。并于2015年将节能减排纳入了国家五年规划纲要之中，由此可见中央政府非常注重节能减排。虽然，"十二五"期间我国单位GDP能耗实现了节能降耗目标，累计达成节能降耗19.71%，超额完成了任务。"十三五"时期，我国大力推进生态文明建设，引导全球应对气候变化合作，成为全球生态文明建设的重要参与者、贡献者、引领者。2020年各国通报或者更新了国家自主贡献目标，9月22日，习近平总书记在第七十五届联合国大会上郑重宣布，我国将提高国家自主贡献力度。但试图摆脱人口众多、人均资源相对匮乏、经济基础薄弱和技术水平相对较落后的窘迫局面还需要付出很多努力。随着我国综合国力的增强，能源、资源和环境的约束取代了资本给经济发展带来的束缚。2015年，"创新、协调、绿色、开放、共享"的新发展理念在十八届五中全会上被提出，成为"十三五"期间发展的主旋律。循环经济的主旨思想为实现低消耗、低排放和高效率，与"绿色发展"的理念相契合，转变经济发展方式，遵循循环经济道路是中国未来经济发展的必经之路。

近年来，国家发展和改革委员会同有关部门大力推进节能减排、调整优化能源结构等工作，采取强有力措施积极应对全球气候变化挑战，推动绿色低碳发展。2016年至2019年，全国单位GDP能耗累计降低13.2%，累计节能约6.5亿吨标准煤，相当于减少二氧化碳排放约14亿吨。我国将以更大决心和更多举措促进经济结构、能源结构、产业结构转型升级，坚持和完善能耗双控制度，不断优化调整能源结构，加快发展非化石能源，加大能耗双控、可再生能源发展、绿色投融资等方面体制机制创新改革力度，加快形成绿色发展方式和生活方式，为推进生态文明建设、实现国家自主贡献目标提供有力支撑。冶金工业是资源、能源消耗的大户。矿产资源是不可再生资源，会随着人类的开采利用而逐渐减少直至枯竭。冶金工业在生产过程中，会消耗大量的矿产资源，而且在冶金工业的生产过程中普遍存在着资源利用效率不高的现象，严重影响着资源利用的可持续发展。冶金工业还是污染物排放的大户。冶金工业污染包括废水、废气和废渣，大量的"三废"排放物对环境造成严重的破坏。而环境则是人类生存和发展的基本前提，矿产资源的枯竭与环境的破坏都会严重威胁人类的生存与发展。因此，冶金工业是发展循环经济、转变发展方式的重点产业。高能耗、高排放、高污染的钢铁工业理应成为我国发展循环经济的首要切入点。

钢铁工业享有"工业粮食"的美誉，是中国乃至世界现代化过程中的重要产业，作出了巨大贡献。中国的崛起，钢铁功不可没！钢铁工业是国民经济的重要基础产业，是国之基石。新中国成立以来，我国钢铁工业实现了从小到大、由弱渐强的历史性转变，为推动我国工业化、现代化进程作出了重大贡献。改革开放以来，中国工业化、城镇化迅猛发展，钢铁工业作为典型的原材料和基础产业与国家的经济增长有着密不可分的关系。钢铁工业是冶金工业中最为重要的一类，具有资源密集和能源密集的特点，是高能耗、高污染的产业。我国是钢铁生产大国，钢铁产量从1949年的15.8万吨，增长至1996年的10 124万吨。从粗钢产量占世界钢产量的不足千分之一，到从1996年开始至今蝉联世界第一钢铁生产大国。由图1-1可知，钢铁产量从2001年的1.51亿吨持续增长到2014年的8.23亿吨。而2014年世界的粗钢产量为16.6亿吨，我国粗钢产量占世界粗钢产量的49.5%。2015年，我国粗钢产量在国家"去产能"等众多政策调整的基础上实现了30年来的首次下降。2016年微幅提升达到8.08亿吨，仍然占据全球粗钢产量的49.54%。2020年生产粗钢106 476.7万吨，比上年增长6 842.7万吨，增长6.9%，占世界粗钢产量的62%，碳排放量占全国碳排放总量的15%左右，是我国碳减排的重点行业之一。

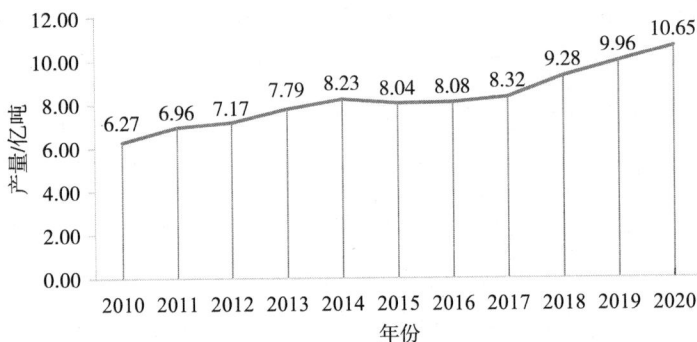

图1-1

数据来源：2010年至2020年《世界钢铁工业年鉴》。

据国际钢铁协会统计，2015年钢铁工业能源消耗约占我国工业总能耗五分之一以上，更是占据了我国能源总耗的15%。在固体废物产生和利用方面，钢铁工业2019年一般工业固体废物产生总量共计56 268.8万吨，占我国各行业产生总量的12.76%；钢铁工业固体废物综合利用量46 935.3万吨，占我国各行业利用总量的20.22%；钢铁工业固体废物处置量5 473.1万吨，占我国各行业处置总量的4.96%。从这组数据可以看出，我国钢铁行业在固体废物产生方面占比较大，综合利用量方面表现较好，但仍有很大的提升空间。二氧化硫排放量占工业总排放量的8.0%。2015年主要钢铁工业吨钢综合能耗为571.85千克标煤（kgce/t），吨钢耗新水3.25立方米，两组数据均较上一年度有所下降，但与发达国家钢铁产业能耗相比还有很大的差距。另据英国石油（BP）公司 *Statistical Review of World Energy 2016* 提供的数据，2015年中国仍是全球能源最大消费国，一次能源消费占全球消费量的23%，虽然能源消费增长率已降至1998年以来的最低水平，但是能源消费仍连续15年保持增长态势，中国已成为世界最大的能源消费国。与此同时，中国也是世界最大的二氧化碳排放国，2016年中国二氧化碳的累计排放量居全球首位，高达1 464亿吨。2020年中国钢铁协会成员单位能耗统计对应的企业有88家，其对应的钢产量为57 527.79万吨，上年为54 767.01万吨；能耗总量为39 516.24万吨标准煤，上年为40 217.03万吨标准煤。与上年相比，能源统计对应的钢产量增长5.04%，能耗降低1.74%，说明行业节能工作取得较大进展。2020年吨钢综合能耗为545.27 kgce/t，比上年降低6.51 kgce/t；吨钢可比能耗为484.99 kgce/t，比上年下降1.34%；铁钢比为0.8429，比上年下降0.0072，吨钢综合能耗下降是我国钢铁工业向优化方向发展的标志。2020年地方钢铁企业的铁、钢产量比2019年分别下降3.38%、上升3.52%，均低于重点统计钢铁企业的增长幅度，说明我国钢铁企业产业集中度得到升高，有利于我国钢铁工业结构优化、能耗降低、冶金设备大型化发展。

目前世界各国都注重节能减排，加强资源的有效利用和循环再生，并且将重点转向对资源高效综合利用、过程节能和环境友好的循环经济的科学技术基础方向。钢铁产业是我国国民经济的重要基础产业，为了贯彻落实党中央关于全面深化改革的战略部署，将我国钢铁工业目前面临的主要问题（产能过剩、无序竞争、自主创新能力不足等）作为工业改革和完善的切入点，解决这些问题的同时还可以促进我国钢铁工业在新的经济背景和形势下得到结构调整和升级。2015年我国政府发布了《钢铁产业调整政策（征求意见修改稿）》，这是对2005年发布的《钢铁产业发展政策》的修订，修改稿提出力求到2025年，我国钢铁企业可以达到国际先进水平，实现资源节约和环境友好的同时提高自主创新能力并取得良好的经济收益。转变钢铁工业的发展模式，发展循环经济，实现"绿色钢铁"的目标已经成为主流趋势。我国钢铁工业迫切需要在循环经济的理论基础下，改变过去的"高能耗、高投入、高污染、低效率、低效益、低技术"的局面。鉴于钢铁工业在我国国民经济中的重要地位，钢铁工业发展循环经济不仅关系到行业自身的可持续发展，更对国民经济的其他部门起到重要保障作用。与此同时，循环经济在钢铁工业上的发展和实现对建设资源节约型和环境友好型的生态文明社会同样至关重要。

二、研究意义

钢铁是关系到国计民生的重要大宗产品，在国民经济和国防军工建设中扮演着不可替代的关键角色。长期以来，钢铁工业为我国的经济建设提供了重要的原材料保障，有力支撑了相关产业的发展，促进了民生改善和社会的可持续发展。"十三五"期间，我国钢铁产业坚定推进供给侧改革，打击"地条钢"，提前完成1.5亿吨去产能上限目标，钢铁企业效益明显提升，产业发展环境显著优化，产业健康稳定发展。"十四五"是钢铁工业结构性改革的关键阶段，制定并落实好钢铁工业发展规划，对实现行业转型升级，推动钢铁与高端装备制造业的融合，推进钢铁产业高质量发展具有重要意义。

国务院印发《2030年前碳达峰行动方案》指出："十四五"期间，产业结构和能源结构调整优化取得明显进展，重点行业能源利用效率大幅提升，煤炭消费增长得到严格控制，新型电力系统加快构建，绿色低碳技术研发和推广应用取得新进展，绿色生产生活方式得到普遍推行，有利于绿色低碳循环发展的政策体系进一步完善。到2025年，非化石能源消费比重达到20%左右，单位国内生产总值能源消耗比2020年下降13.5%，单位国内生产总值二氧化碳排放比2020年下降18%，为实现碳达峰奠定坚实基础。"十五五"期间，产业结构调整取得重大进展，清洁低碳安全高效的能源体系初步建立，重点领域低碳发展模式基本形成，重点耗能行业能源利用效率达到国际先进水平，非化石能源消费比重进一步提高，煤炭消费逐步减少，绿色低碳技术取得关键突破，绿色生活方式成为公众自觉选择，绿色低碳循环发展政策体系基本健全。到2030年，非化石能源消费比重达到25%左右，单位国内生产总值二氧化碳排放比2005年下降65%以上，顺利实现2030年前碳达峰目标。

我国钢铁工业未来的发展之路充满机遇与荆棘，在其自身高速发展的同时也积累了大量的矛盾与问题，如产能严重过剩、铁矿石供需失衡、节能、环保、绿色、循环经济发展、转变粗放型发展方式及企业发展理念、发展战略、自主创新能力提升等。钢铁工业如何突围，牵动着政府、行业和企业的心弦。从2005年开始，我国政府部门先后公布了《钢铁产业发展政策》《钢铁工业调整与振兴计划》《关于进一步加大节能减排力度加快钢铁工业结构调整的若干意见》《钢铁工业"十二五"发展规划》《钢铁工业转型发展行动计划（2015—2017）》《钢铁工业发展规划（2016—2020年）》《关于推进实施钢铁行业超低排放的意见》等重要文件。这些针对钢铁工业先后颁布的重要文件中均提到绿色钢铁企业的建设是十分必要的；将循环经济和清洁生产融入钢铁企业的生产过程是实现绿色钢铁企业发展的关键手段。这都充分说明了国家对钢铁工业提高能源效率发展循环经济的高度重视。从上述背景出发，贯彻党的十八大转变经济发展方式的要求，结合"十三五"发展规划的目标，遵循循环经济的思想，合理评估钢铁工业企业合理利用资源和能源，完成循环经济在钢铁工业企业中的实现，这是我国钢铁工业企业迈向新型工业化道路的必经路径。"十四五"期间，钢铁产业将加快兼并重组进程，产业集中度进一步提升，向绿色化智能化水平发展，产业结构持续优化。自"十一五"以来，推动钢铁产业绿色化发展一直是政府的工作重点，已发布多项政策推动钢铁企业进行生产设备改造，2019年4月，生态环境部、国家发展和改革委员会、工业和信息化部等五部委发布《关于推进实施钢铁行业超低排放的意见》，推动现有钢铁企业超低排放改造，实现绿色清洁生产。绿色钢厂建设是行业发展的必由之路。我国是钢铁生产大国，且以铁矿石为原料的长流程工艺占据主导地位，2018年长流程炼钢产量占总产量的90%。钢铁长流程生产工艺的污染排放和城市环境污染防治矛盾突出，低碳绿色发展是钢铁产业发展的核心和关键，钢铁企业要加强全局考量，根据实际情况建设绿色工厂、研发绿色工艺、组织绿色生产、发展绿色产品、打造绿色品牌、实现绿色发展。本书将循环经济的理论机制与环境驱动因素等纳入对钢铁工业企业的深入研究和分析之中，探寻了钢铁企业的全要素能源效率状况，并以此为基础构建钢铁企业循环经济能源效率评价指标体系，为循环经济的理论发展提供了一个崭新的视角。另外，充分地认识影响钢铁企业循环经济能源效率的影响因素和作用路径，对于钢铁企业循环经济健康发展具有决定性的意义。众所周知，企业是构成行业的单元，每一个单元都是商品经济社会中最为活跃、最优辐射力和影响力的微观经济体，由此可见企业在发展循环经济中的重要地位。每一个"经济单元"的行为是否符合循环经济发展的理念，对循环经济的顺利发展起到十分关键的作用，因为"经济单元"循环经济的发展是总体循环经济的坚实基础。因此，本书具有十分重要的理论意义和应用价值。具体如下：

首先，钢铁工业企业实现循环经济不仅可以降低能耗、减少污染物排放和雾霾、降低成本，更重要的是以牺牲较小的资源和环境成本，获取最大的经济效益、生态效益和社会效益。因此，科学发展观的理念在我国钢铁工业企业实现循环经济的过程中得到了充分体现，尤其体现了以人为本的理念。同时科学发展观的理念也是推动理论创新的需要。高能源消耗、低能源效率以及高污染是钢铁工业亟须解决的问题之一，作为钢铁工业的微观主体，钢铁企业的能源效率是否高效成为钢铁工业循环经济发展的重要体现指标，计算出具有代表性的钢铁企业的能源效率，从而为探寻钢铁企业走发展循环经济之路提供依据。通过构建更具全面性的循环经济能源效率评价指标体系对钢铁企业的循环经济能源效率状况进行评价，可以更好地了解我国钢铁企业循环经济能源效率目前所处水平。

其次，钢铁工业企业实现循环经济是有效保护我国生态环境、落实国务院《循环经济发展战略及近期行动计划》（2013）、《钢铁产业调整政策》（2015年修订，征求意见稿）、工业和信息化部公开征求对《关于推动钢铁工业高质量发展的指导意见（征求意见稿）》（2020）的具体要求。因此，钢铁工业企业实现循环经济的能源效率评估与影响因素的路径是一个值得深入研究的问题，有利于厘清目前钢铁工业企业实现循环经济的现状、问题与运行效果，以便进一步完善措施，优化路径，尽快转变经济发展方式，提高钢铁工业企业循环经济能源利用效率和竞争水平。政府部门、行业协会、钢铁企业以及社会公众对钢铁企业循环经济发展的认识和了解会因为能源效率等具体客观的数据得到提升，为我国政府探索钢铁绿色发展相关政策提供严谨地定量支撑。

最后，通过对我国钢铁工业在循环经济背景下的能源效率进行研究，对于全面循环经济理论研究体系具有重要现实作用。这主要是因为钢铁工业是我国国民经济的基础产业，更是从"对建设制造强国具有重要意义"上升到"建设现代化强国的重要支撑"。同时，钢铁工业应该在绿色低碳发展方面承担更大的责任。钢铁工业在国家经济发展中的地位非常之重，对部分相关联产业的发展影响巨大，包括基础设施建设、地产、机械、汽车、船舶、家电、航空航天等多个领域。以钢铁工业为切入点，对研究其他产业具有借鉴作用。因此，在完善循环经济理论研究体系的过程中，影响循环经济的因素及这些影响因素的作用路径的融入是十分必要的。

综上所述，研究钢铁企业循环经济能源效率不仅可以拓展循环经济的理论研究与实践发展，还提供了测算循环经济能源效率水平的方法，同时对于充实循环经济的理论研究体系具有重要意义。

第二节 理论基础与相关文献综述

中国钢铁工业一直是国内外学者研究的重点。就目前的发展而言，中国同时处在工业化和城市化的进程中，钢铁工业在整个进程中将扮演着不可或缺的重要角色。作为国民经济的支柱产业和典型的流程型制造业，其主要的生产和应用特点就是能源资源密集、流程工序繁多、生产规模庞大和污染物排放量大。因此，钢铁工业在绿色转型以及实现循环经济的能源效率的提高方面具有非常大的潜力。下面就循环经济理论、实践、评价方法及影响因素和钢铁工业循环经济研究现状进行总结和综述，并从理论、度量方法以及实证研究现状方面对能源效率问题进行总结和分析。

一、循环经济相关理论研究

（一）循环经济理论的内涵及发展

循环经济的思想源远流长，2000多年前我国的先贤智者就提出了"天人合一"的思想。对于"循环经济"的实践，早在我国唐代就已经出现了"桑基鱼塘"的循环型农业模式。但是，循环经济真正地被系统研究并形成概念是在西方发达工业国家中进行的。循环经济理论通过对自然的模仿，人为地建立起一种物质和能量的反馈式利用途径，使废弃物重新成为资源得以利用而实现经济活动的循环。循环经济旨在改变过去的高投入、高消耗、低产出、低收益的增长方式，重新审视资源的投入与组合，本质上是改变原有要素的选择和使用，在经济学上就是引入一种新的生产函数。而技术效率理论立足于前沿生产函数，是对实现投入最小化或产出最大化有效程度的度量。

18世纪60年代工业革命以来，人类对自然的开发能力达到了空前的水平，在创造财富的同时也带来了严重的资源环境问题。在全球人口膨胀、能源短缺、环境污染和生态退变等一系列问题的严峻困扰下，人们开始重新审视自然，循环经济也应运而生，人类开始对人与自然的关系进行深入的思考。1962年，美国生物学家蕾切尔·卡逊出版的《寂静的春天》唤醒了当代人的生态意识和环保观念。20世纪60年代，美国经济学家K·波尔丁对传统的"资源—产品—排放"的"开环"工业经济模式进行了批评，并发表了《未来宇宙飞船地球经济学》(*The Economics of the Coming Spaceship Earth*)，将经济系统与自然系统巧妙地结合起来，形成了"循环经济"的雏形，促进了20世纪70年代关于资源与环境的国际研究，并且拓宽了80年代的可持续发展研究。20世纪60年代中后期，罗马俱乐部——一个由来自十多个国家的科学家、教育家、经济学家、人类学家和实业家所组成的国际学术团体，通过编写出版著名的《增长极限》一书又一次将资源环境和经济发展之间不可回避的矛盾摆在了人类的面前，为人类的未来敲响了警钟。1972年，联合国在斯德哥尔摩召开了人类环境会议，中国代表也列席了这次会议，会议通过了划时代的历史性的文献——《人类环境宣言》。1987年，联合国提交了题为《我们共同的未来》的研究报告，着重指出了按照生态系统的自然规律，循环使用自然资源，解决可持续发展的问题。1992年，联合国环境与发展大会发表《里约宣言》和《21世纪议程》。2002年，联合国可持续发展世界首脑会议在南非约翰内斯堡围绕生物多样性、农业、水资源、能源等进行了全面讨论，并通过了《可持续发展世界首脑会议执行计划》《约翰内斯堡可持续发展承诺》等文件，明确了全球未来促进可持续发展的行动蓝图。

发展循环经济在我国有着久远的文化基础。循环经济的术语虽然近年来才进入中心决策层视野，但合理利用资源和保护环境的循环经济发展理念古今中外皆有。从某种意义上说，中央政府大力推进循环经济的目的，是提高资源利用效率，缓解我国现代化建设中的资源环境压力，追求可持续发展。另一方面，自古以来，中华民族一直将节俭作为值得彰扬的美德。荀子早在2000多年就提出了"强本而节用，则天不能贫""本荒而用侈，则天不能使之富"。此外，东南沿海地区早就出现的"桑基鱼塘"生态农业模式以及将甘蔗渣作为造纸原料的生态工业雏形，体现了循环经济的内涵。从这一层面上说，推进循环经济容易被广大人民所接受。此外，国家有关部门组织开展了大量理论和实践研究。所有这些，将为中国循环经济的发展奠定基础。

我国近年来加大了推进循环经济发展的力度。第一，加强宣传。循环经济作为一个新的理念，有一个逐步发展和深化的过程。近年来，国家有关部门、新闻单位加强了对循环经济概念、思想的宣传，为循环经济发展营造了良好的社会气氛。同时，绿色服务业（第三产业）、环境标志认证体系、绿色学校、绿色社区、政府绿色采购等，成为一些地方推进循环经济的工作目标和方向。第二，组织试点示范。我国在三个层面上开展了循环经济试点工作：在企业层面大力发展推行清洁生产；在工业园区创建生态工业园；开展循环经济省、市试点，并取得初步成效。积极推行清洁生产，使我国成为国际上公认的清洁生产做得好的发展中国家。

从法律法规和政策上为循环经济的发展创造制度环境。改革开放以来，我国政府从法律法规、政策、标准等方面，出台约束和激励措施构建有利于资源节约和环境保护的制度环境。

第一，法律法规不断完善。改革开放以来，我国一直注重在工业生产中预防环境污染。1983年国务院颁布《关于结合技术改造防治工业污染的决定》，要求把"三废"治理、综合利用和技术改造有机地结合起来，采用合理的产品结构，发展对环境无污染、少污染的产品，并搞好产品的设计，使其达到环境保护的要求。2012年7月1日修订的《清洁生产促进法》第十九条规定："对生产过程中产生的废物、废水和余热等进行综合利用或者循环使用。"《节约能源法》《环境影响评价法》《可再生能源法》等，均提出了发展循环经济相关方面的要求。2020年修订的《固体废物污染环境防治法》第三条规定："国家推行绿色发展方式，促进清洁生产和循环经济发展。国家倡导简约适度、绿色低碳的生活方式，引导公众积极参与固体废物污染环境防治。"为落实《清洁生产促进法》，国务院批准了国家发展和改革委员会等部门关于推行清洁生产、发展环保产业等的意见，国家出台了节能中长期规划、《废旧家电及电子产品回收处理治理条例》《清洁生产审核办法》《中国节水技术大纲》等。2008年8月，《循环经济促进法》开始正式实施，之后以此法为龙头形成了循环经济专项法律制度和政策，为全面发展循环经济提供了法律保障。中国还将循环经济原则纳入相关法律法规和政策之中，如《节约能源法》强化了节能的法律责任，健全了节能管理制度和标准体系，《固体废物污染环境防治法》的修订体现了循环经济基本原则和要求等。

2001年，国家环保总局设立了国内最早的两个国家级生态工业示范园区，即广西贵港甘蔗制糖园区和南海环保产业园区。2002年5月11日，国家环保总局发布《关于贵阳市人民政府请求将贵阳市作为中国建设循环经济生态城市试点的复函》，建立了中国第一个循环经济试点城市，是中国循环经济的第一个里程碑；5月31日，批准辽宁省开展循环经济建设试点，使其成为中国第一个循环经济试点省。2005年10月，国家发展和改革委员会等六部门联合启动第一批循环经济试点，涉及钢铁、有色、化工、建材等7个重点行业的42家企业，再生资源回收利用等4个重点领域的17家单位，国家和省级开发区、重化工业集中区和农业示范区等13个产业园区及10个省市。2007年，六部门又联合启动了第二批循环经济试点。通过试点，探索出了小循环（企业层次）、中循环（园区层次）、大循环（城市及社会）和静脉产业四个层面全面推进循环经济的"3+1"模式。

各地也出台了地方性法规，2021年，陕西、辽宁、江苏等省及沈阳、太原等城市先后制订了地方清洁生产政策和法规。这些均为各地依法推进循环经济的发展奠定了基础。

第二，通过优惠政策激励企业发展循环经济。作为循环经济的重要内容，资源综合利用、废旧物资回收、环保产业等，一直是国家鼓励和大力支持的工作。为调动企业开展资源综合利用的积极性和主动性，国家制定并实施了一系列鼓励开展资源综合利用的优惠政策。例如，1996年国务院批转的国家经济贸易委员会等部门《关于进一步开展资源综合利用的意见》（国发〔1996〕36号），将资源综合利用确立为国民经济和社会发展中的一项长远的战略方针。根据国务院36号文，国家经济贸易委员会制定了两批《当前国家重点鼓励发展的产业、产品和技术目录》，并与财政部、国家税务总局等部门联合发布了有关的优惠政策，对发展循环经济的企业和产品实行税收减免优惠政策。

国内对循环经济的研究更偏重于理论层面，因此，虽然中国对循环经济的研究起步较晚，但是对其理论的研究却处于领先地位。任勇、吴玉萍（2005）将中国循环经济的内涵概括为是对社会生产和再生产活动中的资源流动方式实施了"减量化、再利用、再循环和无害化"管理调控，是具有较高生态效率的新的经济发展模式；冯之浚（2007）认为循环经济是一种深层生态学，符合天人调谐理念，不仅强调技术进步，而且考虑到制度、体制、管理、文化等因素，注重观念创新和生产、消费方式的变革，树立了人与自然和谐发展的价值观念；诸大建和黄晓芬（2005）从中国资源状况分析中国的资源承载力，然后提出了适合中国的循环经济发展模式即"C模式"，认为高水平的科技水平是发展循环经济的基础；张凯（2004）对循环经济进行了进一步的思考，分析并提出了循环经济与市场经济的同一性、循环经济对环境库兹涅茨曲线的良性影响和循环经济系统的稳定性等观点。由此可以看出，国内学者对循环经济的理论概念仍没有达成统一的认识，存在一定的差异。具体来说，他们是分别从环境学、生态学和经济学三个不同的角度来定义循环经济，但是也都保留了"循环经济追求以更少的投入获得更大的效益"的观点。

追本溯源，循环经济在理论上的构建，主要来源于以下两个理论：

第一，增长的极限理论。20世纪70年代初，以人口、资源、环境为主要内容、讨论人类前途为中心议题的"罗马俱乐部"成立，随后发表了其研究成果《增长的极限》。它的主要论点是：人类社会的增长由五种相互影响、相互制约的发展趋势构成。这五种趋势是：加速发展的工业化、人口剧增、粮食私有制、不可再生资源枯竭及生态环境日益恶化，它们都是以指数的形式增长。由于地球资源的有限性，这五种趋势的增长都是有限的。如超过这一极限，后果很可能是人类社会突然、不可控制地瓦解，科学技术只能推迟"危机点"。因此，人口和经济的增长是有限度的，一旦达到它们的极限，增长就会被迫停止。《增长的极限》的结论是：人类社会经济的无限增长是不现实的，而等待自然极限来迫使增长停止又是社会难以接受的。

第二，三种生产理论。三种生产理论是物质资料的生产、人类自身的生产和环境的生产相互适应的理论。物质资料的生产是指人类从环境中索取自然资源并接受人类自身再生产过程产生的各种消费再生物，通过人类的劳动将其转化为生活资料的总过程。在这个过程中生产出来的生活资料用于满足人类的物质需求，同时将生产过程中的废弃物返回环境。人类自身的生产是指人类生存和繁衍的总过程。在这个过程中，人类消费物质生产提供的生活资料和环境生产提供的生活资源，产生人力资源以支持物质生产和环境生产，同时产生消费废弃物返回环境，产生消费再生物返回物质生产环节。环境的生产是指在自然力和人力的共同作用下，对环境自然结构和状态的维护和改善。在这个过程中要消耗物质生产过程产生的生产废弃物和人类自身生产产生的消费废弃物，同时产生新的生产资源和生活资源。三种生产的协调是实现可持续发展的一个重要前提。协调需要具体的操作，协调操作就需要有能正确指导操作的理论、准则、方法和技术。要使三种生产的运行关系从不和谐转变为和谐，关键在于协调三种生产之间的联系方式和内容，以确保整个系统的和谐运行。

目前，关于循环经济的认识概括起来主要有以下几种：

第一，认为循环经济是一种全新的经济运行模式。循环经济的活动组成是"资源—生产—消费—再生资源"的闭环过程。循环经济的基本原则包括：减量化原则、再使用原则、再循环原则。减量化原则要求用较少的原料和能源投入来达到既定的生产目的或消费目的，进而从经济活动的源头就注意节约资源和减少污染；再使用原则要求制造产品和包装容器能够以初始的形式被反复使用，再使用原则要求抵制当前一次性用品的泛滥，生产者应该将制品及其包装当作一种日常生活器具来设计，使其像餐具和背包一样的可以被重复使用；再循环原则要求生产出来的物品在完成其使用功能后能重新成为可以利用的资源，而不是不可恢复的垃圾。

第二，认为循环经济是一场对线性式经济的革命。线性经济的内部是一些相互不发生关系的线性物质流的叠加，由此造成出入系统的物质流远远大于内部相互交流的物质流，形成"高开采、低利用、高排放"的经济特征，是造成当今资源环境问题日益恶化的根本原因之一。而循环经济则要求系统内部以互联的方式进行物质交换，以最大限度地利用进入系统的物质和能量，达到"高开采、高利用、低排放"的结果。由于存在反馈式、网络状的相互联系，系统内不同行为者之间的物质流远远大于出入系统的物质流；所有的物质和能源要在一种不断的经济循环中，得到合理和持久的利用，从而把经济活动对自然环境的影响降低到尽可能小的程度。

第三，认为循环经济本质上是一种生态经济。循环经济运用生态学规律而不是机械论规律来指导人类的经济活动。一个比较理想的循环经济系统由四个部分组成，即资源开采者、处理者、消费者和废物处理者。循环经济可以为优化人类经济系统各个组成部分之间的关系提供整体性的思路，为工业化以来的传统经济转向可持续发展的经济提供战略性的理论范式，从而根本上消解长期以来资源、环境和发展之间的矛盾和冲突。

关于循环经济的定义，学术界还没有统一，根据学者们的论著大体可以从以下几个角度区分，分别为生态环境保护角度、资源综合利用角度、经济形态与增长方式角度、技术范式角度以及人与自然的角度。

表1-1　不同角度的循环经济定义概括

定义角度	代表学者	具体观点
生态环境保护	苏杨、周宏春（2005）；敖宏、邓超（2009）	循环经济是兼顾发展经济、节约资源和保护环境的一体化战略
资源综合利用	李慧明、王军锋（2006）；李慧明、王磊（2008）	以资源的高效利用和循环利用为核心，以"减量化、再利用、资源化"为原则，以低消耗、低排放、高效率为特征，符合可持续发展理念的经济增长模式，是对"大量生产、大量消费、大量废弃"的传统增长模式的根本变革
经济形态与增长方式	冯之浚（2005）；段瑞钰、张春霞（2005）；凤亚红、李文琴（2008）；张思峰、张颖（2002）	资源闭环利用的经济，是一种建立在闭环型物质流动模式工程体系基础上的新的生产方式、经济模式和发展观
技术范式	赵凯、陈甬军（2006）；冯之浚（2006）；曹光辉、齐建国（2006）；刘轶芳（2011）	一次范式革命，倡导的是一种与环境和谐经济发展模式，遵循"减量化、再利用、再循环"原则，是一个"资源—产品—再生资源"的闭环式反馈式循环过程，最终实现"最佳生产、最适消费、最少废弃"

定义角度	代表学者	具体观点
人和自然	曲格平（2002）	运用生态学规律来指导人类社会的经济活动，按照自然生态系统物质循环和能量流动规律重构经济系统，使得经济系统和谐地纳入到自然生态系统的物质循环过程中

根据表1-1中定义概括可以看出，循环经济的核心内涵是资源的循环利用，循环经济的中心含义是"循环"，"循环"的直接含义不是指经济循环，而是指资源在国民经济再生产体系中各个环节的不断循环利用。广义的循环经济是指围绕资源高效利用和环境友好进行的社会生产和再生产活动，包括资源节约和综合利用、废旧物回收利用、环境保护等产业形态。狭义的循环经济是指通过废物的再利用、再循环等社会生产和再生产活动来发展的经济，相当于"垃圾经济""废物经济"范畴。

循环经济属于经济学的范畴，是一种新的经济形态和经济发展模式。对于循环经济应归纳为以下观点：循环经济是以资源的高效和循环利用、环境保护为核心，以"减量化、再利用、再循环"为原则，以低消耗、低排放、高效率为基本特征的社会生产革新范式，其实质是以尽可能小的资源消耗和尽可能小的环境代价实现最大的经济效益。所以本书将循环经济定义为：一种以资源的高效利用和循环利用为核心，以减量化、再利用、资源化、再思考、再修复为原则，以低投入、低消耗、低排放和高效率为基本特征，符合可持续发展理念的经济发展模式。

（二）循环经济的基本原则及特征

1.循环经济的基本原则

20世纪80年代，联合国环境规划署的部分专家在Jacqueline L.R.的带领下，对循环经济进行了研究，提出了"3R原则"，主要包括减量化（Reducing）、再利用（Reusing）和再循环（Recycling）（王晓冬，2010），具体见表1-2。虽然学者们通过多年对循环经济的研究对其基本原则进行了完善和调整，但3R仍然是循环经济的主流原则，为学者们所公认（李超，

2008；牛桂敏，2008；诸大建，2013）。循环经济的3R原则中每一项原则对循环经济的成功实施都是不可或缺的。其中，减量化原则属于输入端方法，旨在减少进入生产和消费过程的物质量；再利用原则属于过程性方法，目的在于提高产品和服务的利用效率；再循环原则是输出端方法，通过把废弃物再回收利用而减少末端处理的负担。然而，3R原则在循环经济中的重要性并不是并列的，实际上，3R原则的排列顺序反映了20世纪下半叶以来在环境与发展问题上人们观念发生的三次变化：首先，以环境破坏为代价追求经济增长的理念最终被抛弃，人们的思想从排放废物提高到要求净化废物；其次，由于环境污染的实质是资源浪费，所以要求进一步从净化废物升华到利用废物；最后，人们认识到利用废物仍然只是一种辅助性手段，环境与发展协调的最高目标应该是实现从利用废物到减少废物的质的飞跃。

表1-2　循环经济3R原则

"3R" 原则	针对对象	目的
减量化（Reduce）	输入端	减少进入生产和消费过程的物质和能源流量，从源头节约资源使用和减少污染物的排放
再利用（Reuse）	使用过程	延长产品和服务的实践强度，提高产品和服务的利用率。要求产品和包装容器以初始形式多次使用，减少一次性用品的污染
资源化（Recycle）	输出端	把废弃物再次变成资源以减少最终处理量，废品回收利用和废物综合利用，并实现制成使用资源减少的新产品

随着循环经济理论研究的发展，传统的3R原则也被赋予了新的内涵，一是减少生产大多数人不需要的产品；二是在不降低生活质量的情况下，减少人们的需求。2005年3月，在阿布扎比举行的"世界思想者论坛"上，包括10位诺贝尔奖获得者及其合作者在内的28名学者与会，提出了国际循环经济理念从3R向5R转变的新规范，也标志着人类对循环经济理论的研究进入了一个全新的阶段——新循环经济学阶段。5R原则增加了可再生（Regeneration）和拒绝使用（Rejection）。而我国吴季松（2006）认为5R理念除传统的3R原则外，应加入再思考（Rethink）和再修复（Repair）。赵凯和陈甬军（2006）提出了循环经济的技术范式，认为其技术范式应为"XR"

即"6R1D"，包括替代（Replace）、减量（Reduce）、重复使用（Reuse）、重组（Reorganize）、无害化（Decontaminate）、资源化（Recycle）和残留管理（Residual Management）。李赶顺、王文忠（2008）在总结前人理论的基础上，提出了循环经济构建过程中要遵循减量化（Reduce）、再利用（Reuse）、再循环（Recycle）、再重组（Reorganize）、再思考（Rethink）、再制造（Remanufacture）、研究（Research）和替代（Replace）的8R原则。本书将基于吴季松提出的5R原则展开研究。在原有的减量化、再利用和资源化的基础上增加了再思考和再修复。再思考的理念体现了改变旧的经济理论观点，探索资本循环、劳动循环、资源循环，不仅要创造经济财富，更要重新思考保证"能源—经济—环境"的协调发展。此外，再修复的原则要求对已经被破坏的生态系统进行修复，自然生态系统是保证经济财富得以发展的基础，应在减量化、再利用、资源化的基础上修复生态系统，创造第二财富。总而言之，循环经济的5R原则对循环经济的成功实施不可或缺（详见图1-2所示）。

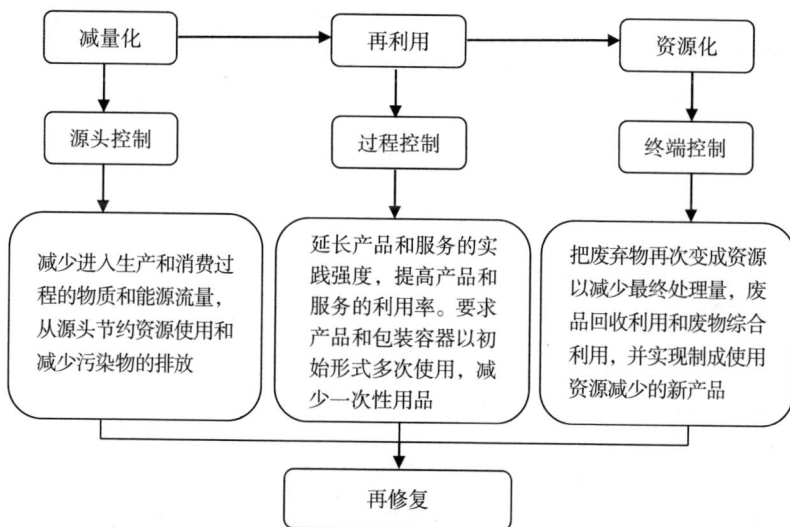

图1-2　循环经济5R原则

2. 循环经济的特征

遵循循环经济的内涵，部分学者认为循环经济最主要的特征就是对资源的节约和对环境的保护（冯之浚，2004）。凤亚红和李文琴（2008）通过研究认为低消耗、高效率、低排放是循环经济的基本特征。而张金利和姚伟龙（2010）在原有基础上吸入了"低开采"。薛冰（2010）认为循环经济的特征应为空间结构的层次性、逻辑框架的系统性以及理论技术的集成性。综合诸多学者的观点，笔者认为循环经济的特征包含二重性质：一方面是社会与自然之间的物质能量以及信息的交换（或者变换）活动；另一方面是经济活动主体之间的利益分配与交换活动。前者主要表现为系统性、层次性、科技先导性与外部性；后者主要表现为循环经济投资的易沉淀性和效益的多样性及滞后性。

（三）关于循环经济实践的研究

自从鲍尔丁引入循环经济概念以来，国外学者就对循环经济表现出极大的研究热情。比较典型的是1972年罗马俱乐部提出的"零增长理论"，说明人类经济增长极限的问题。该理论认为，依赖消耗不可再生资源的经济增长是不可持续的，是有极限的，最终将出现"零增长"。美国著名的生态经济学家赫尔曼·E·戴利（2006）提出的"稳态经济（SSE）"思想理论认为经济增长只是流量在物理规模上的数量增加，是一个低熵原料转换为商品并最终成为高熵废物的过程，而总量是恒定的。经济流量的恒定水平必须是生态可持续的，能在长久的未来保持人类生活在一个足以有优裕生活的标准或人均资源使用水平。然而，国外的学者对循环经济的研究多在于对具体的领域的具体问题进行分析，对循环经济的理论并没有作太多深入的研究。如Stuart Ross（2002）从生命周期角度分析制造业产品，认为对包装进行循环利用是提高产品生命周期的一个有效办法；Annegrete Bruvoll（1998）采用一般均衡模型分析得出对原材料征收重税而对劳动力降税会更能体现资源的社会价值却不会增加总成本；John E·Tilton（1999）从价格角度对金属的回收利用进行了分析，认为过去的那种由技术引起的成本下降抵消由资源消耗引起的成本上升而导致金属实际价格下降的趋势不会再继续，二次金属生产商必须寻求其他新技术或对策来降低成本。其他一些学者如Kondo Yasuo等（2001）、Sujit Das（1985）、Hirohiso Kishino（1998）等则分别研究了电冰箱、美国汽车、日本纸张等产品和资源的循环利用策略。

国外对循环经济的研究较早，20世纪60年代以来国外学者就从不同的角度开展了对循环经济的研究，已经形成了比较系统的理论和方法论体系。从理论上说，目前国外关于循环经济的研究主要有以下几个流派：

一是产业共生（Industrial Symbiosis）理论。该理论在20世纪后期，由John Ehrenfeld和Nicholas Gertler在丹麦的卡伦堡市提出，John Ehrenfeld和Nicholas Gertler（1997）研究了由于企业间存在众多合作关系而被公认为"产业生态系统"或"产业共生"的丹麦卡伦堡工业园区，他们认为企业间可相互利用废物，以降低环境的负荷和废物的处理费用，建立一个循环型的产业共生系统。

二是清洁生产（Cleaner Production）理论。该理论由联合国环境规划署工业与环境规划活动中心首先提出，他们将清洁生产定义为"将综合预防的环境策略持续地应用于生产过程中，以便减少对环境的破坏"。例如，Sabla Y. Alnouri，Patrick Linke，Mahmoud El-Halwagi（2015）研究的工业化城市废弃物再利用问题。

三是产业生态（Industrial Ecology）理论。该理论于1980年在美国首先发展起来，最核心的观点是以经济、文化和技术的发展为前提，积极促进环境负荷的评估及环境负荷最低化，并强调产业与环境间的相互作用。例如，Wei Liu，Jinping Tian，Lujun Chen，Wanying Lu，Yang Gao（2015）研究的中国生态工业园的环境效果。

四是零排放（Zero Emissions）理论。该理论是在1994年由联合国大学提出的，它把废物看作是没有得到有效利用的原材料，主张将废物作为生产的原材料使用。

从实践上看，做得比较好的典型代表国家是日本、美国和德国。由于日本土地少，资源有限，实现循环经济必须提高资源的利用效率。日本循环经济的重点主要体现在：第一，经济发展模式的转变（由原来的"末端治理"模式转向以在生产和消费源头控制废物产生的"管端治理"模式）；第二，改变原有的生产和消费模式，并设计了三种循环模式；第三，发展一种新兴产业模式，在不同的工业和企业、不同类别的产业之间形成类似于产业链的关系，从而达到充分利用资源、减少废弃物产生、消除环境污染、提高经济效益的目的（闫敏，2006）。其循环经济发展的法律法规比较健全，目标也更明确。日本于1970年就制定了《废弃物管理法》；20世纪90年代，日本提出了"环境立国"的口号，并在其后的时间里制定了一系列的法律，使其循环经济法律体系更加系统化。2000年，日本制定了《推进建立循环型社会基本法》，明确了政府、地方主管、企业和公众的责任，是循环经济发展的基本法律，为配合这部法律，日本于2003年制定了《循环型社会形成推进基本计划》，确定了建立循环型可持续发展社会的总体发展目标。为确保循环型社会战略的有效推进，日本政府勾画了旨在全面保障循环型社会发展的"新千年计划"，为日本制定推动循环经济发展的具体措施提供了全面的政策依据和基础保障。截至2006年，日本政府已经先后批准建立了26个生态工业园区，专门从事无害化、再利用、热回收和集中安全填埋。据日本环境省统计，2006年日本仅废弃物再生利用产业的市场规模就达到了48万亿日元，就业人数为136万人。

美国作为市场化程度最高的国家之一，其循环经济治理过程也采用了形式多样的市场化运作手段及创新工具，也产生了一些极具研究和借鉴价值的激励政策与配套措施，影响深远。20世纪70年代，美国将排污权交易引入了空气和水污染的控制计划，并成功地实现了减少污染的目的，其中最典型的案例当属1990年《清洁空气法案修正案》正式提出的针对电力企业二氧化硫排放问题的酸雨控制计划。该计划通常由各州根据排放预算，向受控源发放排污许可证，每单位许可证允许排放1吨氮氧化物，每年臭氧季节

（5—9月）末，各受控源所持有的许可证允许排放数量不得小于其臭氧季节的排放量，否则将受到严厉的惩罚，多余的许可证允许排放数量可以在各受控源之间交易或储存在指定银行以备第二年使用。美国其他的一些市场化措施包括在一些社区有明确的垃圾再循环契约安排和照明产品资源协议。这些措施都有力地促进了美国循环经济的发展。同时，美国在循环经济立法方面也取得了可喜的发展。目前，美国虽然没有一部全国性的循环经济法规，但是自20世纪80年代中期以来，美国一些州先后制定了促进资源再生循环法规，目前已有半数以上的州制定了不同形式的资源再生循环法规。此外，从1993年开始，生态工业园区在美国遍地开花。美国政府在总统可持续发展委员会下还设立了一个"生态工业园区特别工作组"。目前，美国已经有20多个生态工业园区。为了在开发矿产资源的同时尽量减少对环境的污染，美国主要通过立法对企业进行宏观调控，而且明确倡导在可持续发展的理念指导下实现循环经济。如对矿产资源实行有偿使用政策，鼓励采空区土地的复用，采取各种优惠政策开发先进的技术，为矿产资源的研究和开发提供了资金和环保的资助（C.A. Tsiliyannis，2007；D.Shields，National，2007）。

德国政府十分重视资源开采引起的环境问题，一方面，联邦政府和州政府都投入了大量的资金；另一方面，德国矿产公司也重视这一问题，创造出了许多成功的经验。德国是世界上最早发展循环经济的国家，也是循环经济发展水平最高的国家之一。德国在1972年就制定了《废物管理法》，1986年进行修正，强调要通过节约资源的工艺技术和可循环的包装系统，把避免废物产生作为废物管理的主要目标。1996年10月，德国的新环境法律《循环经济与废弃物管理法》正式生效，取代了原来的《废物管理法》成为德国循环经济法律体系的核心，确立了"产生废弃物最小法、污染物承担治理义务以及政府与公民合作"三原则，为德国发展循环经济创造了有利的法律环境。在随后的几年里，德国又颁布了一系列的环保法规，有力地推动了循环经济的发展，在GDP增长2倍的同时，污染物却减少了近3/4。德国的垃圾再利用行业每年创造的价值已超过410亿欧元，生产行业的垃圾被重新利用的比例平均为50%。2003年，在冶金行业中95%的矿渣、75%以上的粉尘和矿泥以及至少有2 000万吨废旧钢材被重新利用。欧盟其他成员国也十分重视企业的节能环保效率（Fabio Iraldo等，2011）。Justin Doran，Geraldine Ryan（2012）和Amanda K. Winegardner 等（2014）分别研究了欧洲企业生态绩效和加拿大污水再循环利用问题。

发达国家发展循环经济的经验对中国有很大的借鉴意义：（1）进行科学规划，明确发展循环经济的目标和意义；（2）分阶段逐步建立法律法规体系，直至最终完善；（3）基于市场机制，创造合理的市场化措施，完善促进循环经济发展的经济政策；（4）合理运用政策的激励与约束作用，充分利用政府手中的货币与财政工具，发挥好政府在发展循环经济过程中的作用；（5）建立合理的产业体系，大力发展废旧资源回收再利用产业；（6）建立促进循环经济发展的技术和信息支撑体系，提升系统效率；（7）鼓励全社会参与，明晰各方职责，形成官产学民互助的协同推进机制。

国内循环经济研究起步比较晚，从1998年引入循环经济的理念，确立循环经济3R原则的地位之后，循环经济才算真正在我国发展起来。具体来说，主要是在理论、实践模式、生态保护等几个主要方面开展了研究。在理论方面，冯之浚系统阐述了循环经济的理论与方法，全面介绍了国内外的实践经验，提出了我国在发展生态环境产业、促进科技进步、转变政府职能、加快立法等方面的基本思路（冯之浚，2013）。徐业滨等（2005）在《新型工业化道路与循环经济》一书中指出，人类进入21世纪，发展的主题是绿色发展，中国要走新型工业化道路，必须大力实现循环经济。陈诗一（2009）从循环经济和低碳经济角度研究了中国可持续发展问题。林伯强等（2009；2011）分别研究了中国二氧化碳的环境库兹涅茨曲线预测及影响因素，以及如何在保障中国经济增长前提下完成碳减排目标。郗永勤（2013）则专门研究了循环经济发展的机制与政策。

为了在我国大力推广循环经济的实践，2005年，国务院《关于加快循环经济的若干意见》（国发〔2005〕22号）明确提出，"力争到2010年建立比较完善的发展循环经济法律法规体系、政策支持体系、体制与技术创新体系和激励约束机制"等中长期目标和分阶段推进计划。2013年,国务院又发布了《循环经济发展战略及近期行动计划》。在实践模式方面,王军(2007)在其所著的《循环经济的理论与研究方法》中以实践工作为基础全面阐述了循环经济的理论和技术方法,介绍了国内外各类循环经济典型范例和青岛的循环经济实践。金涌等(2008)阐述了中国循环经济的发展与实践。黄栋(2010)研究了低碳技术创新与政策问题。曾琳、张天柱(2012)实证分析了循环经济与节能减排政策对我国环境压力的影响。诸大建、邱寿丰(2008)构建了我国循环经济测度的生态效率指标,并进行了实证研究。高志刚(2009)等研究了循环经济发展模式,并对新疆地区实现循环经济进行了实证分析。韩瑞玲、佟连军和宋亚楠(2011)基于生态效率对辽宁省的循环经济发展情况以及模式进行了分析,发现辽宁省生态效率总体呈现波动上升的态势,经历了传统经济发展模式—末端治理模式—循环经济模式的转变。王国印(2012)认为循环经济是全面模仿自然生态系统的物质循环机制和能量梯级利用规律而重构经济系统,使经济活动的环境影响和寿命周期成本最小化、价值最大化,从而以最低的资源和环境代价实现经济与环境协调发展的技术经济模式。周洋、宗科(2012)从循环经济视角研究了岱庄煤矿水资源循环利用。赵文平、周达培(2015)探究了循环经济产业链稳定性的模型研究。戴淑芬、郝雅琦(2014)基于"企业邮箱"模型探究了循环经济产业链融资问题。黄和平(2015)基于生态效率对江西省循环经济发展模式进行了分析。

关于钢铁产业实现循环经济的研究文献,属于技术类的较多,经济类的相对较少,而且主要侧重在概念及思路方面,例如徐匡迪院士(2010)提出了低碳经济与钢铁工业问题。宋淑芹(2007)、李世俊(2007)提出钢铁产业大力实现循环经济的设想及工作思路。此外,佘元冠、王蒙(2013)用粗糙集方法评价了我国16家钢铁企业的循环经济效果。戴淑芬、郝雅琦(2014)针对钢铁企业污染物影子价格估算进行了分析。王俊岭、戴淑芬

（2014）基于DEA-Malquist指数对我国钢铁行业的循环经济效率进行了评价。

（四）关于循环经济评价研究

国外对循环经济评价的研究主要可以分为生态效率评价和物质流评价两方面。

1. 生态效率评价

1992年，世界可持续发展工商业委员会（WBCSD）对生态效率进行了定义和阐述，也成为理论界一直以来推崇的定义。世界可持续发展工商委员会认为生态效率要求生产者所提供的产品或服务必须满足人类的需求，具有价格竞争优势，同时该产品或服务在其生命周期内对资源与能源有尽可能地低消耗，对生态环境有尽可能低的影响。经济合作与发展组织在1998年对生态效率的定义进行了拓展，将其定义为生态效率涉及的行为主体包括企业、政府和其他多种组织，可将其看作是一种"产出—投入"比，"产出"指行为主体所提供的产品或服务的价值，"投入"指提供商品或服务的过程中对环境造成的影响，所以生态效率就是"满足人类需求的效率"。

Hoffrén J.（2001）提出了5种生态效率评价方法，并对芬兰的经济趋势、经济国际比较等方面进行了分析。Kuosmanen T.和Kortelainen M.（2005）将数据包络分析（Data Envelopment Analysis，DEA）引入到生态效率评价，并以芬兰三大城市的道路交通为例展开实证研究。Kobayashi Y.等（2005）使用质量功能改进（QFD）与生命周期评价（LCA）相结合的方法对制造业的生态效率进行评价。Raymónd Côté等（2006）对加拿大新斯科舍省的25家中小企业的生态效率进行了研究，并讨论了小企业实施环境管理和评估生态效率会遇到的挑战。

2. 物质流分析

20世纪90年代初期，德国和日本分别应用物质流分析方法（Substance Flow Analysis，SFA）对自身经济系统中的物质流动情况、自然资源消耗情况进行了分析。世界资源研究所（World Resource Institute）也采用SFA法对美国、日本、德国、荷兰等国的经济系统内部的物质流动状况展开了研究。欧盟统计局（EUROSTAT）2001年对SFA方法应用的基本原则进行了阐述，并出版了SFA的方法手册，这本手册对后续经济系统物质流分析相关研究产生了重要影响。随着SFA研究的逐渐深入，在全球各个国家的各个领域SFA研究已经得到了不断地拓展。Kytzia S.等（2004）采用经济学扩展的物质流分析方法（Economically Exgtended Material Flow Analysis，EE-MFA）对瑞士食品行业生产链中物质流动情况进行了分析。

国内学者关于循环经济的评价研究主要是方法上的应用。徐建中、马瑞先（2008）针对多指标综合评价的实际问题展开研究，将Delphi方法、层次分析法、灰色关联度法和灰色模糊综合评价模型，用以充分利用专家评判信息和模糊性与灰度，通过计算研究，作者认为该评价方法应用于企业循环经济发展水平的评价具有可行性且有效。周宾等（2010）运用AHP方法构建了循环经济的发展指标体系，建立模糊推理系统综合测评了2007年甘肃省各市、自治州的循环经济发展度。除此之外，国内学者研究循环经济评价的方法还有DEA、AHP、MFA（黄和平、毕军、袁增伟、张炳，2009）；模糊综合评价法、熵值法、超效率DEA、CAS理论、投影寻踪等（王宁沈等，2007；文拥军，2009；穆瑞欣等，2010；杨顺顺等，2008；姚小芹等，2010）。另外，孙玉峰、郭全营（2014）运用能值分析法对矿区循环经济系统生态效率进行了分析。陈翔、肖序（2015）运用矩阵式DEA网络模型研究了中国工业产业循环经济效率区域差异动态演化。

对循环经济效率的评价方法主要包括灰色关联度分析方法、主成分分析方法、因子分析方法、BP神经网络分析方法、层次分析方法和模糊综合评价方法等，现对各类方法进行简要介绍和分析。

（1）灰色关联度分析方法简介

灰色系统理论（Grey Relational Analysis，GRA）认为人们对事物的认识具有信息的不确定性和不完全性，因而由客观事物所形成的是一种部分信息未知、部分信息已知的系统，即灰色系统（卢致杰、覃正、瓯海鹰和王丽华，2004）。其基本思路是将评价指标原始观测数进行无量纲化处理、确定参考序列和比较序列、计算关联系数和关联度。被评价对象的优劣次序通过关联度的大小顺序来反映（於唯、张玉亮，2007）。灰色关联度分析法的基本步骤：

①确定参考序列 X_0 和比较序列 X_i

假设按照 n 个评价指标对 m 个省份科技投入的绩效进行评价，则可以得到比较序列为：

$$X_i=\{x_i(1),\ x_i(2),\ \cdots,\ x_i(n)\},\ 其中：i=1,\ 2,\ \cdots,\ m$$

令 $x_i(j)$ 表示第 i 个省份对应的第 j 个评价指标。

参考序列用各评价指标的最优值来表示，同样参考序列也包含有 n 个评价指标：

$$X_0=\{x_0(1),\ x_0(2),\ \cdots,\ x_0(n)\}$$

②系列无量纲化处理

原始数据的无量纲化处理：（梁秋龙、明新国、徐志涛、王鹏鹏和郑茂宽，2012）

$$x_i'(j)=\frac{x_i(j)}{x_0(j)},\ 其中 i=1,\ 2,\ \cdots,\ m;j=1,\ 2,\ \cdots,\ n$$

③求差矩阵

无量纲化后的比较序列与参考序列的绝对差值所形成的矩阵我们称之为差矩阵（於唯、张玉亮，2007）。得到的矩阵如下：

$$\begin{bmatrix} \Delta_{01}(1) & \Delta_{01}(2) & \cdots & \Delta_{01}(n) \\ \Delta_{02}(1) & \Delta_{02}(2) & \cdots & \Delta_{02}(n) \\ \vdots & \vdots & \vdots & \vdots \\ \Delta_{0m}(1) & \Delta_{0m}(2) & \cdots & \Delta_{0m}(n) \end{bmatrix}$$

其中：$\Delta_{0i}(j)=|x_0(j)-x_i(j)|,\ (i=1,\ 2,\ \cdots,\ m;j=1,\ 2,\ \cdots,\ n)$

从矩阵中找到最小差 Δ_{min} 和最大差 Δ_{max}。

④求比较序列与参考序列的关联系数

对绝对差值矩阵中的数据做如下变换：

$$\delta_{0i} = \frac{\Delta_{\min} + \zeta \times \Delta_{\max}}{\Delta_{0i} + \zeta \times \Delta_{\max}}$$

得到关联矩阵：

$$\begin{bmatrix} \delta_{01}(1) & \delta_{01}(2) & \cdots & \delta_{01}(n) \\ \delta_{02}(1) & \delta_{02}(2) & \cdots & \delta_{02}(n) \\ \vdots & \vdots & \vdots & \vdots \\ \delta_{0m}(1) & \delta_{0m}(2) & \cdots & \delta_{0m}(n) \end{bmatrix}$$

其中 $\zeta \in [0, 1]$，根据序列之间的关联度，一般取 ζ =0.5左右。

⑤计算两个序列的关联度

公式如下：$\gamma_{0i} = \frac{1}{n}\sum_{k=1}^{n}\delta_{0i}(k)$

（2）主成分分析方法简介

主成分分析方法（PCA）是把多个指标的问题化为少数几个综合指标的多元统计分析方法，它们通常表现为原始指标的线性组合，其核心思想是降维（秦浩原，2009）。主成分分析方法的数学原理如下：

设有 n 个样品，每个样品有 p 项指标：X_1，X_2，$\cdots$，X_p，得到原始数据矩阵：

$$X = \begin{pmatrix} X_{11} & X_{12} & \cdots & X_{1p} \\ X_{21} & X_{22} & \cdots & X_{2p} \\ \vdots & \vdots & \vdots & \vdots \\ X_{n1} & X_{n2} & \cdots & X_{np} \end{pmatrix}$$

设 $a_i = (a_{1i}, a_{2i}, \cdots, a_{pi})^{\mathrm{T}}$（$i$=1，2，3，$\cdots$，$p$）为 p 个常数向量，用数据矩阵 X 的 p 个指标向量作线性组合（即综合指标向量）为：

$$F_i = a_{1i}X_1 + a_{2i}X_2 + \cdots + a_{pi}X_p$$

F_1 的方差 $\mathrm{Var}(F_1)$ 越大，表示 F_1 所包含的 X_1，X_2，$\cdots$，X_p 中的信息越多。通常要求所有 a_i 具有单位长度，即

$$a_i^{\mathrm{T}} a_i = 1$$

将 F_1，F_2，$\cdots$，F_p 称为主成分，原指标相关矩阵相应的特征值就是主成分方差的贡献，每一个主成分的组合系数 $a_i^{\mathrm{T}} = (a_{1i}, a_{2i}, \cdots, a_{pi})$ 就是相应特征

值 λi 所对应的特征向量。方差的贡献率

$$c_i = \lambda_i \Big/ \sum_{i=1}^{p} \lambda_i$$

c_i 越大，则说明相应的主成分所反映综合信息的能力越强。

由此，得到综合得分

$$F = \left(W_1 F_1 + W_1 F_1 + \cdots + W_1 F_1\right) \Big/ \sum_{i=1}^{p} W_i$$

其中，$W_i = c_i = \lambda_i \Big/ \sum_{i=1}^{p} \lambda_i$。

（3）因子分析方法简介

主成分分析方法的重要推广和扩展之一即因子分析方法，但它对问题的研究更深入、更细致一些。因子分析方法是通过对变量之间关系的研究，找出能综合原始变量的少数几个因子，使得少数因子能够反映原始变量的绝大部分信息，然后根据相关性的大小将原始变量分组。因子分析方法相对于主成分分析方法的一个优点是：在对主成分和原始变量之间的关系进行描述时，如果主成分的直观意义比较模糊不易解释，主成分分析没有更好的改进方法，因子分析则额外提供了"因子旋转（factor rotation）"这样一个步骤，可以使分析结果尽可能达到易于解释且更合理的目的。Cudeck 和 MacCallum（2007）在因子分析100周年之际提出因子分析是社会科学统计方面对后世有重大影响的成功事件之一；因子分析在生物、医学、气象、地质等自然科学领域同样有许多成功的应用；它是多元统计中价值无可估量的统计工具，被认为是行为研究方法论的支柱之一。经过百余年的应用和发展，因子分析显示出越来越重要的应用地位和发展前景。因子分析方法的数学原理如下：

因子分析数学上的处理是将原始的 p 个变量表达为 k 个因子的线性组合变量。设 p 个原始变量为 x_1，x_2，$\cdots$，x_p，要寻找的 k 个因子（$k < p$）为 f_1，f_2，$\cdots$，f_k，主成分和原始变量之间的关系表示为：

$$\begin{cases} x_1 = \beta_{11} f_1 + \beta_{12} f_2 + \cdots + \beta_{1k} f_k + \varepsilon_1 \\ x_2 = \beta_{21} f_1 + \beta_{22} f_2 + \cdots + \beta_{2k} f_k + \varepsilon_2 \\ \qquad\qquad\qquad\vdots \\ x_p = \beta_{p1} f_1 + \beta_{p2} f_2 + \cdots + \beta_{pk} f_k + \varepsilon_p \end{cases}$$

系数 β_{ij} 表示第 i 个变量与第 k 个因子之间的线性相关系数，反映变量与因子之间的相关程度，也称为载荷（loading）。β_{ij} 的绝对值大小表征 x_i 和 f_i 之间相关程度的紧密性（$|\beta_{ij}| \leqslant 1$），绝对值越大，说明 x_i 和 f_i 之间相关程度越紧密。由于因子出现在每个原始变量与因子的线性组合中，因此也被称为公因子，ε 表示特殊因子，代表公因子以外的影响因素。

该模型的矩阵形式可以概括为：$X=AF+\varepsilon$

其中，$X = (x_1,\ x_2,\ \cdots,\ x_p)^{\mathrm{T}}$ 表示观测到的实际变量向量；$F = (f_1,\ f_2,\ \cdots,\ f_k)^{\mathrm{T}}$ 表示公共因子向量；$\varepsilon = (\varepsilon_1,\ \varepsilon_2,\ \cdots,\ \varepsilon_p)^{\mathrm{T}}$ 表示特殊因子向量；

$A = \begin{bmatrix} \beta_{11} & \cdots & \beta_{1k} \\ \vdots & \vdots & \vdots \\ \beta_{p1} & \cdots & \beta_{pk} \end{bmatrix}$ 表示因子载荷矩阵。

（4）BP神经网络分析方法简介

BP网络，亦即误差逆传播人工神经网络，是多层人工神经网络采用了误差逆传播学习算法而形成的（傅毓维、尹航和杨贵彬，2006）。BP算法的基本思想是根据网络输出层的误差，从输出层开始反过来调整网络的阀值和权值，最后使得输出的均方误差最小（郑培和黎建强，2010）。BP神经网络分析法的数学原理：

三层BP神经网络方法常用的作用函数是Sigmoid函数，它是在以（0，1）为数值区间连续取值的函数：$f(x) = 1/(1+\mathrm{e}^{-x})$。

其中隐含层单元数目通过输入与输出单元的多少来确定。隐含层单元数目过多或过少都会影响模型的实现效果。若隐含层单元数目太少，网络就不能训练出来，对于以前没有看到的样本网络不能识别，容错性差；若隐含层单元数目太多，就会使学习时间过长，另外误差未必得到明显的降低，一般情况下可以按照如下公式计算给出：$n_H = \sqrt{n_{\mathrm{i}} + n_{\mathrm{o}}} + l$

其中，n_H：隐含层神经元数目；n_{i}：输入层神经数目；n_{o}：输出层神经数目；l：1~10之间的整数（郑培、黎建强，2010）。

（5）层次分析方法简介

层次分析方法（AHP）基本思想是将定量分析与定性分析结合，将复杂的评价目标依据一定的标准分解为各个易于评价的分目标，并形成有序的阶梯结构，然后通过两两比较形成比较判断矩阵，由此来计算各分目标的相对重要性（谢虹，2007）。层次分析方法的基本步骤如下：

①建立层次结构

一般层次分析结构分为目标层A、准则层B、方案层C 3层。

②构建判断矩阵

对各因素两两之间比较得到量化的判断矩阵，其中存在的一个弊端是指标的确定和分值的给定带有一定的主观性。

③排序计算

计算判断矩阵每一行所有元素乘积的n次方根

$$\overline{W}_i = \sqrt[n]{B_{i1}, B_{i2}, \cdots, B_{in}}, \ i=1, 2, \cdots, n$$

方根向量归一化：

$$W_i = \overline{W}_i / \sum_{i=1}^{n} \overline{W}_i$$

得到$W = (W_1, W_2, \cdots, W_n)^T$，即各因素的相对权重。

计算判断矩阵的最大特征值

$$\lambda_{\max} = \sum_{i=1}^{n} [(AW)_i / nW_i]$$

其中$(AW)_i$为向量AW第i个元素。

④一致性检验

$$CR = \frac{\lambda_{\max} - n}{(n-1)RI} < 0.1$$

当$CR<0.1$时满足一致性要求，其中RI为平均随机一致性指标。

⑤组合权重计算

目标层A对准则层B的相对权重为

$$\widetilde{W}^{(1)} = (W_1^{(1)}, W_2^{(1)}, \cdots, W_k^{(1)})^T$$

准则层B对方案措施层C的n个方案的相对权重为

$$\widetilde{W}_L^{(2)} = (W_{1L}^{(2)}, W_{2L}^{(2)}, \cdots, W_{nL}^{(2)})^T \ L=1, 2, \cdots, k$$

各方案相对目标而言，其相对权重是权重$W^{(1)}$和$W_L^{(2)}$组合得到的

$$V_i^{(2)} = \sum_{j=1}^{k} W_j^{(1)} W_{ij}^{(2)}$$

⑥综合评价得分

$$Z = \sum_{i=1}^{n} q_i U_i$$

其中，n为影响因素的个数；q_i为各个影响因素的实际评分值；U_i为各个影响因素的权重值（杨少梅，2006）。

（6）模糊综合评价方法简介

模糊综合评判方法（FCA）的基本思想是首先建立问题的评定集和目标集，分别确定它们的隶属度向量；然后在各个单目标评判的基础上，通过模糊映射得出多目标综合评价结果（王伟东，2008）。模糊综合评价法的基本步骤如下：

①确定评价对象的评语指标

$$u = \{u_1, \ u_2, \ \cdots, \ u_p\}$$

②确定评语等级论语

$$v = \{v_1, \ v_2, \ \cdots, \ v_m\} \ m \in [3, \ 7] \ 中的整数$$

③建立模糊关系矩阵 R

对被评价事物从每个因素$u_i(i=1, \ 2, \ \cdots, \ p)$上逐个进行量化，即评价事物对各等级模糊自己的隶属度(R/u_i)，所有指标隶属度计算得到

$$R = \begin{pmatrix} R \ / \ u_1 \\ R \ / \ u_2 \\ \vdots \\ R \ / \ u_p \end{pmatrix} = \begin{pmatrix} r_{11} & r_{12} & \cdots & r_{1m} \\ r_{12} & r_{22} & \cdots & r_{2m} \\ \vdots & \vdots & \ddots & \vdots \\ r_{p1} & r_{p2} & \cdots & r_{pm} \end{pmatrix}$$

其中，某被评价对象从因素u_i对v_i等级模糊子集的隶属度用r_{ij}来表示。被评价对象在某个因素方面的表现我们用模糊向量$\{R | u_i\} = \{r_{11}, \ r_{12}, \ \cdots, \ r_{im}\}$来刻画。

④确定指标的标权重集

$$A = \{a_1, \ a_2, \ \cdots, \ a_m\}$$

其中，$0 \leq a_i \leq 1$且$\sum_{i=1}^{n} a_i = 1$。

⑤得出模糊综合评价结果向量

$$A_o R = \begin{pmatrix} a_1, & a_2, & \cdots, & a_p \end{pmatrix} \begin{pmatrix} r_{11} & r_{12} & \cdots & r_{1m} \\ r_{21} & r_{22} & \cdots & r_{2m} \\ \vdots & \vdots & \ddots & \vdots \\ r_{p1} & r_{p2} & \cdots & r_{pm} \end{pmatrix} = \begin{pmatrix} b_1, & b_2, & \cdots, & b_p \end{pmatrix} = B$$

其中，b_i 表示被评事物从整体上看对等级模糊子集隶属程度。

⑥对模糊综合评价结果向量进行分析

每个评价结果都表现为一个模糊向量，而不是得到一个综合评价值。若要进行排序，可以采用加权平均原则或者模糊向量单值化方法将评价结果向量综合成一个数值（文小玲，2006）。

每种方法都有自己的适用对象，应用于我国钢铁企业循环经济能源效率评价方面便会体现出不同的优势以及局限性。下面对每种方法的优势、弊端以及适用对象进行简要的比较分析。

（1）灰色关联度分析方法主要是根据比较系列与参考系列的关联度对评价对象进行排序。

优势：灰色关联度分析方法对样本量的多少与样本量有无规律均无要求，计算量较小，易于操作。当研究对象数据信息不足或者不满足统计规律的情况下使用具有独特的优越性。

弊端：灰色关联度分析方法不能反映评价对象之间的绝对水平，仅能对评价对象的优劣进行排序。

（2）主成分分析方法主要是将多项指标转化为少数几项综合指标，用综合指标来解释多变量的方差—协方差结构，此处的综合指标即主成分。所得出的少数几个主成分，要尽可能多地保留原始变量的信息，且彼此不相关。

优势：主成分分析方法在分析问题时，可以舍弃一部分主成分，从而减少了计算工作量。同时，主成分分析方法对原指标变量进行变换后形成的主成分之间彼此相互独立，消除评价指标之间的相关影响，因而可以减少指标选择的工作量。在综合评价函数中，各主成分的权重为其贡献率，它反映了该主成分包含原始数据的信息量占全部信息量的比重，这样确定权重较客观、较合理，因而克服了某些评价方法中根据以往经验确定权重的主观性。而且该方法可以用专门的统计软件SPSS运行全过程，简捷，易于理解。

弊端：在主成分分析方法中，我们首先应保证所提取的前几个主成分的累计贡献率达到一个较高的水平（即变量降维后的信息量须保持在一个较高水平上），其次对这些被提取的主成分必须都能够给出符合实际背景和意义的解释（否则主成分将空有信息量而无实际含义）。主成分的含义解释一般带有模糊性，不像原始变量的含义那么清楚、确切，这是变量降维过程中不得不付出的代价。因此，提取的主成分个数 m 通常应明显小于原始变量个数 p（除非 p 本身较小），否则维数降低的"利"可能抵不过主成分含义不如原始变量清楚的"弊"。

（3）因子分析方法是主成分分析方法的重要推广和扩展之一，它对问题的研究更深入、更细致。因子分析方法是通过对变量之间关系的研究，找出能综合原始变量的少数几个因子，使得少数因子能够反映原始变量的绝大部分信息，然后根据相关性的大小将原始变量分组。

优势：在对主成分和原始变量之间的关系进行描述时，如果主成分的直观意义比较模糊不易解释，主成分分析没有更好的改进方法，因子分析则额外提供了"因子旋转（factor rotation）"这样一个步骤，可以使分析结果尽可能达到易于解释且更合理的目的。

弊端：因子分析方法把多个指标中的大部分信息浓缩到几个比较少的指标中，导致浓缩后因子的意义不能完全确定，而且会有一些信息可能未被提取。

（4）层次分析方法为多准则、多目标或无结构特性的复杂决策问题提供一种简便易行的决策方法，其核心思想是将决策的思维过程用较少的定量信息数学化。

优势：层次分析方法所需定量数据信息较少，评价结果可靠性较高，它不单纯追求高深数学，而是把多目标、多准则又难以全部量化处理的决策问题化为多层次单目标问题，把定量方法与定性方法有机地结合起来，使复杂的系统分解，通过两两比较确定同一层次元素相对上一层次元素的数量关系后，最后进行简单的数学运算，易于理解与掌握。

弊端：层次分析方法定量数据较少，定性成分较多，主观性比较强。当指标过多时数据统计量大，且权重难以确定，所以评价对象的因素不能太多。

（5）基于BP人工神经网络分析方法主要通过学习和训练的自组织功能，实现了一个从输入到输出的映射功能，科学合理确定各指标的权重进而达到评价目的（唐建荣和张承煊，2006），能够"揣摩""提炼"评价对象本身的客观规律，对相同属性的评价对象进行评价。

优势：BP神经网络具有高度自适应能力和自学习能力，能够自适应地将训练内容记忆到网络的权值中。BP神经网络具有较强的非线性映射能力，而且具有一定的容错能力，也就是即使系统在受到局部损伤时仍然可以正常工作。处理信息能力强，数据可以并行处理，自身还具有学习、联想和记忆的能力。

弊端：BP算法精度不高，需要较长的训练时间，而且如果后期增加了学习样本，训练好的网络就需要从头开始训练，对于以前的权值没有记忆。数据收集、处理难度大。在应用前，需要用户提供足够的已知样本对神经网络进行训练和学习，工作难度高。

（6）模糊综合评价方法主要是根据模糊数学中的一些概念，例如隶属度理论，它主要是将边界不清的定性因素定量化，运用模糊关系合成的原理进行综合评价（文小玲，2006）。

优势：模糊综合评价方法适合解决难以量化的、模糊的问题以及各种非确定性问题，并且具有系统性强、结果清晰的特点。同时可以解决一般数学方法中"唯一解"的弊端。

弊端：对于评价指标之间因存在相关性而造成信息重复的问题，模糊综合评价不能解决，而且对于其中模糊相关矩阵的确定还没有一种相当成熟简便的方法。

通过上文对各种循环经济能源效率评价方法的适用性的优势和弊端进行的比较分析，并综合我国钢铁企业循环经济能源效率评价指标数量多、多输入、多输出，而且各指标数据之间存在相关性、相互影响的特点，采用定性评价分析方法、灰色关联度分析方法、层次分析方法、模糊综合评价分析方法、基于BP人工神经网络分析方法进行评价均存在一定程度的不足。因此本书在分析我国钢铁企业循环经济能源效率评价时综合运用了拓展的因子分析方法，对其进行综合评价，以得到科学有效的结论。

（五）循环经济的影响因素研究

目前，国内现有循环经济相关的研究文献中，比较多的研究角度是对影响因素进行定性分析，提出不同的观点。但是，较少有从严谨的理论视角对循环经济影响因素作出分析的，定量分析更为少见。按照循环经济发展模式的划分，将循环经济影响因素也划分为微观模式的影响因素、中观模式的影响因素和宏观模式的影响因素。

1.关于微观模式的影响因素研究

冯之坦（2006）综合运用模糊综合评价方法和层次分析方法对制约煤炭企业的循环经济的影响因素进行了评价，经过研究发现经济和技术因素对煤炭企业循环经济的发展有着更为重要的影响。赵峰（2007）认为企业是循环经济发展中的关键性微观行为主体，在没有外力作用下企业是不会改变传统经济模式的运行惯性的。技术推动力、需求拉动力、竞争驱动力及政府主导力是企业由传统经济向循环经济转变的先决条件。崔凌凤（2009）从企业内部分析了制约其发展循环经济的因素，包括过分强调当前经济效益、忽视社会与生态效益、融资渠道单一、科技投入不足、科技人才缺乏等。刘健（2010）通过研究得出价格和成本是企业发展循环经济的经济型障碍。郗永勤、张其春（2010）则认为企业家精神的三大要素（创新精神、冒险精神和机会识别）和企业家网络在企业循环经济发展的不同阶段发挥着不同的重要作用。

2.关于中观模式的影响因素研究

付晓东（2007）认为空间地域的自然、文化、科技、地方政府等因素是区域循环经济发展的重要影响因素，认识和有效地构建、控制这些因素，对于认识循环经济的运行机制，更好地发展循环经济十分关键。闫波、马新蕾（2008）认为影响区域循环经济发展的主要有自然、思想观念、市场、制度、经济结构等影响因素。迟元英、迟元琴等（2010）在对我国汽车循环经济发展环境分析基础上，从内部和外部归纳了影响汽车产业循环经济的关键因素。外部因素包括新能源的不断发展、国外同类产业的进入、宏观政策的支持等；内部因素包括研发经费的投入、产业循环技术水平的发展、产业资源基础、产业技术标准等的建立。最后通过采用AHP分析方法对这些因素进行了定量分析，发现外部环境因素的影响要大于内部因素的影响。陶信平、李国勇（2011）认为制约我国西部地区循环经济发展的因素主要有脆弱的生态环境、线性的资源开发模式、水资源短缺等。陈翔、肖序（2015）运用面板Tobit分析模型，对我国造纸及纸制品业循环经济效率的影响因素进行分析，发现经济发展水平和产业规模对产业循环经济效率影响最为显著。

3.关于宏观模式的影响因素研究

花明、陈润羊（2007）对公众参与循环经济的基本理论、法律基础及意义进行了论述，同时提出了关于构建公众参与的循环经济支持保障体系的建议。刘淑琴、李续智（2009）将影响循环经济发展的因素分为政策因素、技术因素和体制因素。张丽妍（2009）认为法律制度不健全、资源产权制度不清晰、经济制度不完善等，是目前地方政府、企业及公众发展循环经济动力不足的原因。而解决这些问题的主要手段是制度的创新，具体措施则是不断地建立健全、明晰以及完善上述各项制度。吴士锋等（2010）在分析信息流对物资流动的影响的基础上，指出经济发展基础的薄弱、公众生态意识的欠缺、企业的短视行为、产业链设计不完整、信息不对称以及政府部门监管力度不够等是制约循环经济建设的因素。肖明辉、彭亮（2012）通过分析我国当前的产业政策、金融政策、区域经济发展政策等循环经济宏观调控政策的局限性，探讨了我国循环经济宏观调控政策功能的有限性、强化性、弥补性等，并提出相应的具体建议。

二、钢铁工业发展循环经济的可行性及研究综述

《中华人民共和国国民经济与社会发展第十三个五年规划纲要》中明确提出了"创新、协调、绿色、开放、共享"的新发展理念。钢铁工业亦应遵从新发展理念，摘掉"资源能源高消耗""环境污染高排放"的帽子，发展自主创新、产业协调、绿色制造、融入世界市场、与其他产业资源共享之路。发展循环经济是"绿色钢铁"的指明灯。根据5R原则，通过物质能量的循环流动实现经济效率和物质效率的提高，对发展理念的再思考，自主创新，尽可能地利用现有产品和废弃物资源化，从而实现产业内和产业间的协调发展，以期实现经济效益最大化。

1.钢铁企业循环经济遵循的5R原则

众所周知，钢铁工业是典型的流程型制造业，生产源头需要大量的能源和资源，这些能源和资源通过不同生产工序和协同运作，转换为最终产品。在获得各种钢铁产品的同时，也同样伴随着二氧化硫、化学需氧量等污染物的排放。钢铁企业在钢铁生产的过程中如果遵循循环经济的发展理念，那么将减少资源能源消耗以及污染物的排放。钢铁企业发展循环经济遵循的5R原则包括减量化、再利用、再循环、再修复和再思考。

（1）减量化原则。钢铁企业在生产源头也就是输入端减少进入生产流程的物质量。为此，应尽力做到在钢铁生产过程中，减少钢铁产品的吨钢铁矿石、吨钢耗能和吨钢耗新水的使用量，通过不断地优化生产工艺、提高技术水平来节约资源和能源，降低消耗和减少排放。例如，提高炼铁和炼钢工序的合格率，提高轧钢工序的成材率，可以在减少矿石资源利用的同时节约能源。在新产品的研发过程中应考虑通过工艺技术的改进和优化来提高产品性能而不是通过添加各类合金元素等，这样可以减少物质消耗，生产研发节约

型钢铁产品。

（2）再利用原则。钢铁企业在遵循循环经济的发展理念时应尽可能多次或以多种方式使用钢铁产品。钢铁工业是耗材大户，在循环利用物料方面有很大的潜力，如可以延长钢铁产品的使用时间，提高产品的效率，减少一次性用品的使用。

（3）再循环原则。钢铁企业应遵循循环经济的发展理念，尽可能充分利用废钢、回收使用铁素资源以及其他合金，开发利用渣料和各种废弃物等都是节约材料的有效手段。目前我国对渣料的开发已经进入综合利用的阶段，在钢渣分离的基础上，研发尾渣的深加工，将剩余的废弃物加工制成冶炼溶剂、矿棉、墙体材料和水泥添加剂等。将除尘灰、工业污泥、氧化铁泥处理加工制成球团矿回炉炼钢，将原级和次级资源化相结合，使废弃物再次变成资源重新进入生产和消费领域。

（4）再修复原则。钢铁过去几十年的生产过程已经对生态环境造成了严重破坏。钢铁企业在从输入端、利用过程和输出端减少能源消耗和环境污染的同时应积极肩负起环境再修复的责任，建设生态钢铁生产园区。

（5）再思考原则。钢铁企业应结合"十三五"规划以及《钢铁工业发展规划》等重新定位未来的发展方向。为实现"绿色钢铁"作出努力，增强自主创新能力，与其他产业协调共生，再塑发展新目标。

2.钢铁企业循环经济的层次结构分析

钢铁企业循环经济的发展关注的三个重要层次分别为：企业生产层次、企业共生层次和社会消费层次，实现三个层次的全方位减量和循环，从而在全社会形成物质闭环型经济。

企业的生产层次是钢铁企业内部的"小循环"。钢铁企业内部设定"零排放"的目标，建设钢铁企业生产过程中的循环链：一是建立可燃气体回收利用循环链，从煤、焦等能源地投入到高炉、转炉、焦炉、煤气的回收利用，实现可燃气体零排放；二是工业用水循环链，从企业补充新水到生产过程用水、废水回收、处理替代新水，实现水资源的循环利用；三是固体废弃物的循环链，从铁矿石等原料的投入，到钢铁产品生产，固态废弃物的回收利用及无害化处理，详见图1-3。由此可见，钢铁企业内部具有良好的循环经济的基础和条件。

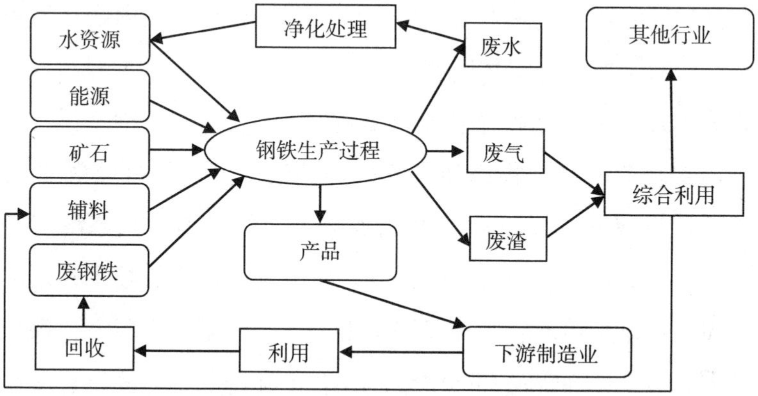

图1-3 钢铁企业内部形成的小循环

钢铁企业发展循环经济的三个层次可以综合运作形成钢铁企业循环经济的运行模式：资源—生产—产品消费的范式，详见图1-4。

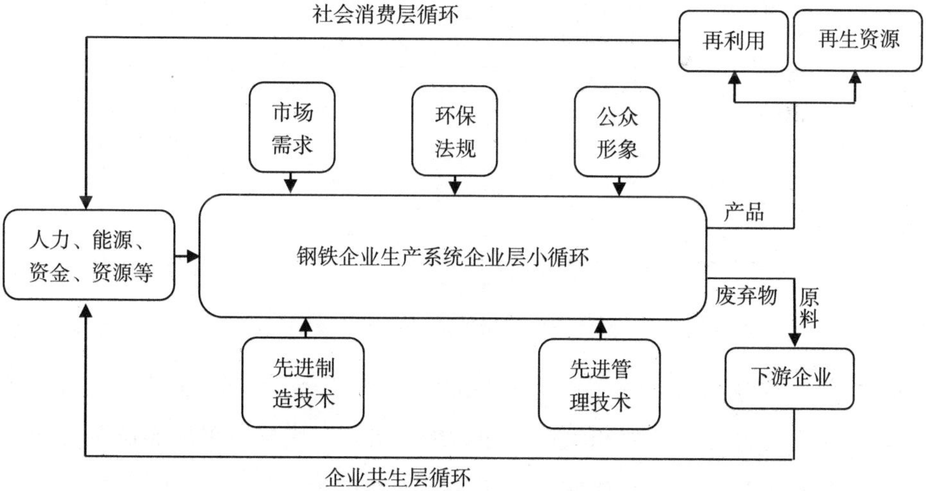

图1-4 循环经济下钢铁企业运行模式

第一，生态-经济双效理念的本质是要求组织实施钢铁企业在生产层次上的能源和资源的循环，从而达到污染排放的最小量化；第二，通过建立生态工业园区，要求在企业与企业之间形成废弃物的输出输入关系，其实质是运用循环经济思想组织企业共生层次上的物质和能源的循环；第三，重视生活废弃物的反复利用和再生循环，使生活垃圾处理的工作重点开始从无害化转向减量化和资源化，实际上就是要在更广阔的社会范围内或在消费过程中和消费过程后的层次上组织物质和能源的循环。

3. 基于循环经济的钢铁企业发展战略

对于钢铁企业来讲，将循环经济的理念纳入其发展战略和管理过程之中，符合循环经济5R原则中的再思考原则，但是目前为止还没有固定的成功模式，这主要取决于企业自身的条件、决策者的理念、技术开发能力、工艺水平、产品特点，市场状况和投资水平等诸多因素。实际上，每个钢铁企业都存在为促进企业介入循环经济发展并获得其实际价值的特定途径。为了帮助我国钢铁企业将循环经济的思想引入企业的发展战略之中，本书设计了如图1-5所示的系统学习模式。

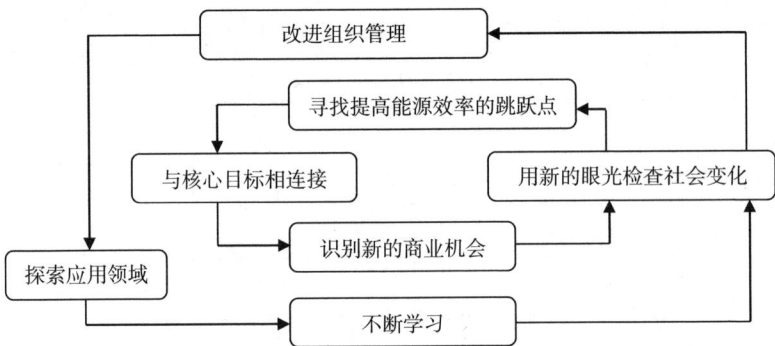

图1-5 基于循环经济的钢铁企业管理学习模式

首先，寻找将循环经济与企业发展战略相连接的具体应用领域和结合点。通过学习循环经济的相关理论和思想，启发和引导管理层人员在开展企业发展战略的过程中融入循环经济因素，同时以生态-经济双效率和全面成本分析为衡量标准对企业发展目标和钢铁产品生产过程发展循环经济能力进行诊断。不断探索和改进的学习过程应与企业的核心目标相结合。企业实行循环经济的过程中高层管理者扮演着重要的角色，只有高层管理者通过系统的思考，以新的眼光检查、分析社会的变化，从中识别新的商业机会，满足客户需求，并将社会需求转换为市场机会，才能使钢铁企业循环经济顺利推进。

钢铁企业实行循环经济是一项复杂的系统工程，涉及产品研发、设计、生产制造、销售、使用、报废处理到再生利用的全过程；还包括经营战略的制定、市场研究、原材料零部件供应以及质量管理等各个方面。所有这些都必须建立在企业的组织机构、人力资源管理、企业管理制度和企业文化的创新基础之上。概括起来说，钢铁企业实施循环经济的相关战略可以归纳为如图1-6所示的七个方面的内容。

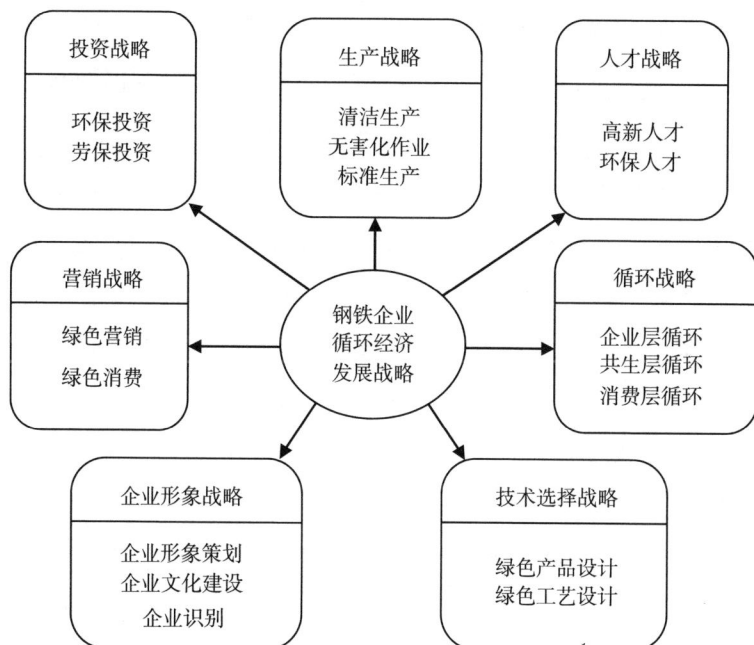

图1-6 基于循环经济的钢铁企业发展战略框架

4.钢铁产业循环经济的研究综述

钢铁产业是我国国民经济的支柱型产业，同时也是典型的流程制造业。能源密集、流程工序繁多、生产规模大、废弃物排放量大等是其典型的特征。因此，发展钢铁产业循环经济对我国循环经济的发展具有重要的推动作用。随着循环经济概念的提出和推广，加之钢铁产业高污染、高排放的特性，很多学者开始以钢铁产业的循环经济发展为切入点，对其进行深入研究。

国外学者对钢铁产业或企业循环经济研究主要从钢铁产业或企业二氧化碳排放角度、钢铁产业或企业耗能和能源替代角度、钢铁产业或企业环境标准和评价研究以及钢铁产业或企业发展对策几个方面进行。第一，针对钢铁产业或企业二氧化碳排放方面的研究。Gielen D. 和 Moriguchi Y.（2002）构建了钢铁环境战略评估模型，分析了日本钢铁产业二氧化碳的减排能力。Kim Y. 和 Worrell E.（2002）运用物理指数对钢铁产业的二氧化碳进行了分解分析，细化的分解分析可以将能源强度发展情况与技术变革、政策制度联系起来。Sheinbaum C. 等（2010）运用 Divisia 平均指数模型对墨西哥钢铁产业 1970—2006 年能耗与二氧化碳排放趋势进行了分析，主要讨论了产业结构、效率对能源消耗的影响。Lee S.Y.（2013）研究了韩国石化与钢铁产业减少温室气体（GHG）的排放的现有与预期技术策略。第二，针对钢铁产业或企业能耗和能源替代方面的研究。Larsson M. 等（2006）运用过程整合方法对整个钢铁企业系统进行分析，并采用构建的优化模型研究钢铁企业现有物质与能源系统的作用。Farla J. 和 Blok K.（2001）通过比较分析来自四个钢铁能源数据库的数据，讨论了钢铁产业能源强度指数的质量问题。Yih-Liang Chan，D.等（2010）建立信息能源节约数据库，介绍了我国台湾 118 家钢铁企业 2000—2008 年间的能耗情况。Sohaili K.（2010）运用能源需求评价的技术经济模型对伊朗钢铁产业能耗情况进行了研究。Sodsai P.等（2012）分析了泰国钢铁产业二氧化碳排放状况，指出生物质燃料代替化石燃料提供热能，对钢铁产业的碳平衡而言最具有吸引力。第三，针对钢铁产业或企业环境标准和评价方面的研究。Singh R.K.等（2007）提出了一种开发复合可持续发展绩效指数（CSPI）的方法，并使用 AHP 方法构建概念决策模型，将模型用于评价印度某一钢铁企业的可持续发展能力。Amin M.R.等（2010）构建了可复制的加权环境绩效指标体系，并以印度 5 家钢铁企业的数据为例进行了检验。第四，针对钢铁产业或企业发展对策方面的研究。Hidalgo I.等（2005）构建了钢铁工业（ISIM）模型，该世界钢铁产业仿真模型用于分析包括产量、需求量、贸易、能耗、二氧化碳排放量、技术表格和重组等在内的1997—2003年钢铁产业的变革。Siitonen S.等（2010）采用PLS方法分析了不同钢厂生产状况对具体能耗和二氧化碳排放量的影响。Ansari N.等（2012）提出动态模型用于在整合框架下分析钢铁需求、产量与能耗，其中协流结构用以分析能源补贴改革对能耗的长期影响。

国内学者对钢铁产业循环经济的研究主要集中在钢铁产业的循环经济的战略、钢铁产业发展循环经济的模式、钢铁产业发展循环经济的途径、钢铁产业循环经济评价方面。

（1）钢铁产业发展循环经济的战略研究。赵燕娜、朝霞（2006）从我国大型钢铁企业所处的内部环境出发，分析了影响可持续发展的因素。张寿荣（2006）认为流程制造业和能源产业是构成工业循环经济的主体，提出淘汰落后产能是钢铁工业发展循环经济的必要条件。刘捷、杜春丽（2007）运用AHP方法分析了我国钢铁企业循环经济发展水平的影响因素并将其进行了排序。窦彬（2007）从钢铁企业发展和资源紧缺的矛盾出发，指出我国钢铁企业发展循环经济中存在的创新问题。索贵彬、王延增（2008）基于自主创新和绿色制造对我国钢铁工业的发展策略进行了研究。米俊荣、曹宣玮（2010）通过对德国鲁尔区钢铁产业由于路径依赖造成的区域经济衰退进行深入分析，为我国钢铁产业的发展提供有益启示。罗冰生（2010）对钢铁产业发展中存在的矛盾和问题，提出了钢铁产业发展循环经济需要解决的五大关键问题。陈慧学（2010）通过分析我国钢铁产业现状，指出我国钢铁产业集中度低、产能过剩问题突出和整体水平低下的问题，认为发展循环经济的方向与进行产业结构调整是一致的。

（2）钢铁产业循环经济的模式研究。崔树军、安玉红（2008）从铁矿资源供给、产业价值链和产业区域规划三个层面对河北省钢铁产业的循环经济发展模式进行了探讨。任海英、耿宝丽（2008）介绍了钢铁企业建立生态工业园区的一种模式，包含生态技术、地理环境、发展方式、运行方式以及盈利状况在内的五维一体钢铁生态工业园区模式体系。殷瑞钰（2008）认为未来钢厂的发展模式应从循环经济理念和钢铁工业生态化转型出发，从而逐步形成港口生态工业带钢厂与都市周边环境友好型钢厂两种模式。薛楠等（2009）提出河北省钢铁产业应从大、中、小三个层面构建静脉产业模式以发展循环经济。柳克勋、王林森（2010）对短流程钢铁企业的"低收入、低消耗、高附加值产品"发展循环经济的模式进行了阐述。

（3）钢铁产业发展循环经济的途径研究。对于这方面的研究，学者们通过对钢铁企业的现实情况及钢铁产业市场的需求情况进行基本分析之后，得出的钢铁产业发展循环经济的途径主要包括控制新增产能、淘汰落后产能、二次能源回收技术创新、推进清洁生产标准、加快体制改革、解决关键技术难题、充分利用国外智力资源、管理创新和工艺创新调整等方面（李利剑，2005；刘鸿亮、曹凤中，2008；杨洁，2009；诸骏生，2010；黄导，2010；蒋育翔、黄全福和洪小和，2011；邢军伟，2011）。

（4）钢铁产业循环经济评价研究。卜庆才（2005）将"资源效率"的概念引入钢铁产业的水循环系统中，对水资源利用效率以及循环效率进行了定义。马珊珊等（2007）对钢铁产业能源污染指标以及经济效益投入产出指标进行了分析，建立了钢铁产业绿色制造评价体系。路文杰、马翠香（2007）建立了包含正效益与负效益两类指标的钢铁产业生态化指标体系。赵立祥等（2008）构建了19个指标、权重、基准值和指数计算方法组成的钢铁企业生态化评价方法，并对中国三家大型钢铁企业和新日铁的生态化水平进行了评价。杜春丽、成金华（2009）基于生态效率评价现有理论对钢铁产业循环经济效率进行了定义。陈勇等（2009）利用AHP的思想，讨论并构建了钢铁企业循环经济发展水平评价指标体系。陈国康（2010）建立了钢铁产业发展循环经济评价指标体系的基本原则和主要内容，提出钢铁产业循环经济评价指标体系应用重点反映铁、能源、水与其他废弃物这四类物质的循环利用情况。

综上，对钢铁产业循环经济的研究多集中在模式、途径等以定性经验分析为主的分析上，定量研究相对较少。在对循环经济主体的研究中，多集中在行业、区域等方面，对企业研究较少，评价方法的实用性、综合性及评价结果的客观性等都有待商榷，缺乏横向与纵向整合的比较研究。

三、能源效率研究综述

世界两次石油危机使得能源效率问题成为国内外研究的重点之一。近年来，随着能源短缺问题日益突显，经济发展状况变得越来越严峻，学术界对能源效率问题的研究也越来越关注。然而，对于"能源效率"的定义却没有统一的权威定义。Patterrson（1996）指出，能源效率可以用集中数量指标进行计算。

表1-3 四种能源效率测度指标

指标	指标定义	指标说明
热力学指标	实际热能效率/理想热能效率	针对某一特定生产过程，不能加总
物理-热量指标	单位产品能耗	针对某一特定产品，不能计算总的能源效率
纯经济指标	能源投入价值/国民总产出	需要计算反映能源边际转换率或能源消费的边际替代率的"理想价格"，且能源价格是不断变化的
经济-热量指标	单位GDP能耗（或单位总产出能耗，或单位总产值能耗）	能源产出或者服务用经济活动产出量表示，能源投入用各类一次能源消耗量表示。其倒数作为能源生产率指标，只是衡量能源投入与产出之间的比例关系，且未考虑其他生产要素的影响

一般来说，能源效率主要有四种指标，包括热力学指标、物理-热量指标、纯经济指标和经济-热量指标。其中，热力学指标主要只针对某一特定生产过程，无法进行加总，具体可定义为实际热能效率与理想热能效率的比值。物理-热量指标只针对某一特定产品，无法计算总的能源效率，具体定义为单位产品能耗。纯经济指标的能源效率是指能源投入价值与国民总产出的比值，需计算反映能源边际转换率或能源消费的边际替代率的"理想价格"，且能源价格是在不断变化中的。经济-热量指标是指单位GDP能耗，又可称为能源强度，能源产出用经济活动产出量（例如增加值或总产出）表

示，能源投入用各类一次能源消耗量（采用热值法或者发电煤耗法）表示，它的倒数可以作为能源生产率指标，只衡量能源投入与产出之间的比例关系，且未考虑其他生产要素的影响（详见表1-3）。

1995年，世界能源委员会将能源效率定义为减少提供同等能源服务的能源投入。1997年，Bosseboeuf 等将能源效率划分为经济上和技术经济上的能源效率两种，经济上的能源效率是指用相同的或者更少的能源投入得到更好的生活品质或者更多产出。技术经济上的能源效率强调在技术进步、改善管理和改变生活方式等条件下减少的特定能源使用量。现有的研究一般从单要素能源效率和全要素能源效率两方面来定义能源效率。后文将作详细介绍。

1.能源效率研究方法综述

能源效率的评估方法从国内外研究状况来看主要分为参数方法（计量经济方法）和非参数方法（数学规划类）。参数方法中的代表方法包含随机前沿分析方法（SFA）、自由分布方法（DFA）和厚前沿方法（TFA）；非参数方法的代表方法包含数据包络分析方法（DEA）（详见图1-7）。

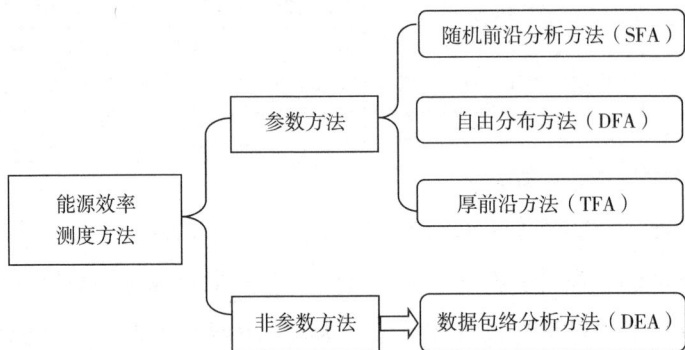

图1-7　能源效率测度方法图

（1）随机前沿分析方法（SFA）

随机前沿分析方法是参数方法中应用最早且使用最为广泛的方法，自由分布法和厚前沿方法均是以随机前沿分析方法为基础发展而成。测度效率的随机前沿分析方法是Aigner、Lovell和Schmidt等（1997）提出来的。随机前沿分析方法解决了索洛余值法没有考虑生产者技术与前沿的效率差距及完全竞争与利润最大化假设带来的缺陷。随机前沿分析方法的模型形式为：

$$Y_j = X_j\beta + (V_j - U_j), \quad j=1, \cdots, N$$

随机前沿分析方法将误差分解为随机误差和无效率项，并且假定随机误差项服从对称分布，通常为标准正态分布，而无效率项服从不对称分布，通常为正态分布。同时假定随机误差项和无效率项均与投入、产出或估计方程中设定的环境变量呈正交关系。由于SFA方法无效率项分布假设比较随意，假设本身也难以验证，降低了方法的有效性。此外，随机前沿分析方法是一种经济计量分析方法，要求确定生产函数的具体形式，适用于"多投入—单产出"的情况，对于合意产出与非合意产出共存的情况测算全要素生产力显得无能为力。

（2）自由分布方法（DFA）

若想参数法对无效率项分布的限制性假设有所放松，那么就需要充足的面板数据作为保证。Schimidt（1984）在随机前沿分析方法的基础上，放松外在干扰因素服从独立同正态分布的条件，利用广义最小二乘方法估算外界干扰对效率的影响。这也就是Berger（1993）提出的自由分布方法（DFA）。自由分布方法与随机前沿分析方法相比的优点在于：事前不需假定随机误差项及非效率项的概率分布特征，假定各企业的效率不随时间变动，而随机误差的平均值随着时间的推移而趋向于零。这样的假设对于样本数据集中的各个企业而言，无效率估计将由他们的平均残差与边界上企业的平均残差之间的差异来决定。但是DFA方法只能测度样本企业在这个考察期的平均效率，对各个时间节点上的效率测算却无能为力。

（3）厚前沿方法（TFA）

Berger和Humphrey（1992）在随机前沿分析方法的基础上，使用一种更自由的分布方法来用面板数据估计前沿成本函数，提出了厚前沿方法。厚前沿方法不假设随机误差项和无效率项的分布，而是将样本企业分为四分位区间的两组，两组样本企业之间的差异代表无效率项，组内样本企业之间的差异代表随机误差。实际应用中，分别对效率最佳和效率最差的四分位区间内的样本估算效率前沿函数，这种"效率前沿"被称为"厚前沿"。值得注意的是，厚前沿方法对随机误差或者无效率项均没有给出任何分布假设，它本身不能提供单个企业效率的点估计，而只能提供一种一般水平总效率的估计，因此厚前沿方法只能估算四分位区间内企业的效率水平，而不能测度单个企业的效率。

（4）数据包络分析方法（DEA）

基于Farrell（1957）提出的前沿生产函数思想和效率的概念，Charnes、Cooper和Rhodes（1978）在数据规划的基础上，建立了可计算效率的数据包络分析方法。数据包络分析方法运用线性规划理论，不需要用特定的函数来描述样本的效率前沿面，将所有的决策单元输入和输出的统计数据投影到几何空间中，寻找最低投入和最高产出确定效率前沿的投入—产出关系的包络面，并通过比较决策单元偏离前沿面的程度来形成对决策单元的相对效率评价。数据包络分析方法的最大优点在于具有无参性和对多投入、多产出变量的处理能力。随着DEA方法的不断改进和相关理论研究的不断深入，其应用领域日益广泛，成为可以与传统计量经济理论并列的投入—产出效率评估方法。

2.全要素生产率的内涵及发展

作为衡量经济增长的质量指标，生产率受到学者的广泛重视和深入研究。生产率主要是指产出与投入的比值。生产率又可以具体分为单要素生产率和全要素生产率两类。其中，单要素生产率主要是指某一种要素的生产效率，例如劳动生产率、资本生产率等。由于单要素生产率所测算的效率具有单一和片面的缺陷，全要素生产率就成了关注重点和主要研究对象。

全要素生产率（Total Factor Productivity，TFP）是将总产量与考虑到的所有要素的投入量进行对比，是衡量以单位总投入带来多少总产出的生产率指标。全要素生产率包含的内容更为广泛，不仅包括一些技术因素，还包括一些非技术因素。全要素生产率在考虑全部投入因素的条件下，全面反映经济系统的总投入转化为产出的效率，能够真实地体现经济活动的整体经济效益，因而它是评估经济增长质量和分析经济增长源泉的重要工具。

全要素生产率是反映经济增长质量的重要指标，是探究经济增长源泉的重要工具，是政府制定长期可持续增长计划的重要依据。第一，估算全要素生产率有助于进行经济增长源泉分析，即分析各种因素（投入要素增长、技术进步和能力实现等）对经济增长的贡献，区分经济是投入型增长还是效率型增长，确定经济增长的可持续性；第二，估算全要素生产率是制定和评价长期可持续增长政策的基础。具体来说，通过全要素生产率增长对经济增长贡献与要素投入贡献的比较，就可以确定经济政策是应以增加总需求为主还是应以调整经济结构、促进技术进步为主。

3. 非环境约束下的全要素能源效率研究

目前，能源效率又被划分为单要素能源效率和全要素能源效率。单要素能源效率是反映经济活动中能源消费与有效产出关系的偏要素生产率指标。在文献中较为常用的单要素能源效率指标，包括能源生产率和能源消耗强度，这两者互为倒数。能源消耗强度用单位GDP的能源消费量来表示。采用单因素能源效率指标（能源消耗强度），虽然计算较为简便，却夸大了能源效率，且忽略了各投入要素间的相互替代作用（史丹，2006）。实际上，能源本身并不会带来任何产出，必须结合其他重要相关要素，如资本、劳动力等。而全要素能源效率可以更好地反映客观实际，能源效率的提高也依赖于全要素生产效率的改善。因此，近年来诸多文献采用的能源效率指标是全要素能源效率。

在DEA研究方法的基础上，基于全要素生产理论来评价能源效率的思想得到了广泛应用，即全要素能源评价体系，其实质在于确定能源效率前沿，通过时机效率与前沿效率的比值确定能源效率。这种评价方法是基于多投入和多产出，从而弥补了只考虑能源投入要素的单要素能源效率评价方法的缺陷。在能源效率的研究领域中，最早运用DEA方法测算全要素能源效率的学者有Freeman等（1997）和Boyed等（2000），并通过实证分析方法对全要素能源效率与传统的能源消耗强度指标之间的差异与联系进行了研究。Hu J.L.和Wang S.C.（2006）提出能源必须与资本、劳动力等相关投入结合才能产生经济产出，并基于全要素生产率框架定义了全要素能源效率。这种评价方法更为客观，也得到了大量学者的认可，很多学者追寻这种思路开展了对我国能源效率的研究（魏楚、沈满洪，2007；师博、沈坤荣，2008）。杨洪亮、史丹（2008）基于DEA-Malmquist生产效率指数对我国30个省份的全要素能源效率进行了评价。屈小娥（2009）亦通过DEA方法对我国各省份的全要素能源效率进行了评价，并运用Tobit模型研究了全要素能源效率的影响因素。孙广生等（2012）测度我国各地区能源效率并得出技术进步对能源效率的改善贡献最大的结论。原毅军、郭丽丽（2012）基于省级面板数据采用随机前沿方法分析了我国长期和短期的能源利用效率。王雄、岳意定（2013）运用随机前沿分析方法对我国中部省份的能源效率进行了测算。除此之外，部分学者也从各产业全要素能源效率的角度进行了研究和分析。张红霞、刘起运（2008）对我国高能耗行业的地区间能源效率进行了分析。李廉水、周勇（2006）应用DEA方法对35个工业行业的能源效率进行了测评，发现技术效率对能源效率有显著的正向促进作用。吕荣胜、周子元等（2012）采用SBM-DEA方法对我国重化工业的能源效率进行了评价。冉启英、周辉（2015）对我国农业全要素能源效率进行了评价，并进行了收敛性分析，结果表明技术进步对我国中东部地区农业全要素能源效率变化的作用最为明显。张立国等（2015）基于DEA-Malmquist分析方法对我国物流业全要素能源效率的动态变化及区域差异进行了系统分析。

4. 环境约束下的全要素能源效率研究

随着循环经济、低碳经济的发展模式不断渗入，部分学者开始引入环境和资源因素到全要素能源效率的研究之中。吴琦和武春友（2009）、王克亮和杨宝臣等（2010）、王兵和张技辉等（2011）运用数据包络分析方法（DEA）将环境污染作为坏产出引入到全要素能源效率的实证研究中。徐盈之、管建伟（2011）采用超效率DEA将环境污染作为投入因素引入。王喜平、姜晔（2012）把二氧化碳排放作为非期望产出纳入到方向距离函数和Malmquist-Luenberger指数模型中，对我国36个工业行业的全要素能源效率进行测算，并分析了累积全要素能源效率的分布和动态变化特征。2013年王喜平等基于环境DEA方法和方向距离函数，测算了碳排放约束下京津冀都市圈全要素能源效率。王艳丽、钟奥（2015）将环境规制和创新能力引入到我国工业行业全要素能源效率的实证研究中，结果显示环境规制对高、中、低能耗产业的全要素能源效率均有正向直接效应。安博伟等（2015）以环境方向距离函数和环境生产函数为基础，运用DEA方法，将环境约束引入江苏省全要素能源效率研究模型中。李强、魏巍（2015）运用我国29个省份市区的面板数据对其全要素能源效率进行测度，并将碳排放、环境污染这种非合意产出引入全要素能源效率的测度模型中，得出我国能源消费面临着满足经济增长和降低能耗的双重压力，从东部到西部全要素能源效率逐渐下降的结论。同样在碳排放约束的视角下，吴文杰、巩芯仪（2015）引入方向性距离函数运用DEA方法和ML生产率指数测算了陕西省碳排放约束下全要素能源效率。冉启英、于海燕（2015）在方向性距离函数的环境规制行为分析模型（DDF-AAM）框架下，将污染物作为负外部性的非合意产出，测算了西部10个省份的全要素能源效率。

5. 能源效率影响因素研究

针对能源效率的影响因素研究，学者们大都从行业、省份区域的角度出发对行业能源效率的影响因素进行分析，李世祥、成金华（2009）通过运用Tobit模型实证分析了我国工业行业的能源效率影响因素，研究结果表明，从长久的角度分析，工业行业的能源效率可以通过技术进步和能源价格来提升。唐玲、杨正林（2009）同样运用Tobit模型探索了工业经济转型对能源效率的影响机制，结果表明深化国有企业改革、保持适度合理的行业竞争以及调整能源消费结构有利于提高工业的能源效率。王喜平、姜晔（2012）考察了碳排放约束下的我国工业行业能源效率的影响因素，研究结果显示行业内企业研发投入、企业平均规模、行业产权结构对全要素能源效率显著正相关，与能源消费结构呈负相关。范丹、王维国（2013）运用Tobit模型系统全面地探讨了工业行业全要素能源效率及生产率的影响因素。陈关聚（2014）在分析我国能源结构的基础上，探索了我国制造业30个行业的全要素能源效率技术效率的影响。

从区域能源效率的影响因素分析，魏楚、沈满洪（2007）从产业结构、政府的影响力、对外开放程度以及制度四个方面对我国东、中、西部三大区域的全要素能源效率进行回归分析。屈小娥（2009）基于Tobit模型分析了结构调整、技术进步、能源价格、工业化水平等因素对我国区域全要素能源效率的影响。袁晓玲等（2009）基于经济结构和能源因素视角，采用Tobit模型分析了我国及分区域的全要素能源效率影响因素。王维国、范丹（2012）构建了全要素能源效率固定效应的面板数据模型，研究结果表明技术效率促进中部和西部的全要素能源效率；产业结构则对其产生显著的抑制作用；对外开放程度、产权所有制结构、政府支持力度对我国整体的全要素能源效率具有显著的促进作用。王喜平、姜晔（2013）将环境因素作为约束条件测算我国29个省份的能源效率，发现环境因素对能源效率差异有较大的影响。王雄、岳意定和刘贯春（2013）测算了中部六省的能源效率，结果发现地方财政科技投入和高科技产业规模与能源效率呈正相关关系。陈玲、赵国春（2014）对新疆的全要素能源效率影响因素进行分析发现新疆环境规制对能源效率的提高具有极大的抑制作用。揭水晶、何凌云（2014）构建了直接效应和综合调节效应模型，发现能源技术效率和经济总量可以实现能源价格对能源消耗的抑制作用。张三峰、吉敏（2014）通过对我国30个省份的面板数据进行研究发现市场化有助于能源效率的提高。李梦蕴、谢建国和张二震（2014）对我国区域能源效率及影响因素进行了分析，发现国家直接投资对不同区域的能源效率存在区域差异。

四、钢铁工业能源效率研究现状

钢铁工业是我国能源消费的"大户"，钢铁工业能源效率的提高有助于我国整体能源利用水平的提升。国内很多学者开展了对钢铁工业或企业能源效率的研究。最开始学者们的研究主要基于全要素生产率，运用DEA方法测算我国钢铁行业的生产效率的学者居多（徐二明、高怀，2004；杨家兵、吴利华，2006；何枫、陈荣，2008；张庆芝、何枫、赵晓，2012）。部分学者运用DEA-Malmquist指数测算我国钢铁行业全要素生产率的变动情况（刘彦平、刘玉海，2008；万燕鸣，2010；陈凯、史红亮，2011）。以上研究均没有考虑能源资源消耗及污染物排放，钢铁工业的粗放型发展方式使得其对能源、资源和环境的影响越来越大，部分学者开始逐步在研究钢铁工业或企业全要素能源效率的基础上将资源能源和环境因素纳入其中。Wei、Liao和Fan（2007）运用DEA-Malmquist指数对我国钢铁企业的能源效率进行了实证研究。杜春丽、成金华（2009）采用DEA-Malmquist指数模型对我国钢铁产业循环经济效率进行动态评价。韩一杰、刘秀丽（2011）将二氧化碳排放量纳入模型之中，运用DEA-Malmquist指数法对钢铁产业能源利用效率的变动进行分析，结果显示技术创新能够提升我国钢铁工业的节能减排效率。He、Zhang、Lei、Fu和Xu（2013）应用DEA和M-L指数测算了融入坏产出的钢铁行业能源效率及其变动。Lin和Wang（2014）运用能源输入随机前沿模型分析我国钢铁产业的全要素能源效率及相应的节能潜力。何枫、祝丽云、马栋栋、姜维（2015）基于非期望产出的网络SBM-DEA模型研究了我国钢铁企业绿色技术效率，结果发现环境保护、资源循环利用与企业产出增长的双赢效果并没有显著体现，研发投资率有利于绿色技术效率的增长。

五、研究评述

1.循环经济理论与应用研究评述

总体而言，国内外学者针对循环经济理论和应用的研究已经做了大量的工作，并且取得了一定的成果。虽然各位学者对循环经济的定义不尽一致，但在循环经济内涵的认知上却是大体相同的。循环经济的内涵是一种以资源能源的高效率利用和循环利用为核心的，以减量化、再利用、资源化为原则，以低投入、低消耗、低排放和高效率为基本特征，符合可持续发展理念的经济发展模式。关于循环经济原则的研究主要针对3R原则展开，对各个行业进行循环经济效率或模式测算时学者们仍以3R为主要原则（王俊玲、戴淑芬，2014）。针对循环经济的评价研究主要运用的方法有德尔菲方法、层次分析方法、灰色关联度与模糊综合评价方法综合形成的灰色综合评价模型、另外熵值法、DEA方法、SFA方法、CAS理论、投影寻踪方法、生命周期评价法以及物质流分析等方法。对循环经济的影响因素分析上主要从我国整体角度出发，微观方面包括企业家精神、企业家网络、企业融资渠道、科技人才等；中观方面包括地域文化、科技及地方政府、国内外相同产业的进入、产业循环技术水平、产业资源基础、产业技术标准等；宏观方面包括法律制度、资源产权制度、经济制度、政府部门监管、产业政策、金融政策、区域经济发展政策等。

关于钢铁工业的循环经济的研究，国外学者主要集中在钢铁产业二氧化碳排放、能源消耗和替代、钢铁工业环境标准和评价及发展政策的方针模拟研究。国内学者主要针对钢铁企业发展循环经济的战略研究，探究钢铁工业发展循环经济的矛盾和问题，探索钢铁企业建立生态工业园区以及建立绿色制造评价体系运用模糊评价法对钢铁企业生态进行评价。目前已有的研究文献主要集中在模式、战略、途径等定性经验分析上。对循环经济主体的研究重点主要集中在行业和区域方面，针对企业的研究较少。对于钢铁企业结合发展循环经济提高能源效率的定量研究十分罕见。

2. 能源效率研究评述

针对效率问题学者们展开了诸多研究。能源作为生产过程中必需的一种生产要素，与资源、劳动等生产要素一样在生产过程中必不可少，这些生产要素相结合共同作用于生产的整个过程。关于能源效率的研究方法，应用最为广泛的有随机前沿分析方法和数据包络分析方法，两种方法分别为参数方法和非参数方法的代表。针对钢铁企业的效率研究主要从技术效率、规模效率、生产率和能源效率的角度，详见表1-4。

表1-4　关于我国钢铁工业或企业效率的研究文献小结

时间	作者	主要内容	研究结论
1990	Jefferson	我国钢铁企业多要素生产率	我国钢铁企业存在规模经济
1993	Kalirajan，Cao	经济改革对我国国有钢铁企业效率影响	我国钢铁企业存在规模经济
1996	Yanrui Wu	我国钢铁企业效率及影响因素	公司年限和所有制对效率有正影响，规模与效率的相关性不高
2002	Jinlong Ma 等	我国钢铁企业技术效率和生产率	1989—1997年间我国钢铁企业平均技术效率为0.63，低效率的原因主要为不合理的产业结构及中小企业的低技术水平
2003	赵国杰等	我国钢铁企业的规模经济性	我国大型钢铁企业存在规模不经济现象
2004	Movshuk	改革对我国钢铁工业的生产和技术效率的影响	20世纪90年代中期的技术效率没有提升反而有所下降
2006	杨家兵等	我国钢铁上市公司效率	我国上市钢铁企业存在规模经济，整体效率水平有较大调整空间
2007	Yi-Ming Wei 等	我国钢铁企业能源效率	1994—2003年间我国钢企能源效率提升60%，主要原因是技术的进步
2007	焦国华等	我国钢铁企业相对效率和规模效率	我国大型钢铁企业相对小企业不具有规模优势
2008	Zhang，Wang	我国钢铁企业节能技术和生产效率	能源节约措施、技术改进和节能投资有利于生产效率的提高
2008	韩晶	我国钢铁上市公司生产效率	效率的提高主要源自于技术进步
2009	杜春丽等	我国钢铁工业循环经济效率评价	循环经济效率总体水平不高，技术创新是提高效率的重要途径
2010	刘秉镰等	规模和所有权视角下的我国钢铁企业动态效率研究	大型钢铁企业的效率变动没有优于中小型企业，国有企业的动态效率下降，民营企业的生产力稍有改进
2011	韩一杰等	我国钢铁行业能源效率及节能减排	能源效率整体不高，技术创新是提升的重要途径
2012	张庆芝等	我国钢铁产业能源效率研究	整个钢铁产业能源效率差距在缩小但缺乏技术创新动力

续　表

时间	作者	主要内容	研究结论
2013	张庆芝等	技术效率视角下钢铁企业节能减排和规模研究	我国钢铁企业能源、资源及污染物排放有较大冗余；样本民营企业平均效率高于国有企业平均效率
2014	Boqiang Lin等	我国钢铁企业能源效率分析	能源效率较高的地区为东北地区，中西部是节能潜力的主要地区，经济结构调整是提高能源效率的关键
2014	张庆芝等	我国钢铁企业技术效率与技术创新	钢铁企业之间效率差距较大，技术创新对效率有正向影响
2015	何枫等	我国钢铁企业绿色技术效率研究	钢铁企业整体的以及铁前或铁后工序阶段的绿色技术效率呈现倒U形特征。研发投资促进绿色技术效率增长

从目前的研究情况来看，早期的关于钢铁企业的效率研究没有考虑资源能源约束以及污染物排放，主要探索钢铁企业的技术效率和规模效率（Zhang，2001；赵国杰、郝清民，2003；Movshuk，2004；韩晶，2008）。钢铁工业能源消耗大，随着钢铁企业能源消耗的不断上升，学者们对钢铁企业效率的研究开始将能源约束融入（Wei Y，H Liao，Y Fan，2007；张庆芝、何枫、赵晓，2011；张庆芝、何枫、赵晓，2012）。随着循环经济的不断推进，绿色环保的发展理念深入工业领域，钢铁工业作为"高污染"的大户得到了众多学者的关注，部分学者开始将钢铁生产过程中废弃物的排放融入研究之中（杜春丽、成金华，2009；韩一杰、刘秀丽，2011；张庆芝、何枫、雷家骕，2013；Feng He，Qingzhi Zhang，Jiasu Lei，Weihui Fu，Xiaoning Xu，2013；何枫、祝丽云、马栋栋、姜维，2015）。以上关于钢铁企业效率问题的研究主要运用的方法有随机前沿分析方法，传统DEA方法，SBM-DEA方法，基于DEA的Malmquist方法，Malmquist-Luenberger方法以及网络DEA方法。探索钢铁企业能源效率的研究方法主要为随机前沿分析方法（Boqiang Lin，Xiaolei Wang，2014）、传统DEA方法（杨家兵、吴利华，2006；张庆芝、何枫、赵晓，2010；）和DEA-Malmquist方法（蔡晓春、邹克，2012；祝志杰、王庆莲，2015）。

但是Charnes、Cooper和Rhodes（1978）创立的首个DEA模型——CCR模型以及Banker、Charnes和Cooper（1984）提出的规模报酬可变的BCC模型都属于径向和线性分段的度量方法，没有考虑松弛变量的影响，因此可能会产生效率测度的误差。另外，传统的DEA模型对决策单元所处的外部环境以及随机误差的可能影响都没有考虑，这就可能造成实际能源效率水平测度时产生高估或者低估的情况。另外，大多数文献运用两阶段的Tobit回归模型或最小二乘回归模型分析效率的影响因素，但是Fried等（1999）提出决策单元的效率会受到其所处的外部环境与随机误差冲击的影响，两阶段方法并不能将这些因素对效率的影响剔除。由此，解决外部环境因素和随机误差冲击的三阶段和四阶段DEA模型应运而生。Fried（1999）提出四阶段DEA模型，其具体思路是：第一阶段应用传统的DEA-BCC模型运用投入产出的初始数据对决策单元进行效率评估；第二阶段运用Tobit模型拟合第一阶段的投入松弛变量和外生环境变量之间的关系；第三阶段是根据第二阶段的回归结果确定对各个投入变量具有显著影响的外生环境变量，从而剔除外生不可控因素对效率的影响；第四阶段运用第三阶段调整后的投入产出数据对决策单元的效率重新评价。四阶段DEA模型解决了外生环境变量对效率值的影响，但是随机误差冲击对效率的影响并没有得到改善。Fried（2002）又提出了三阶段DEA模型，其具体思路是：第一阶段运用传统的DEA-BCC模型利用初始投入产出数据对各个决策单元进行效率评估；第二阶段通过构建类似SFA模型分别观测出环境因素、随机因素和管理效率三个因素的影响，进一步利用SFA模型的回归结果对决策单元的投入向进行调整，从而提出环境因素或随机因素的影响；第三阶段利用第二阶段得到的调整后的投入数据代替原始的投入数据，产出数据仍然为原始的产出数据，再次运用DEA-BCC模型进行效率评估，由此得出的各个决策单元的效率值即为剔除了环境因素和随机因素影响后的效率值。然而，三阶段DEA模型在第二阶段运用的SFA方法分析中没有考虑投入松弛变量的截断问题，这就可能会产生参数估计不一致的问题。四阶段DEA模型在第二阶段的Tobit模型分析中对投入松弛变量的截断问题进行了考虑，能够保证参数估计的一致性。

现有的文献对钢铁企业能源效率的评价还没有运用三阶段DEA或者四阶段DEA分析方法的研究，本书将在现有文献的基础上进行如下拓展研究：（1）将环境约束考虑到钢铁企业的能源效率测评中，将Tone（2002）构建的基于环境技术集且包含非合意产出的SBM-DEA模型纳入Fried等提出的传统四阶段DEA模型之中，处理环境约束变量，有利于解决将非合意产出作为生产投入来处理不符合实际生产过程的情况。（2）拓展应用Fried等提出的四阶段DEA方法至四阶段SBM-DEA方法，控制外生环境变量对全要素能源效率产生的偏误问题。（3）由于传统四阶段DEA模型没有剔除随机冲击因素的影响，本书将运用Simar和Wilson（1998）基于Bootstrapped DEA方法将随机误差冲击对全要素能源效率的评估造成的偏误予以修正，以期尽可能地对我国钢铁企业的全要素能源效率进行更为准确的评估。

六、本节小结

本节首先阐述了循环经济的相关理论及其发展，主要从循环经济的内涵、基本原则、特征、实践研究、评价研究和影响因素的角度出发；在此基础上针对钢铁工业循环经济的研究进行了归纳和总结。其次，对本研究所涉及的能源效率的研究进行了综述，主要包括能源效率的研究方法、非环境约束下的全要素能源效率研究状况、环境约束下的全要素能源效率研究状况、能源效率的影响因素等方面，并在此基础上对钢铁工业能源效率的研究现状进行了总结。最后针对循环经济理论和应用、能源效率研究现有的研究文献进行了梳理，主要针对钢铁产业或企业的相关研究进行了文献研究评述。

总体来看，学者们分别对于我国钢铁产业或企业的循环经济和能源效率做了大量的研究工作，并取得了一定的成果。但是从现有的研究文献来看，还存在很大的拓展空间和完善细节的可能，主要表现如下：

（1）现有的关于钢铁工业或企业的能源效率研究评价方法主要运用SFA或者传统DEA方法。SFA方法一般适用于单产出多投入的生产形式，当决策单元为"多产出 – 多投入"时，则只能通过一些方法将多产出合并为单一产出，对模型的结果势必造成影响。另外，投入指标过多时，指标之间的相关关系也会对结果的可靠性产生影响。传统DEA方法则没有考虑松弛变量的影响，因此可能会产生效率测度的误差，而且，传统的DEA模型对决策单元所处的外部环境以及随机误差的可能影响都没有考虑，这就可能造成实际能源效率水平测度时产生高估或者低估的情况。以上缺陷为本书运用拓展的四阶段SBM-DEA方法提供了支撑。

（2）已有的研究文献对于钢铁企业循环经济的研究没有将能源效率深入融合，本研究将发展循环经济的关键点能源效率融入钢铁企业循环经济能源效率评价之中，为进一步探究钢铁工业循环经济能源效率状况提供支持。

（3）现有研究对于钢铁企业循环经济的影响因素虽然作出了分析，但是并没有探究其具体的作用路径，本书将在分析影响钢铁企业循环经济能源效率各项因素程度指标的基础之上分析各个影响因素的作用路径。并对"十四五"期间我国钢铁工业能源消耗及污染物排放进行预测分析。为我国钢铁工业企业实现党的十八届五中全会提出的新发展理念之一的"绿色"之路找到症结，推进钢铁工业企业实现"绿色钢铁"的发展理念。

第三节 研究思路、框架与方法

一、研究思路

基于钢铁工业循环经济的发展目标，本书围绕我国钢铁企业的能源效率问题展开相应研究。本研究对我国钢铁企业的能源效率问题进行了探索：首先，探索性地分析了全世界钢铁工业和中国钢铁工业在循环经济实现过程中目前的发展状况，从中发掘我国钢铁工业循环经济发展的优势与弊端；其次，运用拓展的四阶段DEA方法（四阶段SBM-DEA模型），选取具有代表性的我国钢铁企业进行全要素能源效率测度，并在此基础上测算其节能减排潜力；再次，基于循环经济的理论机制和驱动因素，本研究将钢铁工业企业循环经济能源效率综合评价指标体系进行构建，并进行我国钢铁企业综合能源效率评估，与四阶段DEA方法测算得到的相对全要素能源效率进行对比分析；最后，揭示影响我国钢铁工业企业循环经济能源效率的影响因素作用路径，为提高其经济效益、社会效益和生态效益进一步提供有力支撑。本书在内容和结构安排上具体可以概括为以下八个部分：

第一部分是导论。研究问题的背景、研究意义、研究思路和方法以及相应创新点的阐述是导论部分的主要内容，并在此基础上对全书进行概括和梳理，扮演着"全景图"的角色。

相关理论和文献综述部分，对主体研究内容的相关理论和文献进行阐述和梳理，对现有的循环经济及能源效率研究文献进行归纳和总结，为本书的研究奠定坚实的理论基础。

第二部分分析了全球及我国钢铁工业发展情况，并追溯和探索了世界循环经济发展的"领头雁"日本、德国、美国钢铁工业的循环经济发展状况，以及我国钢铁工业循环经济发展情况；透析我国钢铁工业循环经济发展问题，并指引其未来的努力方向。

第三部分对我国钢铁工业或企业全要素能源效率进行评价。钢铁工业或企业循环经济发展与能源效率提高该如何开展的问题是其未来发展的一个重要课题，大体的方向可以从钢铁企业循环经济的产出指标和投入指标入手。但是，产出指标的衡量相对复杂，并具有滞后性，评估效果差强人意；投入指标相对更为客观，从投入指标的角度出发，能源效率能够较好地反映实际问题。因此，本书在已有研究的基础上对钢铁企业能源效率进行了测算。该部分采用了拓展的四阶段DEA方法，与Fried提出的四阶段DEA模型相比，本书将第一阶段传统的BBC模型用SBM模型替代，能够更好地解决传统DEA模型忽略松弛变量信息造成偏误的问题，并可以处理含有非合意产出的模型处理问题。该部分在对我国钢铁企业全要素能源效率测算的基础上，还对样本钢铁企业的节能减排潜力进行了分析，发掘节能减排潜力较大的企业，为现阶段及未来我国钢铁企业节能减排提供指引作用。

第四部分构建了我国钢铁企业循环经济能源效率的综合评价指标体系，全面反映钢铁工业或企业循环经济综合能源效率的差异。四阶段DEA方法测算得到的全要素能源效率是相对效率，能够较好地比较各个决策单元的相对能源效率状况，但是并不能全面反映各个钢铁企业与自身及样本池中钢铁企业比较的综合能源利用效率情况，即相对有效率的钢铁企业并不一定达到绝对有效，处于效率前沿面上的标杆钢铁企业可能还具有能源效率提升的可能。基于此种考虑，该部分基于循环经济的5R原则及相关法规文件和钢铁企业自身的现实情况，对中国钢铁企业循环经济能源效率综合评价指标体系进行了构建，并采用本书建立的评价体系测算了样本钢铁企业的综合能源效率情况。在此基础上，与第四部分运用四阶段SBM-DEA方法得到的全要素能源效率结果进行比较分析，更为客观全面地反映了我国钢铁企业循环经济能源效率水平。

第五部分在基于循环经济对钢铁企业全要素能源效率、综合能源效率测算的研究结果基础上，进一步对影响我国钢铁工业或企业循环经济能源效率的影响因素及其作用路径进行了探索。有利于厘清影响我国钢铁企业循环经济能源效率的影响因素，并通过其作用路径探寻各个影响因素的作用程度。为政府、相关部门、行业协会和企业提供科学支撑，从影响因素的角度入手，推进钢铁工业绿色发展，提高能源利用效率。

第六部分基于非意愿产生的SBM-DEA模型测算亚洲四国钢铁企业的能源效率和节能减排潜力。通过测算发现我国钢铁企业在节能减排方面表现欠佳，存在较大进步空间。提高我国钢铁企业能源利用效率的最为重要的手段之一是提高企业自主创新能力。

第七部分综合运用灰色GM（1，1）模型、灰色Verhulst模型、系统云灰色SCGM（1，1）c模型构建组合灰色预测模型，对我国工业"十四五"期间钢铁工业能耗和污染物排放趋势展开了科学的预测。在"十二五"期间，我国对钢铁工业节能环保的重视使得钢铁工业的能源效率和环境保护得到了一定程度的进步，但是与国际先进水平及绿色发展标准还存在一定的差距。对"十四五"期间钢铁工业节能环保情况的预测有利于政府、行业协会和钢铁企业制定相应的政策法规贯彻和落实"创新、协调、绿色、开放、共享"新发展理念。

第八部分探索我国钢铁企业未来的发展方向。包括加大研发投入力度，增强钢铁工业结构升级的技术支持能力。加快智能化转型，发展智能钢铁。加快绿色化转型，发展低碳钢铁。加快产业融合，发展服务化钢铁制造。

本部分对全书进行总结，综合分析我国钢铁企业的全要素生产率的提升及未来的发展路径。内容主要包括已完成的研究结论和未来进一步的研究方向。

二、研究框架

按照本研究将要展开探索的主要内容和思路，本书的研究技术路线如图1-8所示。首先提出问题，分析国内外发展现状，在理论研究的基础上，结合实证研究方法，探寻我国钢铁工业或企业的循环经济能源效率问题，总体了解和认识我国钢铁企业循环经济的能源效率。在此基础上，构建钢铁企业循环经济能源效率的影响因素作用路径和影响程度进行分析，为政府、行业协会和企业对优化钢铁工业或企业循环经济发展，提升钢铁企业生产能源利用效率提供科学性的支撑。结合"十四五"时期推动"绿色钢铁"发展的概念，本书构建了灰色预测模型，对我国"十四五"时期钢铁产业能源消耗情况及污染物排放情况进行预测分析。与此同时，探索助推我国钢铁企业全要素生产率提升的智能制造应用于钢铁企业的模式。最后，对我国钢铁企业未来的发展提出相应的建议。

基本框架	技术路线	研究内容	研究目标

- 研究依据
  - 问题提出
  - 国内外发展现状
    - 钢铁工业企业循环经济的理论机制
    - 钢铁工业企业循环经济的驱动因素
    - 钢铁企业循环经济的内涵、特征和驱动因素

- 钢铁工业能源效率实证研究
  - 现状与问题
  - 影响机理
  - 实证分析
    - 钢铁企业循环经济能源效率评估——四阶段 SBM-DEA 方法与综合评价指标体系评价相结合
    - 对钢铁企业循环经济的能源效率总体认识

- 路径优化
  - 经验借鉴
  - 优化路径
    - 钢铁工业企业循环经济能源效率影响因素路径研究
    - 构建钢铁企业循环经济能源效率影响因素的优化路径

- 预测分析
  - 碳达峰行动指引
    - 钢铁工业"十四五"期间节能减排预测情况
    - 构建钢铁工业组合灰色预测模型

- 发展方向
  - 新发展理念引领
    - 钢铁产业融合、绿色、智能化发展
    - 对钢铁企业的发展提出具有实践性意义的建议

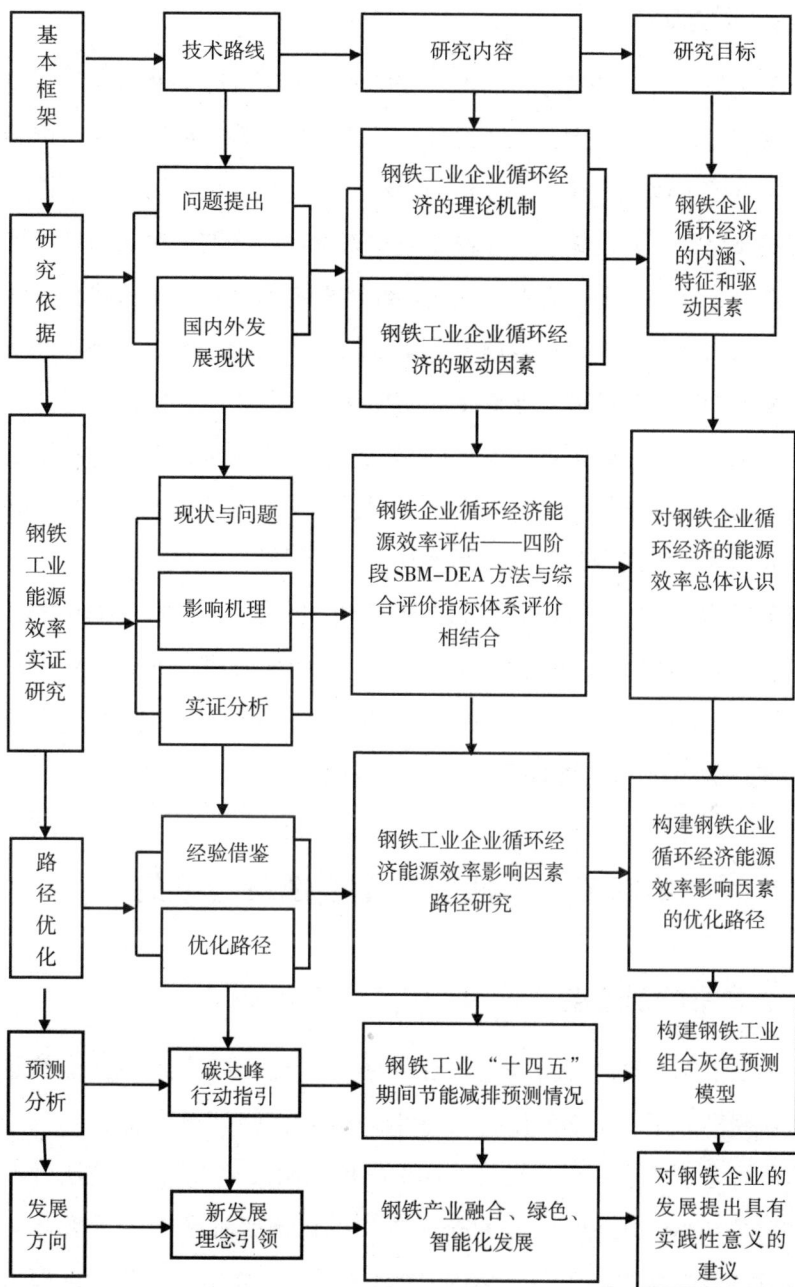

图1-8 研究技术路线图

三、研究方法

（1）文献调研与理论分析。本书查阅收集了循环经济及钢铁工业发展的相关文献资料，对我国钢铁工业发展的一般规律与特征展开研究，进而可以厘清中国钢铁工业或企业循环经济的驱动因素，深入探讨国内外钢铁工业的发展模式及路径，确定钢铁工业或企业实现循环经济的能源效率评价指标体系与方法，为钢铁工业或企业实现循环经济奠定理论和方法基础。

（2）国内外典型经验比较研究。本书依据国内外钢铁工业循环经济发展的典型案例，对我国钢铁工业或企业循环经济的实践展开比较研究。

（3）统计分析。依据政府发布的相关数据、中国统计年鉴和中国经济年鉴等发布的众多科学统计数据，本书应用科学的统计分析方法对中国钢铁工业或企业循环经济能源效率的机制展开了深度剖析。

（4）综合应用多种运筹学和计量工具。这些工具将包括四阶段DEA模型、TOBIT模型、DEA中的Malmquist等经典模型、偏最小二乘路径模型（PLS路径模型）以及灰色预测模型等。在研究中，使用的软件包括Stata10.0、Eview3.1、Matlab7.0等。

第四节　本研究的主要创新与不足

一、本书的创新点

本书试图基于循环经济采用创新性的研究方法对我国钢铁产业的能源效率进行研究和分析。本书的创新之处可以归结为以下几个方面：

（1）构建钢铁企业循环经济能源效率的四阶段SBM-DEA方法。本书构建的四阶段SBM-DEA模型是将Fried提出的传统四阶段DEA模型在全要素能源效率测算的两阶段中引入SBM-DEA模型，并将能源消耗指标和污染物排放指标纳入投入产出变量之中。运用拓展四阶段SBM-DEA方法可以顺应现实生产模式将污染物作为非合意产出选定为产出指标。另外，本研究提出了影响钢铁企业循环经济能源效率的外部环境因素，进而更为客观地评估了我国钢铁企业循环经济能源效率。

（2）无论是传统的DEA方法还是通过拓展后的四阶段SBM-DEA方法对钢铁企业循环经济能源效率的评价均为相对有效性评价，即使其中部分钢铁企业的能源效率达到了有效标准，但也不能说明这些企业的效率没有提升的可能。然而，在探寻钢铁企业或钢铁产业循环经济能源效率的研究中还没有形成统一的标准评价体系。为了更好地诠释我国钢铁企业循环经济能源效率，本文基于循环经济的5R原则、《循环经济评价指标体系》《钢铁行业发展循环经济环境保护导则》并结合钢铁企业生产的实际情况及钢铁工业协会相关专家的意见和建议构建了涵盖四大驱动系统的钢铁企业能源效率评价指标体系，并在此基础上采用计量工具测算了中国钢铁企业的循环经济能源效率情况。本书对研究对象中的各个钢铁企业循环经济能源效率的结果进行等级划分，推选标杆企业，为政府、协会和钢铁企业之后发展循环经济提高能源效率提供依据。将钢铁企业循环经济能源效率评价指标体系综合评价方法与四阶段SBM-DEA方法结合分析可以更为客观和全面地反映我国钢铁企业循环经济能源效率水平。

（3）本书针对影响中国钢铁企业循环经济能源效率影响因素展开了系统分析，在此基础上构建了作用路径的概念模型，并根据相关理论和现有文献的总结提出影响我国钢铁企业循环经济能源效率四大潜变量，设定假设路径，选取我国钢铁工业协会注册的45家钢铁企业作为样本，对钢铁企业循环经济能源效率的影响因素和作用路径通过运用偏最小二乘路径模型（PLS路径模型）对概念模型建立拟合路径模型，并进行相应的信度检验、效度检验和显著性检验。

（4）本书结合钢铁工业能源消耗和污染物排放的实际情况，构建组合灰色预测模型。通过运用"十五"时期和"十一五"时期的数据对我国"十二五"时期的钢铁工业能源消耗及污染物排放情况分别运用GM（1，1）模型、灰色Verhulst模型、系统云灰色SCGM（1，1）c模型及组合灰色预测模型进行预测，其中组合灰色预测模型的精度在四个模型中更好，其次为GM（1，1）模型和系统云灰色SCGM（1，1）c模型。综合考虑后本书运用三种模型对我国钢铁工业"十四五"期间的能源消耗和污染物排放趋势进行了预测。

二、本书研究不足与展望

本书在对我国钢铁企业能源效率的研究中，虽然取得了一定的研究成果，但是由于研究能力、研究条件及研究时间的限制，还存在以下几点尚未解决的问题，有待今后继续深入研究。

（1）由于受到数据获取的局限性，本书选取的企业虽然已经具有一定的代表性，但主要包含的仍然是在中国钢铁协会注册的重点大中型钢铁企业，众多中小钢铁企业没有包含其中。这是本书的不足同样也是未来研究钢铁工业企业循环经济发展及能源效率的重要探索方向。另外，将研究层面扩展至省际钢铁工业或企业也是重要的研究方向之一。

（2）目前，全球一体化进一步加深，我国钢铁工业或企业发展必将融入洪流。然而，本书所研究的范围局限在国内钢铁工业或企业，缺乏与国外企业的比较分析。这是未来研究工作的重要探究方向。与国外先进国家的钢铁工业或企业循环经济、能源效率等方面的比较，可以为我国钢铁工业或企业未来发展提供努力方向和目标。

（3）在探索我国钢铁企业循环经济影响因素的研究中，本书选择的影响因素多为较易量化的指标，对定性指标如法律法规、国家政策等影响因素涉及较少。这是未来研究可以进一步挖掘的重要方向之一。

第二章 >>>

国内外钢铁工业循环经济发展的
历史与现状分析

第一节 全球钢铁工业发展现状与趋势分析

在相当长的一段历史时期内，钢铁工业的发展与一个国家的工业化水平是紧密相关的，钢铁产量在一定程度上已经成为衡量一国经济实力的重要指标。因此，世界各国都十分重视钢铁产业的发展。16世纪近代科学的诞生和之后的工业革命引发了人类生产生活的巨大变革。18世纪60年代到19世纪40年代，全世界基本完成了第一次工业革命。随着资本主义经济的发展，加之自然科学研究取得了重大的突破，19世纪70年代第二次工业革命蓬勃发展。钢铁工业成为第二次工业革命的支柱型产业之一。在工业化发展的进程中，钢铁产业扮演着重要的角色。20世纪，世界钢铁工业得到了空前的发展。尽管2014年全球钢铁市场持续动荡，但世界钢铁行业再创佳绩，根据国际钢铁协会发布的统计数据，1990年世界粗钢产量为2 850万吨，到2014年全球粗钢产量达到了16.62亿吨，增长近57.3倍，与2013年相比较增长1%。2015年粗钢产量较2014年下降2.8%，但仍达到16.23亿吨。2016年全球粗钢产量有所增加，但增幅微小，仅为0.8%。2019年，全球粗钢产量18.70亿吨。2020年，全球粗钢产量受疫情影响有微小波动，下降至18.64亿吨。世界上一些国家采用粗钢产量作为钢产量的统计数据，表2-1显示了世界及主要钢铁生产国的粗钢产量。

表2-1 世界主要钢铁生产国的粗钢产量情况

单位：百万吨

年份 \ 国家	中国	日本	韩国	印度	世界
2003	222.34	110.51	46.31	31.78	970
2004	272.80	112.72	47.52	32.63	1061
2005	355.79	112.47	47.82	45.78	1147
2006	421.02	116.23	48.46	49.45	1249
2007	489.71	120.20	51.52	53.47	1347
2008	512.34	118.74	53.63	57.79	1341

续　表

年份 ＼ 国家	中国	日本	韩国	印度	世界
2009	577.07	87.53	48.57	63.53	1236
2010	638.74	109.60	58.91	68.98	1432
2011	702.00	107.60	68.50	73.50	1536
2012	716.50	107.20	69.10	77.60	1547
2013	815.40	110.60	66.10	81.30	1642
2014	822.70	110.70	71.00	83.20	1662
2015	803.80	105.20	69.70	89.40	1623
2016	808.40	104.80	68.60	95.60	1629
2017	831.73	104.70	71.10	101.40	1691
2018	928.26	104.30	72.50	106.50	1809
2019	996.34	99.30	71.40	111.20	1870
2020	1064.767	83.20	67.10	99.60	1864

数据来源：《2020年世界钢铁工业年鉴》。

　　全球经济的动荡也使得钢铁市场波澜不定。2014年至今，全球钢铁工业以及中国钢铁工业在2014年钢铁市场迈入了一个新的阶段。钢铁行业目前进入了一个停滞期，但相信中国以及世界其他新兴国家在扩大城镇化进程的过程中将使得钢铁工业迈向一个新台阶，不过何时踏上这个新台阶还不能确定。钢铁对社会生存和发展是必不可少的，钢铁的灵活性满足现在和未来的挑战，并且不断地创新以适应高速铁路、高层建筑、汽车设计的变革，以及可再生能源和深海海洋应用的挑战。钢铁工业对循环经济的影响是极其巨大的，零浪费和减少新材料的使用以及"废旧"材料的再利用和再循环，不仅是钢铁工业自身发展的方向，同时也是其他工业发展循环经济的重要保障之一。

　　英国行业研究机构Metal Bulletin在2015年6月公布了其统计的2014年度世界钢铁企业粗钢产量的排名情况。全球共有137家钢铁企业粗钢产量达到200万吨，比2013年增加10家。从全球最大产钢国分析，2014年中国钢铁企业在全球钢铁排名前十位中占据六位，其中，河北钢铁集团以4 709万吨的粗钢产量位居第三，宝钢集团以4 335万吨的粗钢产量位居第四。武钢集团的粗钢产量有较大幅度的下降，降至3 305万吨，从2013年的第五位下滑至第九位。沙钢集团和鞍钢集团粗钢产量有小幅度增长，排名分别上升一位。而首钢集团粗钢产量有小幅下滑，降至3 078吨，仍保持在第十位。日本作为全球粗钢产量的亚军有五家企业进入粗钢200万吨标准排名。详见图2-1。

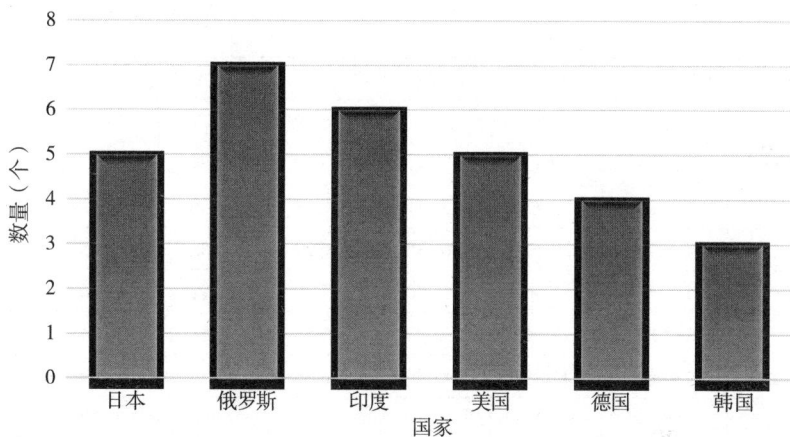

图2-1　中国之外世界主要钢铁生产国Metal Bulletin排名入围企业个数

随着全球经济的发展及技术的进步，世界钢铁工业的格局正在发生着变化。首先，钢铁工业的产钢国家正在从欧美发达国家逐步向亚洲国家转移。主要是因为随着钢铁工业生产技术的进步，对于资源丰富的国家来说建立钢铁企业变得较为容易。与此同时，欧美发达国家的工业化进程几近完成，对钢铁的需求量相对稳定，而许多发展中国家正处在工业化进程的关键阶段，对钢铁的需求数量大幅增加。除此之外，钢铁工业集高污染、高能耗等特点于一身，钢铁工业的发展具有高环境和资源成本的缺陷，欧美发达国家迫切将其环境成本转嫁给发展中国家。其次，进入21世纪以来，钢铁产量剧增，虽然全球钢铁消费量也迅速增加，但总体来说钢铁需求小于供给，供大于求使得钢铁工业进入了微利时代。我国作为钢铁需求的大国，2005年也出现了钢铁价格骤跌的窘境。钢铁供给量大，产量提升的同时也打破了能源平衡。另外，全球钢铁企业的联合、兼并和重组速度提升，全球化经济的发展推动了世界范围内的企业重组。钢铁企业通过加强与上游企业（如铁矿石、煤炭等企业）和下游企业（如汽车企业、建筑企业等）的合作，应对与日俱增的产业竞争。与此同时，经济全球化的进一步发展，全球钢铁半成品和产成品的进出口比重越来越大，详见表2-2和表2-3。

表2-2　世界主要钢铁生产国半成品和成品钢产品出口额

单位：百万吨

年份	欧盟27国	美国	中国	印度	日本	韩国	全球
2004	144.60	7.81	20.07	5.49	34.77	15.02	366.21
2005	141.14	9.41	27.41	6.00	32.04	16.12	371.41
2006	155.26	9.57	51.71	6.87	34.56	18.02	419.69
2007	161.78	9.80	66.35	6.59	35.63	18.28	446.86
2008	158.57	11.96	56.30	7.49	36.92	19.72	437.55
2009	112.83	9.24	23.97	5.55	33.31	20.24	330.11
2010	134.62	11.80	41.65	6.69	42.74	24.63	392.94
2011	145.47	13.29	47.90	8.94	40.66	28.87	418.66
2012	139.82	13.56	54.79	8.23	41.46	30.23	416.01
2013	134.45	12.51	61.54	10.08	42.50	28.93	412.69
2014	140.26	11.96	92.91	10.38	41.37	31.91	455.31
2015	140.04	10.00	111.56	7.56	40.80	31.17	462.38

资料来源：《世界钢铁统计年鉴》《Steel Statistical Yearbook》。

表2-3　世界主要钢铁生产国半成品和成品钢产品进口额

单位：百万吨

年份	欧盟27国	美国	中国	印度	日本	韩国	全球
2004	131.51	32.75	33.22	2.76	4.20	17.72	362.45
2005	127.58	30.19	27.31	5.30	5.20	18.84	363.54
2006	156.08	42.19	19.11	5.66	4.45	22.42	410.34
2007	171.50	27.68	17.19	7.70	4.75	26.18	428.81
2008	159.12	24.64	15.62	6.97	4.48	28.56	426.13

续　表

年份	欧盟27国	美国	中国	印度	日本	韩国	全球
2009	101.03	15.34	22.35	8.29	3.04	20.34	328.37
2010	125.11	22.51	17.18	9.74	4.44	24.78	384.88
2011	138.14	26.59	16.35	9.21	5.58	22.83	404.45
2012	123.03	30.89	14.15	9.34	5.73	20.40	400.01
2013	122.56	29.81	14.77	7.39	5.41	19.03	398.09
2014	132.40	41.37	14.90	9.48	6.73	22.41	442.92
2015	139.78	36.49	13.18	13.28	5.92	21.67	453.54

资料来源:《世界钢铁统计年鉴》《Steel Statistical Yearbook》。

根据2014年《财富》世界500强的结果,仅有14家钢铁企业列席世界500强名单,并且进入500强的钢铁企业排名总体上呈现出了下滑态势,这也从侧面印证了钢铁工业迈入了一个荆棘坎坷的阶段——微利时代。入榜2014年《财富》世界500强的钢铁企业共14家,上榜钢铁企业排名总体上看出现下滑,平均排名的下降从某种程度上反映了世界钢铁工业所面临的集体困境。这14家入榜钢铁企业营业收入596 705.5百万美元,利润为1 167.2百万美元,利润率为0.2%。14家钢铁企业的利润普遍偏低,并有5家利润下降,出现负增长。在剩下的9家钢铁企业中有4家企业的利润率不足1%。详见表2-4。

表2-4　2014年《财富》世界500强钢铁企业盈亏情况

2014年排名	2013年排名	公司名称	营业收入/百万美元	利润/百万美元	利润率/%	国家
101	91	安赛乐米塔尔（ARCELORMITTAL）	79 440	−2545	−3.20	卢森堡
177	167	韩国浦项制铁公司（POSCO）	56 520.8	1257.5	2.22	韩国
184	185	新日铁住金（NIPPON STEEL & SUMITOMO METAL）	55 062.1	2423.1	4.40	日本
197	155	蒂森克虏伯（THYSSENKRUPP）	52 247.3	−1831.4	−3.50	德国

续　表

2014年排名	2013年排名	公司名称	营业收入/百万美元	利润/百万美元	利润率/%	国家
211	222	宝钢集团有限公司（BAOSTEEL GROUP）	49 297.3	925	1.87	中国
271	269	河北钢铁集团（HEBEI IRON & STEEL GROUP）	40 829.2	−138.2	−0.33	中国
308	318	江苏沙钢集团（JIANGSU SHAGANG GROUP）	37 095.3	172.9	0.47	中国
310	328	武汉钢铁（集团）公司（WUHAN IRON & STEEL）	36 927.8	12.2	0.03	中国
316	278	日本钢铁工程控股公司（JFE HOLDINGS）	36 602.3	1022	2.79	日本
327	—	渤海钢铁集团（Bohai Steel Group）	35 795.6	64.3	0.18	中国
348	322	首钢集团（SHOUGANG GROUP）	34 292.2	−144.1	−0.42	中国
365	406	新兴际华集团（XINXING CATHAY INTERNATIONAL GROUP）	32 789.8	385.8	1.18	中国
475	493	鞍钢集团公司（ANSTEEL GROUP）	25 230.5	−1031.4	−4.09	中国
486	471	塔塔钢铁（TATA STEEL）	24 575.3	594.5	2.42	印度

经过8年的发展，2021年入选《财富》世界500强的14家钢铁企业中我国钢企共占9席，其中中国宝武钢铁集团继2020年之后再次占据世界第一大钢企的位置。另外还有河钢集团有限公司、青山控股集团有限公司、江苏沙钢集团有限公司、敬业集团有限公司、山东钢铁集团有限公司、鞍钢集团有限公司、首钢集团有限公司和北京建龙重工集团有限公司8家企业。其中敬业集团有限公司和北京建龙重工集团有限公司为2021年新上榜公司。详见表2-5。通过对比不难发现，我国钢铁企业的综合发展水平有了显著提高，利润也有明显增加。相比而言，日本的2家入选钢铁企业利润呈现负增长。

表2-5　2021年《财富》世界500强钢铁企业盈亏情况

2021年排名	2020年排名	公司名称	营业收入/百万美元	利润/百万美元	国家
72	111	中国宝武钢铁集团有限公司	97 643.10	3 628.70	中国
197	146	安塞乐米塔尔	53 270	-733	卢森堡
200	218	河钢集团有限公司	52 760.70	5.7	中国
226	194	韩国浦项制铁公司	48 712.80	1 340.30	韩国
249	198	日本制铁集团公司	45 555.70	-305.79	日本
279	329	青山控股集团有限公司	42 448.10	1 129.30	中国
298	248	蒂森克虏伯	39 658.80	10 725.10	德国
308	351	江苏沙钢集团有限公司	38 664.50	1 144.50	中国
375	—	敬业集团有限公司	32 528.20	607.3	中国
384	459	山东钢铁集团有限公司	31 990.30	129.4	中国
400	401	鞍钢集团有限公司	30 885.60	258.5	中国
404	365	日本钢铁工程控股公司	30 443.70	-206.3	日本
411	429	首钢集团有限公司	30 053.70	42.5	中国
431	—	北京建龙重工集团有限公司	28 361.50	494	中国

第二节　全球钢铁工业循环经济发展情况分析

　　钢铁业循环经济的发展是整体循环经济发展的助推器之一，亦是可持续发展社会的奠基石。做到浪费为零，材料回收循环利用是全球循环经济的发展方向。钢铁材料具有近乎100%可重复使用和可回收利用的优势。此外，钢铁工业的上、下游生产利用环节都存在着巨大的天然资源和能源的节省潜力与空间，而且研发和利用更为轻便的钢材也是节能的重要手段。世界各大钢铁生产国都十分重视钢铁工业循环经济的发展。

　　（1）日本最早提出并推广循环经济，并在循环经济发展方面取得了一定的成功。这与其有限的资源及其二战后振兴钢铁工业对环境和能源造成的沉重代价有着十分密切的关系。二战后，日本粗放型的经济发展方式带来的是迅猛发展的国民经济与生态失衡、国民生活质量下降的后果。快速发展20年后，日本意识到粗放型的经济发展模式妨碍了整个经济社会的正常运转，开始了循环经济的发展之路。早在20世纪60年代末至80年代，日本国内公害事件的频繁发生，对日本的经济社会发展产生了诸多不利影响。日本政府开始反思和探索。针对公害治理及能源节约的相关举措，日本在经济发展模式上进行了调整。同时，逐步建立起以应对公害为核心的法律体系。20世纪80年代至90年代，日本的发展方式开始向循环经济模式过渡。20世纪70年代石油危机的到来给日本经济发展带来沉重打击，这也使得日本的相关行业开始寻求新能源的使用和技能技术的应用，并在之后制定并实施了"日光计划"和"月光计划"。21世纪后日本循环经济的法律法规相当健全，是全球最早将循环经济立法化的国家。先后出台颁布了《推进建立循环型社会基本法》《有效利用资源促进法》《废弃物处理法》《家用电器再利用法》《食品再利用法》《环保食品购买法》《建设再利用法》《容器再利用法》《固体废弃物管理和公共清洁法》《促进容器与包装分类回收法》《绿色采购法》等。日本所建构的循环经济法规体系主要以政府为主导，尤其是政府在宏观层面、中观层面、微观层面的各责任主体都发挥着重要的作用。日本建立了完善的循环经济立法体系（详见图2-2）。

有效的政策机制配合强化的管理机制，循环经济在日本得到充分发展，日本提出的"环境经济立国""循环经济"及"循环型社会"顺应了日本的经济发展。日本政府对钢铁工业节能方面十分重视，早在1973年，政府部门就针对钢铁工业节能环保工作树立起引导和鼓励理念，并给予支持。对于日本钢铁工业循环经济的发展，日本政府颁布的《有效利用资源促进法》中就重点对高能耗高污染的钢铁工业提出指导性意见，规定其将循环理念融会贯通到节能和废物利用之中。除此之外，日本政府在钢铁工业节能环保发展循环经济方面还给予了非常多的鼓励和支持政策，在鼓励钢铁企业经济发展的同时不忘节能环保的社会责任，例如节能环保税额减免和融资方面的便利等。1997年，日本提出研发具有高强度和长寿命的"超级钢"，这种超级钢用废铁取代部分铁矿石，并且强度和寿命都将是现代钢铁的两倍。2002年日本开始实施"环保型超细钢生产的基础研究"国家计划，超细钢、超级钢的研发都说明日本对钢铁产业资源再利用的重视，以及对钢铁产业循环经济发展的重视。日本的钢铁工业于2003年在环保方面又再展拳脚，推行了钢铁工业资源回收循环系统，这都无疑为日本钢铁工业循环经济的发展提出了明确的方向。

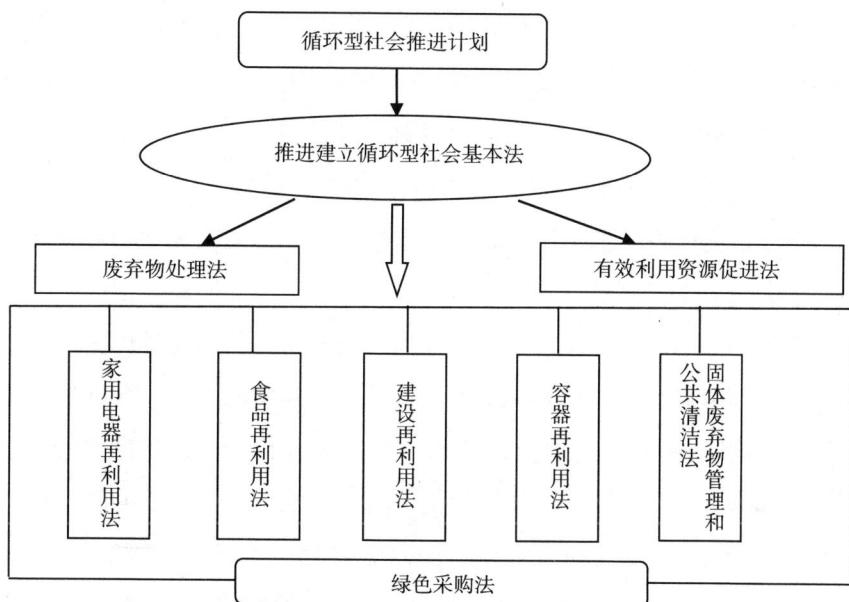

图2-2　日本循环经济立法体系

（2）美国经济学家Kenneth E.Boulding 在20世纪60年代提出了循环经济理论的雏形即"宇宙飞船经济理论"。1965年，美国制定《固体废弃物处置法》，经过多次修订于1976年颁布了《资源保护与回收法》。20世纪80年代中期，俄勒冈和新泽西等州先后制定和颁布了关于循环再生的法律法规。另外，美国其他各州中大部分也相应地制定和颁布了关于资源再生的法律法规。1970年，美国颁布了《环境政策法》，确立了国家环境政策和目标。1990年，美国颁布了《污染预防法》，提倡和鼓励资源减量使用、扩大清洁能源的使用效率、废弃物循环使用等。除此之外，美国政府还颁布了关于空气、水资源及环保方面社会责任的法律法规，尤其是对高污染高能耗的钢铁工业进行了重点关注。具体的法规主要包括《清洁空气法》《清洁水法》《综合环境反应、赔偿和责任法》。1998年，美国钢铁协会和美国能源部共同起草了钢铁技术路线图，2001年12月进行了修订，该项目的主要目标就是提高炼铁技术、二氧化碳减排和非高炉技术、循环利用和二氧化碳封存技术等。该项目从1997年一直延续到2008年，美国能源部和美国50家工业参与人共投资3 800万美元用于技术服务、装备使用和人工成本投入，其中95%的资金投入到大学、私人研发实验室机构和国家实验室。钢铁技术路线图项目对于美国钢铁工业竞争力的提高以及其实现能源-经济-环境系统（3E系统）的协调发展至关重要。

（3）工业高度发达的德国工业技术水平先进，但是资源却相对匮乏。资源的循环利用对于德国经济发展具有重要的价值。与此同时，德国属于欧洲的人口大国，生活垃圾产生量远高于欧盟人均水平，德国通过提高废物回收利用率，进而节省大量的原料和资源，推动循环经济的发展。德国的循环经济始于20世纪80年代中后期，发展于20世纪90年代中期，是世界公认的最早开展循环经济实践的发达国家之一。德国于1991年颁布了《避免和回收包装品垃圾条例》和《包装条例》，1992年通过了《废车限制条例》，1994年颁布了《循环经济与废物管理法》，在这部法律中首次出现循环经济的概念。随后，德国完善了关于循环经济和节能环保方面的法律法规体系，并选取示范企业和实施环保相关的费用制度。德国是世界上环境保护体系最完善的国家，具备了有法可依、有法可保的法律体系，如图2-3所示。德国的循环经济得到了高速发展。

在钢铁工业循环经济发展方面，考虑到对环境的保护、对未来生态的影响以及钢铁工业的生存和为人类服务的功能，德国钢铁工业迅速作出了调整。德国联邦工业组织是德国工业界自愿构成的，德国联邦工业组织十分关注钢铁工业的环保问题，他们提出将会在2012年之前完成吨钢二氧化碳减排20%。除了德国工业协会对钢铁企业循环经济发展十分重视以外，德

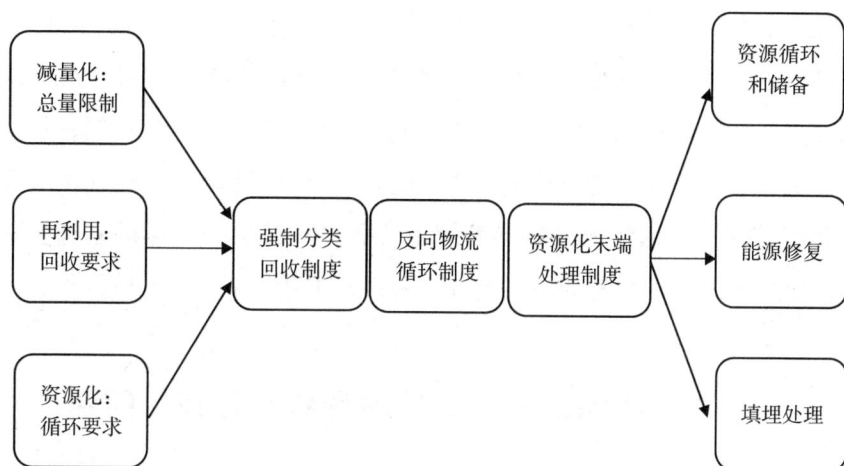

图2-3　德国循环经济立法体系建立基础

国政府在节能减排技术研发方面也给予了大力支持。德国政府2005年通过
"高技术战略"提供资金，且对环保工作保持着高度关注和监督引导。相震
（2011年）写道："2007年又制订了'气候保护高技术战略'，联邦政府将在
之后的10年内增加10亿欧元的气候保护与低碳技术研发经费，同时要求德
国工业界也投入相应资金进行开发研究。"德国钢铁工业在材料产品革新、
开发新制造设备、开发新工艺、简化或缩短生产流程方面都取得了一定的成
绩。高强度钢在德国得到了重视，优质高寿的钢材开发成了研究热潮。另
外，在废弃物再利用和循环应用在德国也得到高度重视，德国颁布相应的废
物管理和重新再利用法案，法案针对原料循环利用、废弃物再利用和环境保
护都给予了指导。德国通过制定重新再利用的战略规划，规定了回收利用副
产品如炉渣、粉尘、泥浆等，还设有炉渣研究所对炉渣的使用范围的扩大进
行系统研究。

　　在环境保护方面，德国政府进行了严格规定。例如，废水污水排放等在
德国钢铁行业之中是被严格禁止的，工业污水处理不仅包括化学氧等含量标
准，还对来源于冶金及其后过程中重要的重金属元素数据有严格规定。德国
钢铁企业除了在排放污水方面受到严格限制以外，在减少生产铁水和钢产品

灰尘和排放物方面也有严格规定。在钢铁工业废气方面，德国亦十分重视，德国的钢铁工业产生的废气要完成三次重复除尘后才能进入循环系统。德国政府和企业对工业环保工作作出了非常多的引导和努力，这与德国民间协会的积极关注和监督作用是不可分割的。此外，德国还制定了大气保护政策目标。根据计划，德国将于2030年将温室气体排放量在1990年的基础上降低55%，2050年减排85%至90%。为此投资总额将达到540亿欧元。

第三节　我国钢铁工业发展现状及存在的问题

一、钢铁工业是国民经济发展的晴雨表

钢铁产业是我国的基础产业，是国民经济发展的晴雨表，支撑着我国国民经济及其下游产业的高速发展。在我国工业化、现代化、城镇化等进程中都起着至关重要的作用。21世纪以来，我国钢铁工业进入到前所未有的高速发展时期，受到世界钢铁业界的瞩目和赞扬。从2001年的1.51亿吨持续增长到2014年的8.2亿吨，2015年在"去产能"等诸多政策的调整下略有下降，但仍有8.04亿吨，从1996年保持全球第一位至今。2016年世界的粗钢产量为16.29亿吨，我国粗钢产量占世界粗钢产量的49.63%，仍然位居全球第一位。"十三五"期间，在需求增长与改革深化的推动下，我国钢铁工业主要产品产量继续保持增长态势。相关数据显示，从2015到2019年，粗钢产量从8.038亿万吨增加到9.963亿万吨，增长了24.0%；钢材产量从112 349.6万吨增加到120 477.4万吨，增长了7.2%。2019年，我国粗钢产量占世界粗钢总产量的比重上升至53.3%，比2015年提升了3.7个百分点，详见表2-6。与此同时，钢铁工业的经济效益也明显改善。2019年，规模以上黑色金属冶炼和压延加工业实现利润总额2 677.1亿元，比2015年增长353.8%；销售收入利润率3.78%，比2015年高出2.85个百分点；重点大中型钢铁企业亏损面比2015年下降25.2个百分点，亏损企业亏损额比2015

年下降97.5%。

表2-6　全球与中国粗钢产量（百万吨）及中国粗钢产量占全球比例（%）

年份	2008	2009	2010	2011	2012	2013	2014	2015	2016	2017	2018	2019
中国	512.3	577.1	638.7	702.0	716.5	815.4	822.7	804.0	808.4	831.7	928.3	996.3
全球	1 341	1 236	1 432	1 536	1 547	1 642	1 661	1 623	1 629	1 691	1 809	1 870
比例	38.21	46.69	44.61	45.70	46.32	49.66	49.53	49.54	49.63	49.18	51.32	53.28

资料来源：《世界钢铁统计年鉴》《Steel Statistical Yearbook》。

　　2005年，我国钢铁工业扭转了长期净进口钢铁的局面，实现了钢铁工业进出口基本平衡的局面，并从2006年开始净出口迅猛增加，在随后的几年一跃成为世界最大的钢铁出口国，钢材自给率和国内市场占有率也不断攀升。自给率至2012年已达到106.5%；国内市场占有率至2012年提高到97.8%。1980年我国钢铁工业总产值为342.21亿元，到2000年，钢铁工业总产值达到4 732.90亿元（现价），增长10倍之多。2000年钢铁工业总产值占国民生产总值比重仅为4.77%，2012年这一比重已经达到15.46%，详见表2-7。由表2-7以看出，从2006年起，我国钢铁工业产值占国内生产总值的比重波动性增长，并持续保持在10%以上，而从2006年开始至2011年国民经济增长速度保持在9%以上，2012至2014年国民经济发展增速有所放缓，但也保持在7%以上，这使得我们不得不肯定钢铁工业在国民经济中的基石地位。

表2-7　我国钢铁工业产值占国内生产总值比重

年份	国内生产总值/亿元	增长率/%	钢铁工业产值/亿元	比重/%
2006	217 657	12.7	25 473	11.78
2007	268 019	14.2	33 703	12.68
2008	316 752	9.6	44 728	14.24
2009	345 629	9.2	37 612	11.03
2010	408 903	10.6	57 833	14.41

续　表

年份	国内生产总值/亿元	增长率/%	钢铁工业产值/亿元	比重/%
2011	484 124	9.5	71 971	15.21
2012	534 123	7.7	80 318	15.46
2013	588 019	7.7	—	—
2014	635 910	7.3	—	—
2015	676 708	6.9	—	—
2016	744 127	6.7	—	—

资料来源:《中国钢铁工业年鉴》《中国统计年鉴》。

二、钢铁产业集中度

我国钢铁产业集中度与发达国家相比较低，钢铁产业的规模经济特征要求钢铁产业的集中度达到一定的水平。我国政府也力推钢铁企业的兼并重组，但是"十二五"期间效果并不明显。近些年来，钢铁产业出现了产能过剩的情况，钢铁产业集中度低易出现恶性竞争及价格战的加剧。2003年，我国钢铁产业集中度CR4为21.00%，而日本和韩国在2003年时，钢铁产业集中度CR4分别为73.84%和89.40%。2012年，我国钢铁产业集中度CR4为21.52%，日本和韩国钢铁产业集中度CR4分别为83.02%和90.10%。印度的钢铁产业集中度CR4从2003年至2012年也一直维持在60%以上。详见表2-8。"十三五"期间，钢铁企业之间兼并重组加快，产业集中度明显提高。"十三五"期间，在国家鼓励钢铁企业兼并重组等产业政策的推动下，钢铁工业兼并重组加速推进，钢铁企业之间的重组频繁。如中信集团战略重组青岛特钢，首钢重组长治钢铁、水城钢铁、贵阳钢铁、通化钢铁。不仅如此，二线钢铁企业也在兼并重组方面发力，如德龙钢铁重组天津钢铁集团、天津天铁冶金集团和天津冶金集团，组建新天钢集团；沙钢集团重组东北特钢。在兼并重组加速的推动下，2019年，我国钢铁产业集中度提升至39.3%，比"十二五"末上升了3.1个百分点。

我国钢铁产业集中度远远落后于世界其他国家，这对我国钢铁产业的抗风险能力和竞争力都产生负面影响。中国钢铁企业数量众多，并且中小企业占比较大。根据《中国钢铁统计年鉴》数据，1980年，我国钢铁工业生产企业数目为1 332家，2000年增长到2 997家，增长1.25倍；截至2012年，钢铁工业生产企业剧增到14 377家，增长近10倍。2018年，钢铁企业兼并重组加快，企业数量下降至5 138家，至2020年，有微幅增加，共计5 175家，见表2-9。

表2-8　中国、日本、韩国和印度钢铁产业集中度CR4

国家	2003	2004	2006	2007	2012
中国	21%	18.51%	16.92%	19.28%	21.52%
日本	73.84%	75.14%	74.50%	74.77%	83.02%
韩国	89.40%	91.12%	94.09%	93.91%	90.10%
印度	71.12%	70.19%	86.59%	90.78%	63.40%

资料来源：通过对《中国钢铁工业年鉴》和《世界钢铁统计年鉴》数据整理得到。

表2-9　中国钢铁工业生产企业数量

单位：个

年份	1980	2000	2005	2008	2010	2011	2012	2016	2018	2020
钢企数量	1 332	2 997	6 686	8 012	12 143	10 224	14 377	9 224	5 138	5 175

资料来源：《中国钢铁工业年鉴》《中国统计年鉴》。

三、钢铁工业净出口情况

从2001年至2007年，我国GDP增速从8.3%提高到14.16%，这个时期也是我国工业化进程的重要阶段，加之新农村建设及加入世界贸易组织等经济环境大背景的影响，我国钢铁产业得到了高速发展，也给钢铁产业提供了更大的市场空间。我国钢材进出口贸易在2006年时实现了净出口，出口额达到了2 624 293万美元，这是具有重要意义的转折点，详见图2-4和表2-10。2008年，国际金融危机爆发，我国GDP增速骤降，全球经济发展放缓，钢材出口大幅下降。我国政府采取了一系列政策措施加大固定资产投资，又提高了钢铁市场的需求。我国在全球化的诸多挑战中经济发展速度实现软着陆，受到突发事件新冠肺炎疫情的影响，2020年我国GDP增速2.3%。无论是在面对全球化挑战还是抗击疫情方面，我国都取得了卓然的成绩，2021年我国GDP增速8.1%。在新发展格局及新发展理念的指导下，虽然疫情依然存在，结构性压力增加、收入增速放缓、市场预期不稳，消费恢复依然面临诸多困难。在进入到新发展阶段后，经济结构加速转变，新动能加快培育，创新已成为经济发展新引擎，绿色低碳转型将为中长期发展提供新动能，中国经济迈向高质量发展的大方向不会改变。

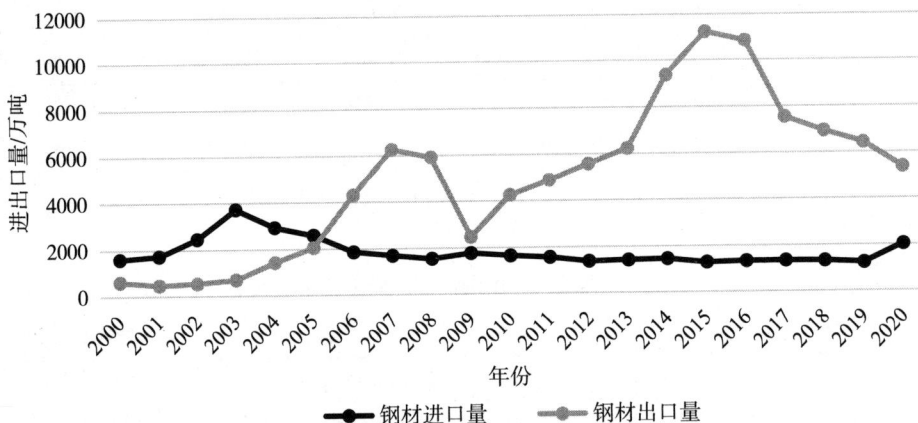

图2-4　2000—2020年我国钢材进出口量

资料来源：《中国钢铁工业年鉴》《中国统计年鉴》。

表2-10　中国钢材进出口统计

年份	钢材进口		钢材出口	
	数量/万吨	金额/万美元	数量/万吨	金额/万美元
2000	1 596.14	853 589	620.60	222 933
2001	1 721.73	896 359	474.14	186 704
2002	2 448.81	1 236 585	545.50	218 321
2003	3 716.85	1 991 581	695.57	310 496
2004	2 930.27	2 078 723	1 423.10	833 632

年份	钢材进口		钢材出口	
	数量/万吨	金额/万美元	数量/万吨	金额/万美元
2005	2 581.62	2 460 845	2 052.26	1 307 968
2006	1 851.00	1 982 755	4 300.70	2 624 293
2007	1 687.06	2 055 261	6 264.63	4 413 283
2008	1 538.00	2 332 764	5 918.27	6 337 111
2009	1 763.20	1 947 976	2 459.65	2 227 185
2010	1 643.01	2 011 247	4 255.60	3 681 986
2011	1 557.94	2 156 983	4 886.06	5 124 221
2012	1 365.75	1 780 507	5 573.21	5 148 378
2013	1 407.76	1 704 910	6 233.75	5 323 498
2014	1 443.21	1 791 442	9 378.38	7 082 646
2015	1 278.00	1 433 480	11 240.00	6 281 471
2016	1 321.40	1 315 312	10 853.00	5 448 866
2017	1 330.00	1 517 011	7 541.00	5 450 430
2018	1 317.00	1 643 485	6 933.00	6 059 597
2019	1 230.00	1 411 255	6 429.00	5 374 828
2020	2 023.00	1 682 638	5 367.00	4 544 361

资料来源:《中国钢铁工业年鉴》《中国统计年鉴》。

四、钢铁工业体系现代化建设不断完善

改革开放以后，先进生产技术不断发展和创新，尤其是近十几年来，钢铁工业不仅在"量"上实现了突破，在技术装备、自主创新、节能环保等方面都不断进步。整体技术水平与世界先进国家的差距不断缩小。我国构建了鞍钢鲅鱼圈、京唐钢铁等可循环钢铁生产流程，具备了一定自主设计和建设千万吨级钢厂的能力。生产设备也逐渐向大型化发展，目前我国已经拥有世界最现代化、最大型的冶金装备，如5 000立方米以上的高炉、300吨大型

炼钢转炉、5 500毫米大型宽厚板轧机、2 250毫米宽带钢热连轧机等。

我国钢铁工业的技术发展经历了从国外引进、消化吸收到自主创新的阶段，钢铁工业的自主创新能力不断提高。目前，钢铁工业大型冶金装备国产化率可达到90%以上，关键共性技术不断推广，如新一代控轧控冷技术和一贯制生产管理技术等关键工艺技术促进了钢铁产业资源与能源的节约、生产效率的提高和成本降低。在产品研发领域，我国钢铁工业也不断推陈出新，研发了百米高速重轨、高压油气输送用管线钢、高级不锈钢、高强汽车板等产品，为国家重点大工程的建设起到了支撑作用。除此之外，大型钢铁企业也开始关注应用信息技术进行科技创新管理，信息化已经成为大型钢铁企业普遍采用的管理手段。"十二五"以来，宝钢、鞍钢、武钢、太钢、河北钢铁、唐钢、马钢等先后获得了国际级管理创新成果奖。我国钢铁产业还十分重视技术创新平台的建设，目前已经建成国家级重点实验室16个，工程实验室5个，工程技术中心12个，工程研究中心10个，企业技术中心33个，创新型企业17个。初步实现以企业为主体、产学研用相结合的技术创新体制，促进了钢铁工业技术创新。

在国家创新驱动发展战略的推动下，"十三五"期间，钢铁企业针对产业技术方面投入大量资金，钢铁企业高质量产品不断被创造，钢铁企业整体的创新能力再上一个新的台阶。"十三五"前4年，国产钢材有282项品种的实物质量达到国际同类产品水平，20项产品实物质量达到国际先进水平。极低铁损取向硅钢、600~750 MPa级高精度磁轭钢、先进核能核岛关键装备用耐蚀合金、核电用不锈钢、高品质汽轮机叶片钢、低温管线钢、极地特种低温钢等高端产品打破国外技术垄断，成功用于国家重大工程建设及国防军工领域。国产大飞机起落架用钢、高铁轮对用钢、高铁转向架用钢也已具备了国产化替代能力。截至2019年底，我国22大类钢铁产品中有19类自给率超过100%，其他三类超过98.8%。

五、节能减排降耗取得了积极发展，产业绿化发展不断推进

"十三五"期间，钢铁工业围绕焦化、烧结（球团）、炼铁、炼钢、轧钢等重点工序及智能制造，开展烟气多污染物超低排放技术、高温烟气循环分级净化技术、副产物资源化技术等组合式系统集成节能减排技术，基于炉料结构优化的硫硝源头减排技术、新型非高炉炼铁、小方坯免加热直接轧制技术、智能制造示范线建设等研究，行业节能减排降耗取得明显成效。从2015年至2018年，钢铁工业能源消费总量从63 951万吨标煤下降至51 504万吨标煤，下降了19.5%，提前超额完成"十三五"规划确定的行业能源消费总量下降15%的目标；吨钢综合能耗从572千克标煤/吨下降至555千克标煤/吨，下降了3.0%。

六、"走出去"步伐加快，国际化经营水平有了新的提高

"十三五"期间，随着"一带一路"倡议的深入实施，我国钢铁工业"走出去"步伐明显加快，国际化经营取得新的进展。中冶、中钢等企业以工艺设计为龙头，以核心技术和产品制造为依托，以工程项目管理和施工为手段，与欧美传统冶金技术装备企业同台竞争，以EPC模式赢得台塑越南河静700万吨钢厂项目、马来西亚关丹联合钢铁350万吨综合钢厂项目等一大批具有重要影响的国际钢铁成套工程项目，在国际上已经形成一定的影响力。

第四节　我国钢铁工业循环经济发展现状及存在的问题

相对于发达国家，我国循环经济起步较晚。但通过短短30多年完成发达国家上百年的经济发展历程，使得我国承受着巨大的资源消耗和环境破坏的压力。我国钢铁工业已经走到了粗放型经济增长之路的临界点，走循环经济发展的道路是我国钢铁工业的必然选择。中国钢铁工业探寻循环经济历经

多个历程。

1.钢铁工业循环经济发展历程简介

1949年，新中国成立之初，钢铁工业远远落后于发达国家，当年钢铁产量仅为15.8万吨。在苏联的帮助下，新建了武汉钢铁公司和包头钢铁公司，到1957年底，产钢量达到535万吨。但是，多数钢铁企业设备陈旧、管理水平落后，污染排放几乎零处理，这给环境带来了较大冲击。20世纪70年代初，我国开始对钢铁工业环境污染进行治理，钢铁工业循环经济萌芽期开始。1973年8月，第一次全国环境保护会议召开，会议对全国钢铁工业的环保工作作出了重要部署，为了更好地执行和实施环保政策，"综合利用和环境保护办公室"应运而生，制定并颁布实施了《环境保护设计若干规定》。《关于冶金工业环境保护工作的报告》《环境保护法（试行）》《工矿企业治理"三废"污染，发展综合利用产品利润提留办法》等法律法规相继出台以调整钢铁工业的生产政策，促使其加强环境保护意识。

20世纪70年代末80年代初，原冶金部通过国际钢铁工业对比调查研究发现，我国钢铁工业耗能远大于世界工业发达国家。1978年吨钢综合耗能2.52吨标煤，是同时期美国的2.8倍，日本的3.7倍。在这一时期，我国开始探索节能降耗，可以说是钢铁工业循环经济发展的探索期。冶金部制订计划，进行革新、改造、组织节能培训，先后制定了烧结、焦化、炼铁、炼钢、轧钢等14个工序节能规定，经过一段时间的实践，冶金部印发了《钢铁工业节能技术三十例》。1983年，冶金部又提出了《钢铁工业以发展连铸技术为中心提高成材率的措施方案（草案）》，是我国连铸比和钢的成材率不断攀升。1980年，成立了冶金环境检测中心。此后，《冶金工业环境保护设计若干规定》《钢铁工业环境保护考核指标实施办法》《冶金工业环境管理若干规定》《冶金工业环境监测暂行规定》等皆顺应冶金工业环保需要出台和实施。这一时期，钢铁工业建立了环境保护体系，对环境评价、检测和管理工作都进一步加强。

20世纪80年代末到90年代末是我国钢铁工业循环经济探索的推进期。

1989年，联合国环境规划署提出了推行清洁生产计划。同年，《环境保护法》在我国正式推行。1997年，国家环保局发布《关于清洁生产的若干意见》，指出冶金工业的重点排污企业要通过实施清洁生产消减污染物排放量。1999年国家经贸委发布了《关于实施清洁生产示范试点计划的通知》，将冶金行业作为试点之一。国家相关法律法规的出台，使得钢铁工业循环经济发展得到进一步推进。

20世纪90年代末至今是我国钢铁工业循环经济的全面发展时期。《清洁生产促进法》于2002年颁布，这部法律的颁布标志着中国清洁生产进入了法治化轨道。随后，我国相继颁布了系列发展循环经济的相关法律法规，包括《节约能源法》《环境影响评价法》《可再生能源法》《固体废物污染环境防治法》。中央及地方政府还出台了一系列配套的法规、条例、意见和办法等，促进循环经济相关法律的实施，如《节能专项规划》《废旧家电及电子产品回收处理管理条例》《清洁生产审核办法》《中国节水技术大纲》等。与循环经济相关的法律中的综合性法律《循环经济促进法》于2009年1月1日起开始实施，对于促进循环经济发展，提高资源利用率和保护生态环境等具有保障作用。2005年，国务院批准国家发改委制定了《钢铁产业发展政策》，这项发展政策为钢铁工业节约能源和资源、发展循环经济设定了更为准确的方向。《关于加快发展循环经济的若干意见》亦在2005年颁布，这对于我国钢铁工业来说是十分具体的循环经济发展宗旨。随后，从2007年至2011年，我国政府针对钢铁工业在清洁生产、环境保护和能源节约方面作出了更为完善的规划和更为具体的指示。其间，经历了全球经济危机，我国钢铁工业也无疑遭到了严重波及，《钢铁产业调整和振兴计划》和《钢铁工业"十二五"发展规划》都为我国钢铁工业的发展给予明灯指引的作用，倡导我国钢铁工业"绿色生产""绿色发展"，将"绿色"理念贯穿于整个钢铁工业生产流程之中。

2.钢铁工业绿色发展节能减排状况简析

我国钢铁工业产能的迅猛提升促使其能源消耗、污染物排放的不断增加。随着我国对发展钢铁工业循环经济的不断重视，钢铁企业自身也开始了对节能、环境保护、污染治理及废弃物资源综合利用等方面加强关注。"十一五"期间，钢铁产业实行"三干三利用"（"三干"即：干法熄焦，高炉煤气干式除尘，转炉煤气干式除尘；"三利用"即水的综合利用，以副产煤气为代表的二次利用，以高炉渣、转炉渣为代表的固体废弃物综合利用），这对钢铁产业节能减排起到了至关重要的推动作用，节能减排效果显著。以高炉渣、转炉渣等为代表的固体废弃物综合利用率大幅提高。详见表2-11。

表2-11　中国近年来重点统计企业固体废弃物综合利用率

单位：%

项目＼年份	2006	2011	2012	2013	2014	2015
高炉渣利用率	93.41	97.13	97.01	99.13	98.75	98.44
转炉钢渣利用率	89.31	95.15	96.62	99.52	94.35	96.46
含铁尘泥利用率	98.89	95.35	97.13	98.68	98.85	99.77

资料来源：《中国钢铁工业环境保护统计》。

能源消耗方面，我国钢铁工业秉承绿色发展理念，在提高能源利用效率方面也取得了一定的成绩。2006年，我国重点统计企业吨钢耗新水量为6.86立方米，至2015年这个数据已经下降到3.53立方米；吨钢二氧化硫排放量从2006年的2.66千克下降至2015年的0.840千克，下降幅度超过百分之二百；吨钢化学需氧量从2006年的0.214千克下降至2015年的0.033千克，下降幅度超过百分之六百。与2006年相比，重点统计企业2015年的吨钢综合能耗由645.12千克标煤下降到571.85千克标煤。详见表2-12。由此可见，我国钢铁工业节能减排成效显著。钢铁工业以绿色发展为理念，不仅构建了花园式工厂、循环经济生态园，并且涌现出唐钢、太钢、宝钢、武钢青山厂区、济钢等一批标兵企业。

表2-12　中国近年来重点统计企业节能减排情况

指标	2006	2010	2011	2012	2013	2014	2015
吨钢耗新水量（立方米）	6.86	4.11	3.90	3.87	3.67	3.60	3.53
吨钢二氧化硫排放量（千克）	2.66	1.71	1.67	1.56	1.36	1.13	0.840
吨钢化学需氧量（千克）	0.214	0.076	0.063	0.049	0.036	0.033	0.025
吨钢综合能耗（千克标煤）	645.12	605.00	603.68	602.71	591.98	584.70	571.85

资料来源：《中国钢铁工业环境保护统计》《中国钢铁工业节能环保统计月报》。

我国重点大中型钢铁企业各工序能耗也呈现出下降的趋势，表2-13中的数据显示了我国重点大中型钢铁企业2001年至2015年各工序能耗。从表2-13可以看出各工序能耗均呈现出下降的趋势，其中2015年创下各工序能耗的最低程度，烧结工序能耗比2001下降27.07%；焦化工序能耗比2001年下降36.83%；炼铁工序能耗比2001年下降13.59%；转炉工序能耗比2001年下降139.32%；电路工序能耗比2001年下降75.86%；轧钢工序能耗比2001年下降46.14%。由此可见，我国钢铁企业在能源消耗方面取得了长足的进步。

钢铁工业排放大量的废水、废气、废渣等污染物，生产的各工序都产生大量废弃物并且种类繁多。例如，钢铁生产工序中排放的废气污染物的种类就包括烟粉尘、二氧化硫、氮氧化合物、氟化物、二噁英、盐酸雾、二氧化碳和油雾等，其中烟粉尘、二氧化硫和氮氧化合物是最主要的排放物。2006年至2015年我国重点钢铁企业二氧化硫排放总量逐年下降，从2006年的805 996.99吨下降到2015年的471 721.69吨；吨钢二氧化硫的排放量从2006年的2.66千克下降到2015年的0.84千克，同比下降57.52%，详见表2-12。但是与国际先进钢铁企业的二氧化硫的排放量还有差距，2010年，日本钢铁工程控股公司（JEF）吨钢外排二氧化硫仅为0.39千克。我国2015年重点钢铁企业平均吨钢二氧化硫的排放量是日本钢铁工程控股公司的2.15倍。化学需氧量排放量从2006年的64 942.45吨下降到2015年的13 894.12吨；吨钢化学需氧量排放量从2006年的0.214千克下降到0.025千克，详见图2-5、图2-6。

表2-13 2001—2014年重点钢铁企业各工序能耗

单位：千克标煤/吨

年份	烧结工序	焦化工序	炼铁工序	转炉工序	电炉工序	轧钢工序
2001	67.05	155.37	457.48	29.63	245.04	109.95
2002	67.75	149.58	454.21	27.04	230.20	101.32
2003	66.42	148.51	464.68	23.56	213.73	96.29
2004	66.38	142.21	466.2	26.57	209.89	92.91
2005	67.00	149.88	473.64	39.99	231.00	96.07
2006	59.49	135.43	447.55	15.09	85.47	74.68
2007	58.18	130.84	436.42	10.36	85.02	68.00
2008	57.94	128.55	436.66	9.59	89.64	68.64
2009	56.87	119.32	420.03	2.78	87.01	66.61
2010	52.65	105.89	407.46	−0.16	73.89	61.69
2011	52.03	104.63	404.57	−3.51	70.26	58.44
2012	50.60	102.72	401.82	−6.08	67.53	57.31
2013	49.98	99.87	397.94	−7.33	61.87	59.36
2014	48.90	98.15	395.31	−9.99	59.15	59.22
2015	47.20	99.66	387.29	−11.65	59.67	58.00

资料来源：《中国钢铁工业环境保护统计》《中国钢铁工业节能环保统计月报》。

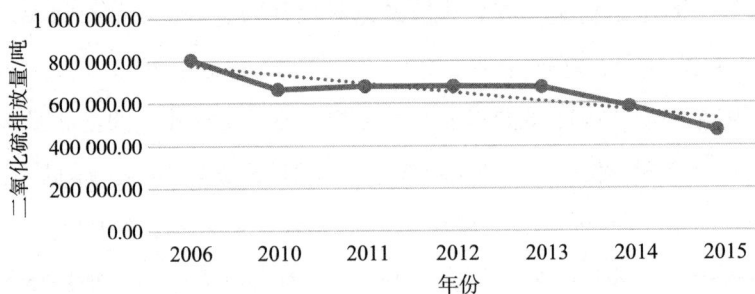

图2-5 2006、2010—2014年我国重点钢铁企业二氧化硫排放量变化

资料来源：《中国钢铁工业环境保护统计》《中国钢铁工业节能环保统计月报》。

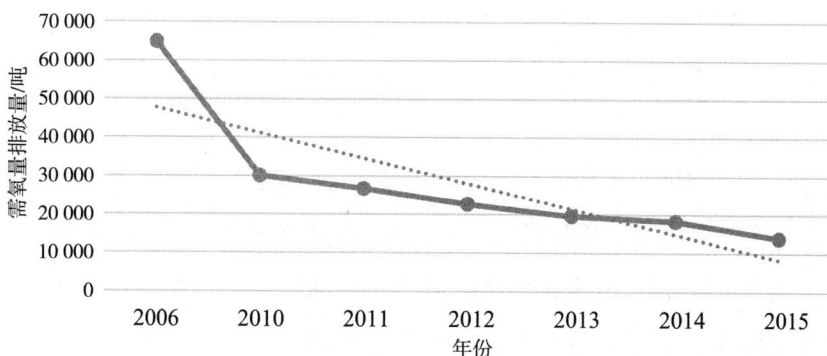

图2-6　2006、2010—2014年我国重点钢铁企业化学需氧量排放量变化

资料来源：《中国钢铁工业环境保护统计》《中国钢铁工业节能环保统计月报》。

本章小结

本章首先对全球钢铁工业发展现状及未来发展趋势进行探索性分析和概述，在此基础上对世界上主要钢铁生产国家的钢铁工业循环经济发展情况进行了分析，从而为我国钢铁工业企业发展循环经济提高能源效率提供借鉴。接着，本章对我国钢铁工业发展的现状及存在的问题进行分析和总结，在此基础上探究我国钢铁工业循环经济发展情况。分析结果表明：

（1）全球钢铁市场进入了一个新的阶段，目前正处于停滞期，未来的发展推进器还不能确定。钢铁工业企业进入了微利时代，甚至是艰难时期。世界钢铁工业的格局也在不断变化。21世纪以来，钢铁产量剧增，全球钢铁消费量也迅速增加，但是总体来说钢铁的需求仍然小于供给。"高污染、高排放、低效率"的两高一低的"帽子"使得该产业循环经济的发展受到各国的重视。日本、美国和德国钢铁工业循环经济的发展具有"领头雁"的作用。

（2）我国钢铁工业从1996年至今粗钢产量保持全球第一的位置，2015年占世界粗钢产量的49.54%。钢材自给率和国内市场占有率大幅提高。钢铁工业生产工序也不断完善；现代化建设进一步提升；自主创新能力有所提高。但是，钢铁生产大国并不是钢铁生产强国，我国钢铁工业面临着诸多挑战，如产能过剩、产业集中度低、资源保障力弱、市场恶性竞争、环境资源失衡等问题。

（3）我国钢铁工业循环经济起步较晚，30多年的时间完成发达国家上百年的经济发展历程使得我国承受着巨大的资源消耗和环境破坏的压力。我国钢铁工业已经走到了粗放型经济增长之路的临界点，循环经济发展的道路是我国钢铁工业的必然选择。钢铁工业在节能减排方面获得了一定的成绩，如重点统计钢铁企业高炉渣利用率、含铁尘泥利用率2015年已经达到98.34%和99.77%。吨钢综合能耗从2006年的645.12千克标煤下降到2015年的571.85千克标煤；吨钢耗新水亦从2006年的6.86立方米下降至2015年的3.25立方米；重点钢企各工序能耗也都相应下降。在废气排放方面，吨钢二氧化硫排放从2006年的2.66千克下降到2015年的0.84千克，同比下降57.52%。但与国际先进钢铁企业还存在较大差距。

第三章 >>>

我国钢铁企业全要素能源效率评价

第一节 我国钢铁企业全要素能源效率研究方法

能源作为钢铁生产过程中必需的一种生产要素，与资源、劳动等生产要素一样，在钢铁生产过程中必不可少，这些生产要素相互结合，共同作用于钢铁生产的整个过程。从现有的研究成果来看，将循环经济纳入钢铁企业全要素能源效率的研究框架之中、同时考虑能源消耗和环境污染的文献还相对缺乏。因此，全面并客观地对我国钢铁企业的全要素能源效率进行评价十分必要。在针对基于循环经济的我国钢铁企业全要素能源效率评价方法的选择上，本书改进并运用了Fried、Schimidt和Yaisawarng（1999）提出的四阶段DEA方法，其与传统的测算全要素能源效率的方法具有很多优势，详见表3–1。

表3–1 钢铁企业全要素能源效率评价方法比较分析

研究方法	方法分析
CCR–DEA	规模报酬不变，忽略松弛变量影响，未考虑外生环境因素及随机误差冲击影响
BCC–DEA	规模报酬可变，忽略松弛变量影响，未考虑外生环境因素及随机误差冲击影响
SBM–DEA（Tone，2001）	非径向模型，解决了径向模型对无效率的测量没有包含松弛变量的问题，但未考虑外生环境因素及随机误差冲击影响
非合意产出SBM–DEA（Tone，2003）	非径向模型，可以处理含有非合意产出的决策单元问题；解决了径向模型对无效率的测量没有包含松弛变量的问题，但未考虑外生环境因素及随机误差冲击影响
DEA–Tobit	第一阶段采用传统DEA或SBM–DEA模型，第二阶段进行影响因素分析，但未考虑外生环境因素及随机误差冲击影响
三阶段DEA	考虑了外生环境因素及随机误差冲击影响问题，但由于第二阶段采用SFA方法，未考虑因变量截断问题，导致参数估计的不一致
传统四阶段DEA	第一阶段运用BBC模型，对非合意产出处理上存在问题；考虑了外生环境因素，第二阶段采用Tobit模型，保证了参数估计的一致性，但无法调整随机误差的影响
拓展四阶段DEA	第一阶段运用可以处理非合意产出的SBM模型；考虑了外生环境因素，第二阶段采用Tobit模型，保证了参数估计的一致性，结合Bootstrapped DEA方法，将随机误差冲击对效率评估造成的偏误予以修正

本书通过改进并运用Fried、Schimidt和Yaisawarng（1999）提出的四阶段DEA方法，基于循环经济的背景，将能源消耗和环境污染指标融入其中。Fried、Schimidt和Yaisawarng提出的四阶段DEA方法是在经典DEA模型的基础上发展而来的，用以测度决策单元的效率。四阶段DEA方法能够有效控制外生环境变量的影响对全要素能源效率评价造成的偏误。传统的四阶段DEA方法的四个阶段具体如下：

（1）传统DEA-BBC模型（规模收益可变）。用于初始投入产出数据对各个决策单元进行效率评估。如果我们所研究的决策单元（DMU）是有效的，在DEA-CCR模型的背景下，我们可以说这个决策单元的技术效率和规模效率都是有效的；如果我们所研究的决策单元（DMU）是相对无效的，在DEA-CCR模型的背景下，我们无法判断是技术效率和规模效率两者之中谁是无效的。那么，问题就出现了，如何判断所研究的决策单元（DMU）是技术效率无效还是规模效率无效？ Banker、Charnes和Cooper三位学者为解决这一问题，将凸性假设融入传统的DEA-CCR模型之中，也就是传统的DEA-BBC模型（规模收益可变）。DEA-BBC模型假设规模可变，其效率评价模型如下：

$$\text{Min}_{\theta,\lambda}[\theta - \varepsilon(s^- + s^+)]$$

$$s.t. \sum_{i=1}^{n} \lambda_i y_{ir} - s^+ = y_{0r};$$

$$\sum_{i=1}^{n} \lambda_i x_{ij} + s^- = \theta x_{0j}; \qquad (3-1)$$

$$\sum_{i=1}^{n} \lambda_i = 1;$$

$$\lambda_i = 1;$$

$$\lambda_i \geqslant 0, s^+ \geqslant 0, s^- \geqslant 0.$$

其中，i=1，2，3，$\cdots$，n；j=1，2，3，$\cdots$，m；r=1，2，3，$\cdots$，s。x_{ij}（j=1，2，3，$\cdots$，m）代表投入要素；y_{ir}（r=1，2，3，$\cdots$，s）代表产出要素；θ为决策单元的效率值；λ代表权重；s^+代表投入的松弛变量；s^-代表产出的松弛变量；ε表示任意小的正数。

（2）通过第一阶段传统DEA-SBM模型求解得到的效率值介于0~1之间，被解释变量为截断值，所以采用传统的OLS回归模型进行估计会出现参数的有偏和不一致性问题，因此，本研究的第二阶段选择受限因变量回归模型Tobit模型，用于剔除外生环境变量的影响。Tobit模型是诺贝尔经济学奖获得者James Tobit为解决因变量含有截断资料的回归模型分析方法。本研究以各钢铁企业全要素能源效率为被解释变量，以影响全要素能源效率的诸多因素为解释变量建立回归模型。具体Tobit模型构建如下：

$$Y_i^* = X'\beta + \varepsilon_i,\ i = 1,\ 2,\ \cdots,\ n \tag{3-2}$$

当给定被解释变量为一个数量指标界限值C时，就会有截断数据的存在，则式（3-2）可以转变为：

$$Y_i = \begin{cases} Y_i^*, & \text{当}Y_i^* > C \\ C, & \text{当}Y_i^* \leqslant C \end{cases} \tag{3-3}$$

假设模型误差项服从$N(0，\sigma^2)$分布，Tobit模型可用式（3-4）表示为：

$$\begin{cases} Y_i = X'\beta + \varepsilon_i, & \text{当}X'\beta + \varepsilon_i > 0 \\ = 0, & \text{其他} \\ \varepsilon_i \sim N(0,\ \sigma^2) \end{cases} \tag{3-4}$$

$$\begin{aligned} & S_{ik}^* = f^i(z_k,\ \beta^i) + u_{ik} \\ & S_{ik} = S_{ik}^*,\ S_{ik}^* > 0 \\ & S_{ik} = 0,\ S_{ik}^* \leqslant 0 \end{aligned} \tag{3-5}$$

式（3-5）中，i=1, 2, 3, $\cdots$, m; k=1, 2, 3, $\cdots$, n。S_{ik}=$(1-\theta_k)x_{ik}+s^-$，S_{ik}表示由第一阶段DEA-BBC模型计算得到的第k个决策单元第i项投入的总松弛变量；$z_k = (z_{1k},\ z_{2k},\ z_{3k},\ \cdots,\ z_{pk})$代表$p$个外部环境影响因素（外部环境变量），$\beta^i$表示外部影响因素的待估参数；$f^i(z_k,\ \beta^i)$表示外部环境变量（影响因素）对投入差额值$S_{ik}$的影响，$u_{ik}$表示随机误差项。

（3）通过第二阶段的回归结果可以明确各投入变量产生较为显著影响的外生环境变量（对钢铁企业全要素能源效率产生影响的变量），去除外生不可控因素对全要素能源效率的影响，这样每个决策单元都处在相同的环境平台下进行再一次全要素能源效率评价。第三阶段的公式调整为：

$$\widehat{x_{ik}} = x_{ik} + [\max\{z_k\beta^i\} - z_k\beta^i] \tag{3-6}$$

式中，$i=1$，2，3，…，m；$k=1$，2，3，…，n。第k个DMU的第i种类投入的实际值用x_{ik}来代表；根据式（3-6）调节后的新投入用$\widehat{x_{ik}}$来表示；外生环境变量我们用β^i来代表。通过公式（3-6）的调整，我们将全部研究对象也就是这里的每个DMU安置在统一的环境平台下。其基本依据为：最大的拟合松弛量相当于最差的外部环境集。当某个决策单元处于最差的外部环境集时，$[\max\{z_k\beta^i\} - z_k\beta^i] = 0$，则调整后的投入$\widehat{x_{ik}} = x_{ik}$，相当于未对初始投入进行调整；当某个决策单元处于较好的外部环境集时，则调整后的投入$[\max\{z_k\beta^i\} - z_k\beta^i] \geqslant 0$，这说明调整后的投入水平比最初的投入水平有所增加。不难理解，当我们在产出不变的背景下，增加投入必然会降低效率，即DEA评价值变小。

（4）通过前三个阶段的工作，尤其是第三个阶段我们将所有研究的决策单元（DMU）进行了调整。在第四阶段选择第一阶段的BBC模型进行相对效率测评。外生环境变量的影响得到的效率值能更准确地反映样本钢铁企业的实际效率水平，以弥补不足。

本书基于Fried、Schimidt和Yaisawarng学者们提出的四阶段DEA方法进行拓展，将处理非合意产出的SBM-DEA模型引入。传统的DEA-BCC模型松弛改进的部分在效率值的测算中没有体现，SBM-DEA模型解决了径向模型对无效率的测量没有将松弛变量包含进入的问题。由于本章研究的全要素能源效率模型是基于循环经济的视角，选取的产出指标中含有非合意产出指标，本书采用的SBM-DEA模型是Tone定义的包含非合意产出的SBM模型（Cooper William W，Sdiford L M，Tone K.，2007）。模型具体如下：

$$\min\rho = \frac{1 - \frac{1}{m}\sum_{i=1}^{m} s_i^- / x_{ik}}{1 + \frac{1}{q_1 + q_2}(\sum_{r=1}^{q_1} s_r^+ / y_{rk} + \sum_{i=1}^{q_2} s_t^{b-} / b_{rk})} \tag{3-7}$$

$$s.t. \; X\lambda + s^- = x_k$$
$$Y\lambda - s^+ = y_k$$
$$B\lambda + s^{b-} = b_k$$
$$\lambda, \; s^-, \; s^+ \geqslant 0$$

在本研究中，四阶段DEA模型的第一阶段和第四阶段运用SBM-DEA模型替代Fried等人提出的BCC模型。改进后四阶段SBM-DEA模型能够更客观准确地对我国钢铁企业的全要素能源效率进行评价。

本章根据Hu和Wang（2006）对全要素能源效率的研究方法对我国钢铁企业的全要素能源效率进行定义，基本思路是：某一钢铁企业全要素能源效率参照样本钢铁企业中其他决策单元（DMU）得到的最佳的能源投入水平与这家钢铁企业的实际能源投入水平进行比较，在不变的生产条件和要素价格下，如果所研究的钢铁企业的能源投入已经不能再减少了，就说其全要素能源效率达到1，即帕累托有效率。相对地，相同的生产条件和要素价格水平下，如果所研究的钢铁企业的能源投入可以进一步减少，那么说明这家钢铁企业的能源效率没有达到最佳水平，其与最优的前沿面的相对距离即为其效率值，表明这家钢铁企业存在效率损失。所以本章将我国钢铁企业全要素能源效率进行了定义，其公式为：

$$EE_{i,t}^{I\&S} = \frac{REI_{i,t}^{I\&S} - LEI_{i,t}^{I\&S}}{REI_{i,t}^{I\&S}} = 1 - \frac{LEI_{i,t}^{I\&S}}{REI_{i,t}^{I\&S}} = \frac{TEI_{i,t}^{I\&S}}{REI_{i,t}^{I\&S}} \qquad (3-8)$$

公式（3-8）中，i代表各个样本钢铁企业；t代表所处时期；$EE_{i,t}^{I\&S}$代表第i个样本钢铁企业在t时期的全要素能源效率；$REI_{i,t}^{I\&S}$代表第i个样本钢铁企业在t时期的实际能源投入情况；$LEI_{i,t}^{I\&S}$代表第i个样本钢铁企业在t时期的能源损失情况；$TEI_{i,t}^{I\&S}$代表第i个样本钢铁企业在t时期的目标能源投入情况（最佳能源投入量）。

通过公式（3-8）可以计算出样本钢铁企业在某一时期的全要素能源效率状况，在此基础上，本章从投入角度对我国钢铁企业的节能潜力分析模型进行定义，其公式为：

$$ESP_{i,t}^{I\&S} = \frac{LEI_{i,t}^{I\&S}}{REI_{i,t}^{I\&S}} \qquad (3-9)$$

公式（3-9）中，i代表各个样本钢铁企业；t代表所处时期；$ESP_{i,t}^{I\&S}$代表第i个样本钢铁企业在t时期的节能潜力；$REI_{i,t}^{I\&S}$代表第i个样本钢铁企业在

t 时期的实际能源投入情况；$LEI_{i,t}^{I\&S}$ 代表第 i 个样本钢铁企业在 t 时期的能源损失情况。

通过公式（3-8）可以计算出样本钢铁企业在某一时期的全要素能源效率，在此基础上，本章从产出角度对我国钢铁企业的减排潜力分析模型进行定义，其公式为：

$$ERP_{i,t}^{I\&S} = \frac{RRP_{i,t}^{I\&S} - TRP_{i,t}^{I\&S}}{RRP_{i,t}^{I\&S}} \qquad (3-10)$$

公式（3-10）中，i 代表各个样本钢铁企业；t 代表所处时期；$ERP_{i,t}^{I\&S}$ 代表第 i 个样本钢铁企业在 t 时期的减排潜力；$RRP_{i,t}^{I\&S}$ 代表第 i 个样本钢铁企业在 t 时期的实际污染物排放量；$TRP_{i,t}^{I\&S}$ 代表第 i 个样本钢铁企业在 t 时期的目标污染物排放量。

根据本章建立的四阶段 DEA-SBM 模型可以计算出 $TEI_{i,t}^{I\&S}$ 以及 $TRP_{i,t}^{I\&S}$，并结合 $REI_{i,t}^{I\&S}$ 以及 $RRP_{i,t}^{I\&S}$，即可得到相应的 $EE_{i,t}^{I\&S}$、$LEI_{i,t}^{I\&S}$、$ESP_{i,t}^{I\&S}$ 和 $ERP_{i,t}^{I\&S}$。

第二节　投入产出指标变量选取及数据来源

本章拟通过四阶段 DEA 方法对我国钢铁产业的全要素能源效率进行评析。与传统 DEA 方法研究全要素能源效率不同，本书基于循环经济视角。众所周知，钢铁生产过程中的每一个流程都要产生废气、废渣等废弃物，而这些废弃物的排放对环境造成众多负面影响。

本研究选取 2009 年至 2015 年我国 46 家钢铁企业的投入产出数据，对循环经济背景下钢铁产业的全要素能源效率进行评价。这 46 家钢铁企业的选择基于《中国钢铁工业统计年报》《中国钢铁工业环境保护统计》《冶金大中型企业财务年报汇编》等统计年鉴和年报的数据可获得性，并尽可能涵盖全国 31 个省份中的大中小型钢铁企业。虽然选取样本中的 46 家钢铁企业有些已经兼并重组，但经营相对独立，尤其是企业数据仍以个体独立企业形式进行统计和上报，所以本章将其视为独立的决策单元（DMU）进行评价。样本中所选决策单元的粗钢年产量占全国总产量的60%以上，涵盖大中小各类型钢铁企业，并听取了中国钢铁工业协会及冶金工业经济发展研究中心等专家的意见，保证了样本的全面性和代表性。

根据钢铁产业发展循环经济的根本目的在于协调经济发展与生态环境保护之间的关系，本章拟找寻保证钢铁产业经济可持续发展的同时力求能源与环境的可持续发展之路。具体的办法就是提高能源利用效率和循环利用率以及减少污染排放。钢铁生产过程中要消耗大量能源包括煤炭、电力等，同时也会产生大量废弃物包括废气和废渣等。循环经济下钢铁产业全要素能源效率评价追求的是经济与能源、环境的和谐发展，因此，在评价指标中能源消耗和废弃物等至关重要。本书基于循环经济的视角结合钢铁生产的实际情况，在全要素能源评价投入产出指标中增加了能源消耗及污染物排放的指标，从投入指标、意愿产出变量、非意愿产出变量三个维度进行全要素能源效率评价，详见表3-2。

表3-2　模型投入产出指标体系

	变量名称	变量符号	具体定义
投入指标	综合总能耗（万吨标准煤）	E	各类能源消耗这算标准煤消耗总和
	总耗新水（吨）	W	年耗新水总量
	固定资产净值（亿元）	K	固定资产原值－累计折旧－固定资产减值准备
	职工人数（千人）	L	（上年末职工人数＋本年末职工人数）/2
意愿产出	工业总产值（亿元）	Y	钢铁企业报告期内生产的工业产品总值
非意愿产出	废渣（百万吨）	WS	年排放废渣总量
	废气（亿立方米）	WG	年排放废气总量

投入变量，本章选取固定资产净值和职工人数两类非能耗型投入指标，另外选取综合总能耗和总耗新水两类能耗型投入指标。综合总能耗指标包含煤炭、燃油、电力等能源，并将它们统一折算成标准煤。根据钢铁生产的全部流程特点，本章增加了总耗新水这一类投入指标。考虑到钢铁生产全流程中，水是选矿、烧结、焦化、炼铁、炼钢、轧钢等各个工艺中不可或缺的资源，遂将总耗新水纳入到投入指标之中。

产出标量包含意愿产出和非意愿产出两个维度。其中，意愿产出包含工业总产值，体现钢铁企业的经济效益，指标越大越好，此处以2008年为基期的工业产品出厂价格指数进行调整；另外，综合考虑循环经济背景下的全要素能源效率特点将三废综合利用产品产值也纳入产出指标之中，体现钢铁企业在循环利用中获得的经济效益，指标亦是越大越好。非意愿产出主要包含钢铁生产过程中产生的废气（二氧化硫、烟尘、工业粉尘等等）和固体废弃物废渣（泥尘、钢渣、粉煤灰等等）。本章的样本所选取的投入产出各指标的样本统计描述如表3-3所示。

表3-3　模型投入产出指标样本统计描述

变量名称	符号表示	平均值	标准差	最小值	最大值
综合总能耗（万吨标准煤）	E	505.65	357.23	38.72	1 929.87
总耗新水（吨）	L	3 015.04	2 341.42	304.84	8 942.15
职工人数（千人）	W	21.34	19.54	2.650	115.50
固定资产净值（亿元）	K	259.71	272.68	12.80	1 550.54
工业总产值（亿元）	GIO	392.62	434.70	10.47	2 625.93
"三废"综合利用产品产值	WY	84 738.88	121 232.70	417.54	595 652
废渣（百万吨）	WS	562.14	527.85	34.49	2 521.61
废气（亿立方米）	WG	17 005.08	12 013.40	1 222.11	61 554.03

资料来源：《中国钢铁工业年鉴》《钢铁企业环境保护统计》和中国钢铁工业协会整理数据。

第三节　基于四阶段 SBM-DEA 模型的钢铁企业全要素能源效率分析

一、基于四阶段 SBM-DEA 模型的实证分析

首先，本章采用SBM-DEA模型对样本钢铁企业的2015年的全要素能源效率、全要素能源技术效率和全要素能源规模效率进行截面分析。测算结果

如表3-4所示。

根据表3-4，在不考虑外界影响因素的情况下，统计2015年各样本钢铁企业的全要素能源效率、全要素能源技术效率和全要素能源规模效率，并计算了东部地区、中部地区、西部地区和东北地区的平均值。由计算结果可知，东部地区的全要素能源效率、全要素能源技术效率最高，其次为中部地区，最低的地区为东北地区；平均全要素能源规模效率最高的地区为中部地区。全要素能源效率表现出了阶梯形，从东部地区依次递减至东北地区。从各样本钢铁企业中14家企业表现最佳（三项效率值均为1）。但是，在之前模型介绍的一节中已经提到外生环境因素和随机因素对评价结果是有影响的，会给结果带来一定的偏差，所以本章进行了第二阶段的调整和测算。

表3-4　第一阶段SBM-DEA全要素能源效率测算结果

地区	企业	能源效率	技术效率	规模效率	区域效率均值
东部地区	首钢	0.447 6	0.500 4	0.894 6	ECE_a=0.601 6 ETE_a=0.667 2 ESE_a=0.862 9
	新兴	1.000 0	1.000 0	1.000 0	
	天钢	1.000 0	1.000 0	1.000 0	
	天铁	0.420 7	0.460 3	0.914 1	
	唐钢	1.000 0	1.000 0	1.000 0	
	邯钢	0.285 3	0.313 1	0.911 2	
	宣钢	0.205 4	0.258 5	0.794 6	
	承钢	0.250 7	0.287 7	0.871 4	
	津西	1.000 0	1.000 0	1.000 0	
	国丰	1.000 0	1.000 0	1.000 0	
	济钢	1.000 0	1.000 0	1.000 0	
	莱钢	0.227 2	0.239 5	0.948 8	
	青钢	0.051 9	0.296 2	0.175 2	
	宝钢	1.000 0	1.000 0	1.000 0	
	南京钢铁	0.358 2	0.382 9	0.935 5	
	沙钢	1.000 0	1.000 0	1.000 0	
	苏钢	0.318 3	1.000 0	0.318 3	
	杭钢	1.000 0	1.000 0	1.000 0	
	三钢	0.153 6	0.245 6	0.625 3	
	韶钢	0.312 2	0.359 2	0.869 0	

续　表

地区	企业	能源效率	技术效率	规模效率	区域效率均值
中部地区	马钢	0.250 5	0.307 8	0.813 9	MCE_a=0.582 2 MTE_a=0.642 1 MSE_a=0.894 1
	新余	0.479 8	0.487 2	0.984 9	
	萍钢	0.428 2	0.454 4	0.942 4	
	武钢	0.787 5	1.000 0	0.787 5	
	新冶钢	0.519 6	0.640 6	0.811 2	
	鄂钢	0.550 8	0.656 7	0.838 7	
	湘钢	0.357 3	0.383 4	0.931 9	
	涟钢	1.000 0	1.000 0	1.000 0	
	长治	0.310 9	0.450 7	0.689 8	
	太钢	1.000 0	1.000 0	1.000 0	
	安阳	0.301 8	0.324 7	0.929 4	
	济源	1.000 0	1.000 0	1.000 0	
西部地区	柳钢	1.000 0	1.000 0	1.000 0	WCE_a=0.446 3 WTE_a=0.526 6 WSE_a=0.783 2
	攀钢	1.000 0	1.000 0	1.000 0	
	重钢	0.047 2	0.160 7	0.293 6	
	水城钢铁	0.422 3	0.503 8	0.838 2	
	昆钢	0.229 5	0.275 0	0.834 6	
	陕西钢铁	0.449 3	0.483 5	0.929 4	
	包钢	0.068 6	0.096 2	0.713 6	
	酒泉	0.619 3	1.000 0	0.619 3	
	八一	0.180 6	0.220 3	0.819 8	
东北地区	鞍钢	0.322 2	0.426 4	0.755 5	ENCE_a=0.318 3 ENTE_a=0.410 9 ENSE_a=0.798 2
	本钢	0.150 7	0.157 6	0.955 7	
	凌钢	0.383 6	0.485 5	0.790 1	
	通钢	0.434 8	0.497 3	0.874 4	
	西林	0.300 0	0.487 7	0.615 1	
样本钢铁企业		CE_a=0.535 3 TE_a=0.605 3 SE_a=0.848 4			

注释：其中 CE_a、TE_a 和 SE_a 分别代表能源效率、技术效率和规模效率的平均值（average），E、M、W、EN 分别代表东部地区、中部地区、西部地区和东北地区。

在第二阶段，本章进行了 Tobit 回归分析并对参数进行估计。通过第一阶段 SBM-DEA 模型对能源效率进行评价的结果可以得到投入产出指标的松弛变量，此处的松弛变量表示决策单元实际的投入量与最有效率的投入量之间的差距。影响这个差距的主要是随机因素包括外部环境因素等。由于第一阶段的 SBM-DEA 模型得到的松弛变量结果会出现等于零的情况，即存在截断问题。为了解决数据截断问题，本节将采用 Tobit 模型对第一阶段的 SBM-DEA 模型结果中投入松弛变量和外生环境影响因素之间的关系进行拟合。被解释变量为综合总能耗的松弛量、总耗新水松弛量、职工人数松弛量、固定资产净值松弛量、废渣松弛量和废气松弛变量；而解释变量则为外部环境影响因素，对于外部环境影响因素本文选取规模因素、创新驱动因素和环保关注度指标。其中，规模因素在本节是指企业年末资产（此处进行了取对数处理）；创新驱动因素包括：教育投资、研发投资；环保关注度指标包括环境保护投资。其中教育投资率是指人工成本中教育培训经费；研发投资率是指钢铁企业研发经费。此处 4 个外部影响因素指标的数据来自《冶金大中型企业财务年报汇编》《中国钢铁工业环境保护统计》《中国钢铁工业统计年报》。

根据表 3-5 的结果可以得出，本研究采用 Tobit 模型对运用 Tobit 模型对环境变量的影响进行剔除对于研究我国钢铁企业全要素能源效率是必要的。教育投资和研发投资对这 6 个松弛变量（综合总能耗松弛量、总耗新水松弛量、职工人数松弛量、固定资产净值松弛量、废渣综合量和废气综合量）均呈现负向影响；规模因素和环保关注度 2 个变量对这 6 个松弛量的影响均为正。不难发现，我们发现 6 类投入松弛变量中，本章提及的 4 个环境变量的影响是十分显著的，并且大部分通过显著性检验，说明环境因素对于我国钢铁企业投入冗余具有显著性影响。当拟合系数为负说明外部影响因素的增加会提高全要素生产率，对应地，当拟合系数为正时说明外部影响因素的增加可能降低全要素生产率。第二阶段的 Tobit 检验结果中环境关注度虽然表现显著但是其拟合系数为正，与预期有一定差距，但是环境关注度在 6 个被解释变量中的拟合系数较小，影响不太明显。这也同时说明，目前我国钢铁企业对环境保护资金使用率有待提升，环境保护投资在环保执行过程中落实力度不尽如人意，从而导致虽然环境保护投资有所增加但并没有起到节约能源、降低环境污染以及提高全要素能源效率的作用。所以，样本钢铁企业应对环境保护投资的使用过程加强监督，并建立健全环境保护监督机制；与此同时，建立稳定的环境保护应用体系，保证通过提高样本钢铁企业的全要素能源效率的同时，实现环境保护和节约能源的双重目标。

表3-5　Tobit模型回归结果

外部影响因素	规模因素1	教育投资2	研发投资3	环保关注度指标4
综合总能耗的松弛量拟合系数	0.103 788*	-0.380 063	-0.000 479*	0.003 419 7*
总耗新水松弛量拟合系数	1.079 207*	-0.311 216 6*	-0.004 343 2**	0.033 313 6**
职工人数松弛量拟合系数	-0.000 064 9*	-0.001 115 3*	-0.000 011 6*	0.000 433 5**
固定资产净值松弛量拟合系数	0.082 903**	-0.020 708 7*	-0.000 39	0.001 812**
废气拟合系数	8.020 555*	-2.295 069**	-0.038 006	0.225 5**
废渣拟合系数	0.315 977 9*	-0.112 201 7*	-0.001 119*	0.008 357 2**

注：$*p<0.05$，$**p<0.01$。

通过第二阶段应用Tobit模型进行回归分析并对参数进行估计，第三阶段去除外生不可控的外生环境因素对全要素能源效率的影响，调整投入产出指标，根据公式（3-7）对样本钢铁企业的最初的投入变量进行调节。

在最后一个阶段，主要是根据调整后的投入产出变量再次运用第一阶段的方法（SBM-DEA模型）重新对样本钢铁企业的全要素能源效率、全要素技术效率和全要素规模效率进行测算。测算结果详见表3-6。

通过表3-3和表3-5的对比分析可知，在样本钢铁企业的循环经济视角下的全要素能源效率，未对外部环境因素的影响剔除时，本章研究的样本企业整体的全要素能源效率为$CE_a=0.535\,3$；而通过第二阶段将外部环境因素的影响剔除后，本章研究的样本钢铁企业的全要素能源效率为$CE_a=0.468\,9$，下降12.40%。由此可见，将外部环境因素从评价能源效率中删除是势在必行的，这将使得结果更具客观性。

表3-6 第四阶段调整后的SBM-DEA模型测算结果

地区	企业	能源效率	技术效率	规模效率	区域效率均值
东部地区	首钢	1	1	1	
	新兴	1	1	1	
	天钢	1	1	1	
	天铁	0.357 911	0.466 448	0.767 312	
	唐钢	1	1	1	
	邯钢	0.348 016	0.360 783	0.964 614	
	宣钢	0.052 15	0.289 084	0.180 397	
	承钢	0.251 064	0.351 848	0.713 559	
	津西	0.390 161	0.562 526	0.693 587	ECE_a=0.595 4
	国丰	1	1	1	
	济钢	1	1	1	ETE_a =0.773 8
	莱钢	0.069 648	0.085 79	0.811 844	
	青钢	0.009 02	0.359 305	0.025 104	ESE_a =0.729 3
	宝钢	1	1	1	
	南京钢铁	0.669 389	1	0.669 389	
	沙钢	1	1	1	
	苏钢	0.056 735	1	0.056 735	
	杭钢	1	1	1	
	三钢	0.241 236	1	0.241 236	
	韶钢	0.462 273	1	0.462 273	
中部地区	马钢	0.300 4	0.330 125	0.909 957	
	新余	0.450 934	0.495 854	0.909 408	
	萍钢	0.173 752	0.284 312	0.611 131	
	武钢	0.170 741	1	0.170 741	
	新冶钢	1	1	1	MCE_a=0.527 2
	鄂钢	0.332 414	0.726 305	0.457 678	
	湘钢	0.175 198	0.253 342	0.691 547	MTE_a =0.709 0
	涟钢	1	1	1	
	长治	0.363 326	1	0.363 326	MSE_a =0.747 7
	太钢	1	1	1	
	安阳	0.359 336	0.418 618	0.858 385	
	济源	1	1	1	

续 表

地区	企业	能源效率	技术效率	规模效率	区域效率均值
西部地区	柳钢	0.325 011	0.327 938	0.991 072	WCE$_a$=0.273 2 WTE$_a$=0.526 9 WSE$_a$=0.534 1
	攀钢	0.432 592	0.490 286	0.882 325	
	重钢	0.012 634	0.242 131	0.052 177	
	水城钢铁	0.669 089	1	0.669 089	
	昆钢	0.249 395	0.371 366	0.671 562	
	陕西钢铁	0.155 114	0.300 276	0.516 571	
	包钢	0.004 214	0.010 204	0.412 952	
	酒泉	0.399 641	1	0.399 641	
	八一	0.211 425	1	0.211 425	
东北地区	鞍钢	0.101 984	0.126 318	0.807 362	ENCE$_a$=0.175 6 ENTE$_a$=0.350 8 ENSE$_a$=0.640 9
	本钢	0.015 706	0.015 858	0.990 436	
	凌钢	0.033 916	0.083 364	0.406 848	
	通钢	0.306 522	0.528 421	0.580 071	
	西林	0.419 99	1	0.419 99	
样本钢铁企业	CE$_a$=0.468 9 TE$_a$=0.662 6 SE$_a$=0.686 3				

注释：其中 CE$_a$、TE$_a$ 和 SE$_a$ 分别代表能源效率、技术效率和规模效率的平均值（average），E、M、W、EN 分别代表东部地区、中部地区、西部地区和东北地区。

从样本钢铁企业个体来看，剔除外部环境影响因素之前，全要素能源综合效率排名第一的有宝钢、沙钢、济钢、太钢、新兴、天钢、津西、柳钢、国丰、杭钢、涟钢和攀钢，它们的相对全要素能源效率均为 1。将外部环境影响因素剔除后，全要素能源效率排名第一的钢铁企业有：宝钢、沙钢、首钢、唐钢、济钢、杭钢、新兴、天钢、国丰、新冶钢、涟钢、太钢和济钢。可以发现剔除外部环境因素后，唐钢、首钢和新冶钢替代了之前的津西、柳钢和攀钢，排名上升至第一位。其中，津西的全要素能源效率下降至 0.390 1，下降近 60.99%；柳钢的全要素能源效率下降至 0.325 0，下降近 67.50%；攀钢的全要素能源效率下降至 0.432 6，下降 56.74%。由此可见，外生的环境变量对样本钢铁企业的全要素能源效率的影响十分显著。

二、基于四阶段 SBM-DEA 的钢铁企业全要素能源效率测算结果

根据公式（3-8）的我国样本钢铁企业的全要素能源效率模型对从2009年至2015年的全要素能源效率进行测算，包括投入指标中的综合总能耗的全要素能源效率结果和水资源的全要素能源利用效率结果，从时间动态的角度来探索我国钢铁企业的全要素能源效率变化情况，测算结果详见表3-7和表3-8。

表3-7　2009—2015年我国钢铁企业全要素能源效率测算结果

企业		2009	2010	2011	2012	2013	2014	2015
东部地区	首钢	1.000	0.519	0.226	0.407	0.243	0.626	0.210
	新兴	1.000	0.997	0.730	1.000	0.942	1.000	1.000
	天钢	1.000	1.000	0.789	1.000	1.000	1.000	1.000
	天铁	0.523	1.000	1.000	1.000	1.000	0.284	0.324
	唐钢	0.924	1.000	1.000	1.000	0.533	1.000	0.260
	邯钢	0.825	0.798	0.753	0.808	0.596	0.672	0.191
	宣钢	0.360	0.371	0.265	0.282	0.233	0.229	0.104
	承钢	0.476	0.448	0.277	0.273	0.314	0.230	0.130
	津西	0.482	0.703	1.000	1.000	1.000	1.000	1.000
	国丰	1.000	0.421	0.457	0.285	0.259	0.505	0.204
	济钢	0.436	0.376	0.103	0.306	0.137	1.000	1.000
	莱钢	1.000	0.184	0.204	0.083	0.074	0.034	0.063
	青钢	0.532	0.478	0.417	0.716	1.000	0.042	0.019
	宝钢	1.000	1.000	0.859	1.000	1.000	1.000	1.000
	南京钢铁	0.460	0.766	0.693	0.552	0.513	0.383	0.199
	沙钢	1.000	1.000	1.000	0.042	0.140	0.130	0.146
	苏钢	1.000	0.541	0.668	0.437	0.361	0.310	0.137
	杭钢	1.000	0.762	0.622	0.407	0.405	0.246	1.000
	三钢	0.637	0.652	0.174	0.476	0.383	0.365	0.063
	韶钢	0.404	0.357	0.350	0.254	0.232	0.227	0.114

企业		2009	2010	2011	2012	2013	2014	2015
中部地区	马钢	0.455	0.436	0.413	0.461	0.436	0.396	0.176
	新余	0.654	0.039	0.444	0.292	0.239	0.235	0.109
	萍钢	0.772	0.452	0.568	0.332	0.271	0.260	0.122
	武钢	0.854	1.000	0.344	0.404	0.390	0.271	0.148
	新冶钢	1.000	0.669	0.675	0.521	0.570	0.561	0.290
	鄂钢	0.725	0.416	0.455	0.293	0.271	0.256	0.133
	湘钢	0.426	0.080	0.397	0.310	0.383	0.413	0.173
	涟钢	0.483	0.059	0.307	0.339	0.085	0.071	0.129
	长治	0.863	0.326	0.397	0.250	0.253	0.237	0.138
	太钢	1.000	1.000	1.000	1.000	0.113	1.000	0.679
	安阳	0.450	0.388	0.390	0.217	0.243	0.238	0.114
	济源	1.000	0.519	1.000	1.000	1.000	1.000	0.129
西部地区	柳钢	0.473	0.479	0.399	0.367	0.375	0.760	0.343
	攀钢	0.739	0.800	0.598	0.584	0.233	0.173	0.348
	重钢	0.646	0.657	0.470	0.440	0.274	0.305	0.033
	水钢	0.544	0.446	0.464	0.292	0.287	0.382	0.122
	昆钢	0.482	0.498	0.512	0.331	0.311	0.264	0.127
	陕西钢铁	1.000	1.000	0.470	0.334	0.577	0.310	0.139
	包钢	0.360	0.393	0.052	0.335	0.340	0.135	0.047
	酒泉	0.425	0.661	0.483	0.503	0.615	0.628	0.398
	八一	0.390	0.671	0.438	0.476	0.460	0.449	0.124
东北地区	鞍钢	0.456	0.599	0.465	0.474	0.601	0.343	0.196
	本钢	0.350	0.353	0.276	0.254	0.231	0.225	0.113
	凌钢	0.944	0.043	0.424	0.289	0.245	0.218	0.104
	通钢	0.569	0.558	0.504	0.345	0.295	0.281	0.134
	西林	1.000	0.548	0.648	0.447	0.337	0.435	0.237

数据来源：根据MaxDEA 6.0计算结果作者整理得到。

表3-8　2009—2015年我国钢铁企业水资源全要素能源效率测算结果

企业		2009	2010	2011	2012	2013	2014	2015
东部地区	首钢	1.000	0.550	0.142	0.627	0.235	0.470	0.163
	新兴	1.000	1.000	0.522	1.000	0.930	1.000	1.000
	天钢	1.000	1.000	0.547	1.000	1.000	1.000	1.000
	天铁	0.082	1.000	1.000	1.000	1.000	0.108	0.250
	唐钢	1.000	1.000	1.000	1.000	0.888	1.000	0.327
	邯钢	0.961	0.701	0.407	1.000	0.371	0.177	0.110
	宣钢	0.333	0.345	0.152	0.414	0.191	0.161	0.078
	承钢	0.576	0.490	0.212	0.617	0.163	0.110	0.107
	津西	0.923	0.949	1.000	1.000	1.000	1.000	1.000
	国丰	1.000	0.585	0.401	0.552	0.259	0.324	0.196
	济钢	0.635	0.410	0.074	0.484	0.229	1.000	1.000
	莱钢	1.000	0.334	0.450	0.108	0.040	0.025	0.055
	青钢	0.563	0.499	0.280	1.000	1.000	0.017	0.013
	宝钢	1.000	1.000	0.978	1.000	1.000	1.000	1.000
	南京钢铁	0.494	0.753	0.708	0.728	0.446	0.213	0.136
	沙钢	1.000	1.000	1.000	0.058	0.054	0.066	0.143
	苏钢	1.000	0.228	0.194	0.377	0.291	0.174	0.077
	杭钢	1.000	0.682	0.403	0.721	0.387	0.147	1.000
	三钢	0.396	0.304	0.119	0.425	0.282	0.167	0.051
	韶钢	0.241	0.215	0.312	0.285	0.159	0.128	0.061
中部地区	马钢	0.279	0.279	0.184	0.529	0.320	0.158	0.115
	新余	0.326	0.091	0.210	0.296	0.164	0.128	0.071
	萍钢	0.523	0.322	0.294	0.459	0.274	0.187	0.085
	武钢	0.889	1.000	0.179	0.517	0.307	0.111	0.101
	新冶钢	1.000	0.330	0.345	0.457	0.479	0.254	0.224
	鄂钢	0.223	0.251	0.178	0.333	0.204	0.126	0.109
	湘钢	0.226	0.047	0.285	0.304	0.245	0.155	0.104
	涟钢	0.069	0.028	0.179	0.308	0.057	0.031	0.105
	长治	0.730	0.228	0.312	0.438	0.304	0.228	0.132
	太钢	1.000	1.000	1.000	1.000	0.228	1.000	0.802
	安阳	0.407	0.316	0.242	0.390	0.335	0.214	0.123
	济源	1.000	0.826	1.000	1.000	1.000	1.000	0.277

续　表

企业		2009	2010	2011	2012	2013	2014	2015
西部地区	柳钢	0.520	0.567	0.504	0.867	0.391	0.457	0.302
	攀钢	0.501	0.460	0.116	0.224	0.051	0.018	0.060
	重钢	0.348	0.303	0.110	0.356	0.191	0.152	0.025
	水钢	0.341	0.527	0.325	0.528	0.414	0.414	0.109
	昆钢	0.481	0.491	0.381	0.523	0.379	0.192	0.099
	陕西钢铁	1.000	1.000	1.000	0.551	1.000	0.234	0.244
	包钢	0.249	0.210	0.021	0.320	0.187	0.053	0.022
	酒泉	0.349	0.460	0.206	0.594	0.489	0.263	0.266
	八一	0.058	0.416	0.323	0.517	0.362	0.178	0.093
东北地区	鞍钢	0.431	0.447	0.223	0.574	0.465	0.130	0.131
	本钢	0.360	0.296	0.126	0.291	0.169	0.084	0.059
	凌钢	0.320	0.045	0.360	0.704	0.382	0.176	0.146
	通钢	0.370	0.286	0.324	0.307	0.176	0.098	0.095
	西林	1.000	0.477	0.432	0.831	0.595	0.446	0.163

数据来源：根据MaxDEA 6.0计算结果作者整理得到。

表3-7和表3-8的结果显示，我国钢铁企业从2009年至2015年全要素能源效率处在效率前沿上，效率值为1的企业分别有14家、8家、5家、8家、6家、7家和6家。其中，宝钢、天钢和新兴3家钢铁企业除2010年全要素能源效率不为1，其余6年的全要素能源效率均处在效率前沿上；唐钢、津西和济源3家钢铁企业分别有5年的全要素能源效率为1，处在效率前沿上。通过对2009年至2015年46家钢铁企业的全要素能源效率的平均值进行计算，得到排名前10位的钢铁企业分别为宝钢（0.979 9）、天钢（0.969 9）、新兴（0.952 7）、津西（0.883 5）、太钢（0.827 4）、唐钢（0.816 8）、济源（0.806 8）、天铁（0.739 2）、邯钢（0.663 3）和杭钢（0.634 7）；其中前10名中有8家企业位于东部地区，另外2家企业位于中部地区。排名后5位的钢铁企业分别为宣钢（0.263 4）、本钢（0.257 3）、包钢（0.237 3）、莱钢（0.234 6）和涟钢（0.210 5）；后5名钢铁企业中有2家钢铁企业位于东部地

区，其余3家钢铁企业分别位于中部、西部和东北地区。

　　根据对样本钢铁企业综合总能耗和水资源消耗的全要素能源效率测算后，按照各钢铁企业所分布的地区，作者将2009年至2015年四大地区的全要素能源效率进行测算，所得结果详见图3-1和图3-2。从图3-1和图3-2可以看出东部地区的钢铁企业全要素能源效率高于全国平均水平，从2008年至2014年始终处于首位。2008年至2014年东部地区的综合总能耗方面的全要素能源效率值平均为0.573，与中部（0.445）、西部（0.425）和东北（0.387）地区的差距相对较大，全国平均水平为0.490。2009年至2015年全国水资源方面的全要素能源效率值平均为0.444，东部地区为0.554，远高于中部（0.376）、西部（0.355）和东北（0.329）地区。综合来看，东部地区和中部地区的全要素能源效率相对较高，这与经济整体发展水平有关，与此同时，中东部地区的钢铁工业发展较早，所以其全要素能源效率相对较高。东北地区的钢铁企业的全要素能源效率最低，相对于东部发达地区的钢铁企业其全要素能源效率具有较大的提升空间；其次为西部地区。

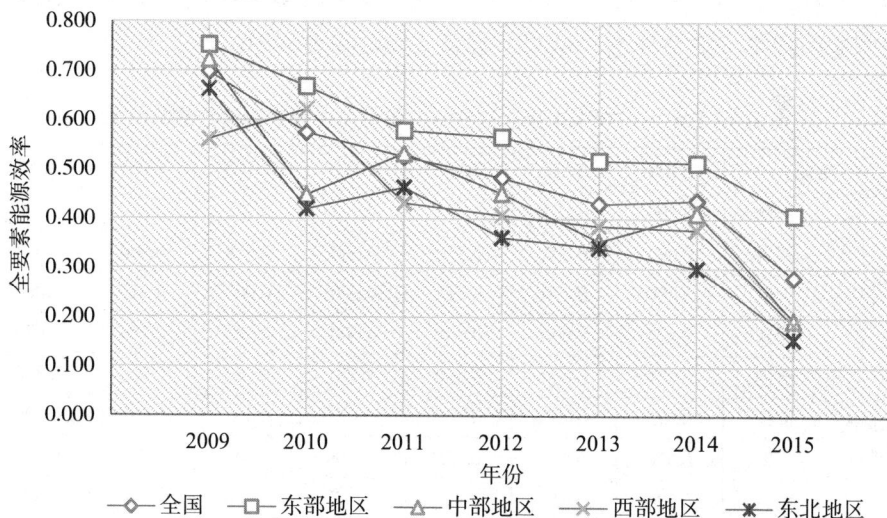

图3-1　2009—2015年四大地区综合总能耗全要素能源效率测算结果图

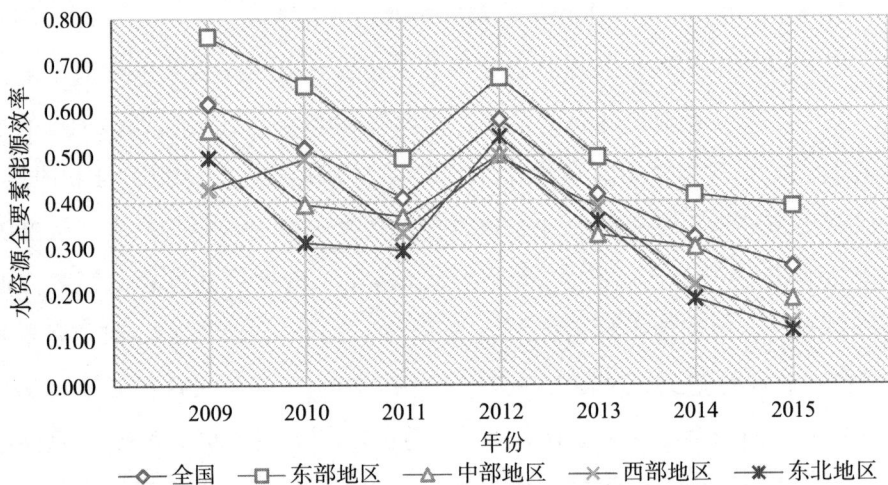

图3-2 2009—2015年四大地区水资源全要素能源效率测算结果图

三、我国钢铁企业的节能减排潜力测算结果

在对我国钢铁企业全要素能源效率测算的基础上，作者对我国钢铁企业的节能能力进行了计算。根据公式（3-9）得到我国钢铁企业综合总能耗和水资源两项指标的节能潜力结果，详见表3-9和表3-10。

表3-9 2009—2015年我国钢铁企业综合总能耗节能潜力测算结果

企业		2009	2010	2011	2012	2013	2014	2015
东部地区	首钢	0.000	0.481	0.774	0.593	0.757	0.374	0.790
	新兴	0.000	0.003	0.270	0.000	0.058	0.000	0.000
	天钢	0.000	0.000	0.211	0.000	0.000	0.000	0.000
	天铁	0.477	0.000	0.000	0.000	0.000	0.716	0.676
	唐钢	0.076	0.000	0.000	0.000	0.467	0.000	0.740
	邯钢	0.175	0.202	0.247	0.192	0.404	0.328	0.809
	宣钢	0.640	0.629	0.735	0.718	0.767	0.771	0.896
	承钢	0.524	0.552	0.723	0.727	0.686	0.770	0.870
	津西	0.518	0.297	0.000	0.000	0.000	0.000	0.000
	国丰	0.000	0.579	0.543	0.715	0.741	0.495	0.796
	济钢	0.564	0.624	0.897	0.694	0.863	0.000	0.000
	莱钢	0.000	0.816	0.796	0.917	0.926	0.966	0.937

企业		2009	2010	2011	2012	2013	2014	2015
东部地区	青钢	0.468	0.522	0.583	0.284	0.000	0.958	0.981
	宝钢	0.000	0.000	0.141	0.000	0.000	0.000	0.000
	南京钢铁	0.540	0.234	0.307	0.448	0.487	0.617	0.801
	沙钢	0.000	0.000	0.000	0.958	0.860	0.870	0.854
	苏钢	0.000	0.459	0.332	0.563	0.639	0.690	0.863
	杭钢	0.000	0.238	0.378	0.593	0.595	0.754	0.000
	三钢	0.363	0.348	0.826	0.524	0.617	0.635	0.937
	韶钢	0.596	0.643	0.650	0.746	0.768	0.773	0.886
中部地区	马钢	0.545	0.564	0.587	0.539	0.564	0.604	0.824
	新余	0.346	0.961	0.556	0.708	0.761	0.765	0.891
	萍钢	0.228	0.548	0.432	0.668	0.729	0.740	0.878
	武钢	0.146	0.000	0.656	0.596	0.610	0.729	0.852
	新冶钢	0.000	0.331	0.325	0.479	0.430	0.439	0.710
	鄂钢	0.275	0.584	0.545	0.707	0.729	0.744	0.867
	湘钢	0.574	0.920	0.603	0.690	0.617	0.587	0.827
	涟钢	0.517	0.941	0.693	0.661	0.915	0.929	0.871
	长治	0.137	0.674	0.603	0.750	0.747	0.763	0.862
	太钢	0.000	0.000	0.000	0.000	0.887	0.000	0.321
	安阳	0.550	0.612	0.610	0.783	0.757	0.762	0.886
	济源	0.000	0.481	0.000	0.000	0.000	0.000	0.871
西部地区	柳钢	0.527	0.521	0.601	0.633	0.625	0.240	0.657
	攀钢	0.261	0.200	0.402	0.416	0.767	0.827	0.652
	重钢	0.354	0.343	0.530	0.560	0.726	0.695	0.967
	水钢	0.456	0.554	0.536	0.708	0.713	0.618	0.878
	昆钢	0.518	0.502	0.488	0.669	0.689	0.736	0.873
	陕西钢铁	0.000	0.000	0.530	0.666	0.423	0.690	0.861
	包钢	0.640	0.607	0.948	0.665	0.660	0.865	0.953
	酒泉	0.575	0.339	0.517	0.497	0.385	0.372	0.602
	八一	0.610	0.329	0.562	0.524	0.540	0.551	0.876

续　表

	企业	2009	2010	2011	2012	2013	2014	2015
东北地区	鞍钢	0.544	0.401	0.535	0.526	0.399	0.657	0.804
	本钢	0.650	0.647	0.724	0.746	0.769	0.775	0.887
	凌钢	0.056	0.957	0.576	0.711	0.755	0.782	0.896
	通钢	0.431	0.442	0.496	0.655	0.705	0.719	0.866
	西林	0.000	0.452	0.352	0.553	0.663	0.565	0.763

数据来源：根据MaxDEA 6.0计算结果作者整理得到。

根据表3-9和表3-10的节能潜力测算结果，我们可以看出各钢铁企业的节能潜力差异较大，其中处在全要素能源效率前沿上的钢铁企业的节能潜力为零，如宝钢、新兴和唐钢等。通过对2009年至2015年46家钢铁企业的综合总能耗的节能情况进行计算，得到排名前10位的钢铁企业分别为湘钢（0.688）、承钢（0.693）、安阳（0.709）、新余（0.712）、韶钢（0.723）、宣钢（0.737）、本钢（0.743）、包钢（0.763）、莱钢（0.765）和涟钢（0.789）。其中前10名中东部地区的企业有4家；另外4家企业位于中部地区；然而，西部地区和东北地区分别有1家。排名后5位的钢铁企业分别为宝钢（0.020）、天钢（0.030）、新兴（0.047）、津西（0.116）和太钢（0.173）；后5名钢铁企业中有4家钢铁企业位于东部地区，1家钢铁企业位于中部地区。

表3-10　2009—2015年我国钢铁企业水资源节能潜力测算结果

	企业	2009	2010	2011	2012	2013	2014	2015
东部地区	首钢	0.000	0.450	0.858	0.373	0.765	0.530	0.837
	新兴	0.000	0.000	0.478	0.000	0.070	0.000	0.000
	天钢	0.000	0.000	0.453	0.000	0.000	0.000	0.000
	天铁	0.918	0.000	0.000	0.000	0.000	0.892	0.750
	唐钢	0.000	0.000	0.000	0.000	0.112	0.000	0.673
	邯钢	0.039	0.299	0.593	0.000	0.629	0.823	0.890
	宣钢	0.667	0.655	0.848	0.586	0.809	0.839	0.922
	承钢	0.424	0.510	0.788	0.383	0.837	0.890	0.893
	津西	0.077	0.051	0.000	0.000	0.000	0.000	0.000

续 表

企业		2009	2010	2011	2012	2013	2014	2015
东部地区	国丰	0.000	0.415	0.599	0.448	0.741	0.676	0.804
	济钢	0.365	0.590	0.926	0.516	0.771	0.000	0.000
	莱钢	0.000	0.666	0.550	0.892	0.960	0.975	0.945
	青钢	0.437	0.501	0.720	0.000	0.000	0.983	0.987
	宝钢	0.000	0.000	0.022	0.000	0.000	0.000	0.000
	南京钢铁	0.506	0.247	0.292	0.272	0.554	0.787	0.864
	沙钢	0.000	0.000	0.000	0.942	0.946	0.934	0.857
	苏钢	0.000	0.772	0.806	0.623	0.709	0.826	0.923
	杭钢	0.000	0.318	0.597	0.279	0.613	0.853	0.000
	三钢	0.604	0.696	0.881	0.575	0.718	0.833	0.949
	韶钢	0.759	0.785	0.688	0.715	0.841	0.872	0.939
中部地区	马钢	0.721	0.721	0.816	0.471	0.680	0.842	0.885
	新余	0.674	0.909	0.790	0.704	0.836	0.872	0.929
	萍钢	0.477	0.678	0.706	0.541	0.726	0.813	0.915
	武钢	0.111	0.000	0.821	0.483	0.693	0.889	0.899
	新冶钢	0.000	0.670	0.655	0.543	0.521	0.746	0.776
	鄂钢	0.777	0.749	0.822	0.667	0.796	0.874	0.891
	湘钢	0.774	0.953	0.715	0.696	0.755	0.845	0.896
	涟钢	0.931	0.972	0.821	0.692	0.943	0.969	0.895
	长治	0.270	0.772	0.688	0.562	0.696	0.772	0.868
	太钢	0.000	0.000	0.000	0.000	0.772	0.000	0.198
	安阳	0.593	0.684	0.758	0.610	0.665	0.786	0.877
	济源	0.000	0.174	0.000	0.000	0.000	0.000	0.723
西部地区	柳钢	0.480	0.433	0.496	0.133	0.609	0.543	0.698
	攀钢	0.499	0.540	0.884	0.776	0.949	0.982	0.940
	重钢	0.652	0.697	0.890	0.644	0.809	0.848	0.975
	水钢	0.659	0.473	0.675	0.472	0.586	0.586	0.891
	昆钢	0.519	0.509	0.619	0.477	0.621	0.808	0.901
	陕西钢铁	0.000	0.000	0.000	0.449	0.000	0.766	0.756
	包钢	0.751	0.790	0.979	0.680	0.813	0.947	0.978
	酒泉	0.651	0.540	0.794	0.406	0.511	0.737	0.734
	八一	0.942	0.584	0.677	0.483	0.638	0.822	0.907

企业		2009	2010	2011	2012	2013	2014	2015
东北地区	鞍钢	0.569	0.553	0.777	0.426	0.535	0.870	0.869
	本钢	0.640	0.704	0.874	0.709	0.831	0.916	0.941
	凌钢	0.680	0.955	0.640	0.296	0.618	0.824	0.854
	通钢	0.630	0.714	0.676	0.693	0.824	0.902	0.905
	西林	0.000	0.523	0.568	0.169	0.405	0.554	0.837

根据对样本钢铁企业综合总能耗和水资源消耗的全要素能源效率测算的结果，按照各钢铁企业所分布的地区，作者将2009年至2015年四大地区的节能潜力进行测算，所得结果详见图3-3和图3-4。从图3-3和图3-4可以看出，东北地区的钢铁企业全要素能源效率节能的潜力最大，高于全国平均水平，从2009年至2015年始终处于首位。2009年至2015年全国的综合总能耗方面的节能潜力平均为0.510，东北地区的节能潜力（0.613）相比于东部（0.427）、中部（0.555）和西部（0.575）节能潜力更大。2009年至2015年全国水资源方面的平均节能潜力为0.556，东北地区为0.671，远高于东部（0.446）、中部（0.624）和西部（0.645）。综合来看，全要素能源效率相对较低的东北地区的节能潜力最大，其次为西部地区，值得重点关注和监控。从综合总能耗节能潜力动态变化趋势来看，在样本测算期内，全国四大地区的综合总能耗节能潜力不降反升；从水资源节能潜力动态变化趋势来看，在样本测算期内，全国四大地区的水资源节能潜力波动性增长，作者认为这种情况的出现与我国钢铁产量的逐年提高存在一定关系。总体来看，我国各钢铁企业的节能潜力差异较大，东北地区和西部地区对全国钢铁企业的节能潜力拉动力较强，是需要进一步关注与监控的重点。

通过对我国钢铁企业全要素能源效率的测算，本章对我国钢铁企业的减排能力进行了计算。根据公式（3-10）得到我国钢铁企业废气和废渣两项指标的减排潜力结果，详见表3-11和表3-13。

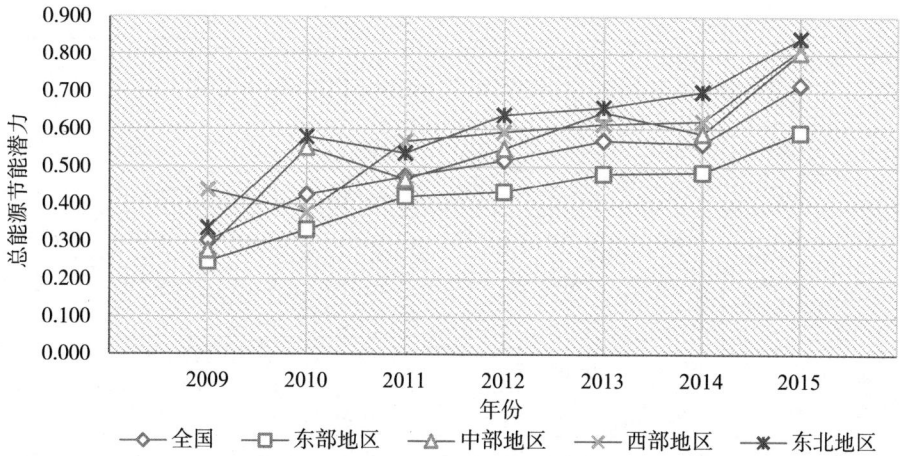

图3-3　2009—2015年四大地区综合总能耗节能潜力测算结果图

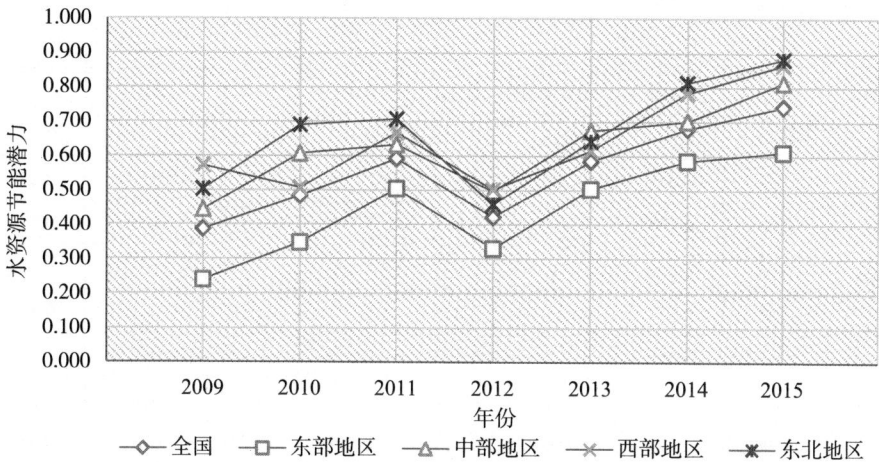

图3-4　2009—2015年四大地区水资源节能潜力测算结果图

表3-11　2009—2015年我国钢铁企业废气减排潜力测算结果

企业		2009	2010	2011	2012	2013	2014	2015
东部地区	首钢	0.000	0.767	0.911	0.525	0.867	0.627	0.732
	新兴	0.000	0.583	0.684	0.000	0.420	0.000	0.000
	天钢	0.000	0.000	0.275	0.000	0.000	0.000	0.000
	天铁	0.588	0.000	0.000	0.000	0.000	0.826	0.654
	唐钢	0.556	0.000	0.000	0.000	0.289	0.000	0.139
	邯钢	0.697	0.820	0.839	0.542	0.834	0.775	0.743

企业		2009	2010	2011	2012	2013	2014	2015
东部地区	宣钢	0.381	0.767	0.863	0.572	0.849	0.866	0.893
	承钢	0.372	0.707	0.763	0.577	0.791	0.715	0.790
	津西	0.042	0.538	0.000	0.000	0.000	0.000	0.000
	国丰	0.000	0.771	0.826	0.765	0.869	0.582	0.785
	济钢	0.216	0.615	0.918	0.360	0.728	0.000	0.000
	莱钢	0.000	0.325	0.000	0.724	0.920	0.917	0.770
	青钢	0.131	0.764	0.745	0.164	0.000	0.966	0.976
	宝钢	0.000	0.000	0.017	0.000	0.000	0.000	0.000
	南京钢铁	0.200	0.410	0.484	0.000	0.499	0.513	0.551
	沙钢	0.000	0.000	0.000	0.905	0.878	0.824	0.545
	苏钢	0.000	0.845	0.754	0.457	0.741	0.822	0.796
	杭钢	0.000	0.482	0.380	0.350	0.713	0.802	0.000
	三钢	0.184	0.640	0.920	0.000	0.574	0.457	0.842
	韶钢	0.379	0.713	0.742	0.445	0.740	0.768	0.788
中部地区	马钢	0.664	0.752	0.776	0.224	0.744	0.671	0.805
	新余	0.655	0.982	0.681	0.574	0.841	0.834	0.856
	萍钢	0.620	0.819	0.595	0.492	0.794	0.779	0.788
	武钢	0.552	0.000	0.828	0.377	0.747	0.737	0.817
	新冶钢	0.000	0.886	0.895	0.748	0.613	0.575	0.558
	鄂钢	0.137	0.825	0.734	0.455	0.852	0.863	0.887
	湘钢	0.428	0.958	0.811	0.572	0.799	0.768	0.867
	涟钢	0.693	0.985	0.898	0.647	0.960	0.957	0.866
	长治	0.000	0.772	0.653	0.543	0.789	0.798	0.780
	太钢	0.000	0.000	0.000	0.000	0.902	0.000	0.000
	安阳	0.363	0.726	0.591	0.490	0.767	0.804	0.769
	济源	0.000	0.566	0.000	0.000	0.000	0.000	0.564
西部地区	柳钢	0.252	0.669	0.666	0.301	0.570	0.013	0.315
	攀钢	0.828	0.875	0.875	0.589	0.937	0.946	0.820
	重钢	0.304	0.746	0.862	0.428	0.677	0.322	0.935
	水钢	0.536	0.853	0.767	0.652	0.876	0.803	0.879

续　表

企业		2009	2010	2011	2012	2013	2014	2015
西部地区	昆钢	0.000	0.478	0.518	0.503	0.837	0.761	0.859
	陕西钢铁	0.000	0.000	0.775	0.805	0.843	0.890	0.880
	包钢	0.869	0.918	0.987	0.724	0.894	0.961	0.968
	酒泉	0.062	0.451	0.697	0.209	0.682	0.661	0.621
	八一	0.426	0.476	0.644	0.000	0.559	0.511	0.805
东北地区	鞍钢	0.812	0.811	0.853	0.542	0.667	0.786	0.712
	本钢	0.744	0.846	0.888	0.764	0.910	0.894	0.909
	凌钢	0.000	0.983	0.724	0.593	0.850	0.813	0.859
	通钢	0.362	0.736	0.789	0.582	0.862	0.827	0.873
	西林	0.000	0.774	0.574	0.457	0.797	0.754	0.818

数据来源：根据MaxDEA 6.0计算结果作者整理得到。

根据表3-11的2009—2015年平均废气减排潜力测算结果，发现样本钢铁企业的废气减排潜力差异较大，所以本章将减排潜力划分为3个区间，即高减排潜力组［1.000，0.600）、中等减排潜力组［0.600，0.300）、低减排潜力组［0.300，0.000］，根据本章所划分的区间可得到如表3-12所示的废气减排潜力企业分组情况。根据表3-12的平均废气减排潜力分组情况，可以看出样本钢铁企业中24家钢铁企业分布在高减排潜力组，14家钢铁企业分布在中等减排潜力组，8家钢铁企业分布在低减排潜力组。全要素能源效率较高的宝钢、津西、天钢、新兴和天铁等钢铁企业主要分布在低减排潜力组；然而，包钢、本钢、宣钢等低全要素能源效率的钢铁企业则主要分布在高减排潜力组，说明这些钢铁企业是我国钢铁产业整体节能减排的重点关注企业，需要充分挖掘这些企业的减排潜力，调整要素配置结构和能源结构，减少生产过程中的废气排放量。

从各地区钢铁企业分布2009—2015年平均废气减排潜力测算结果（见图3-5），东北地区的钢铁企业的减排潜力最大，在全国钢铁产业废气减排能力中扮演着非常重要的角色，亟须对这些钢铁企业的废气减排潜力进行充分挖掘；其次为西部地区的钢铁企业废气减排潜力，均高于样本整体废气减排潜力。

表3-12　2009—2015年我国钢铁企业平均废气减排潜力分组情况

分组区间	企业集合
高减排潜力组 [1.000，0.600)	包钢、涟钢、本钢、攀钢、新余、水钢、邯钢、湘钢、宣钢、鞍钢、通钢、萍钢、凌钢、鄂钢、承钢、马钢、国丰、韶钢、安阳、莱钢、苏钢、长治、新冶钢、重钢
中等减排潜力组 [0.600，0.300)	陕西钢铁、西林、武钢、昆钢、青钢、首钢、三钢、八一、酒泉、沙钢、济钢、柳钢、杭钢、南京钢铁
低减排潜力组 [0.300，0.000]	天铁、新兴、济源、唐钢、太钢、津西、天钢、宝钢

数据来源：根据MaxDEA 6.0计算结果作者整理得到。

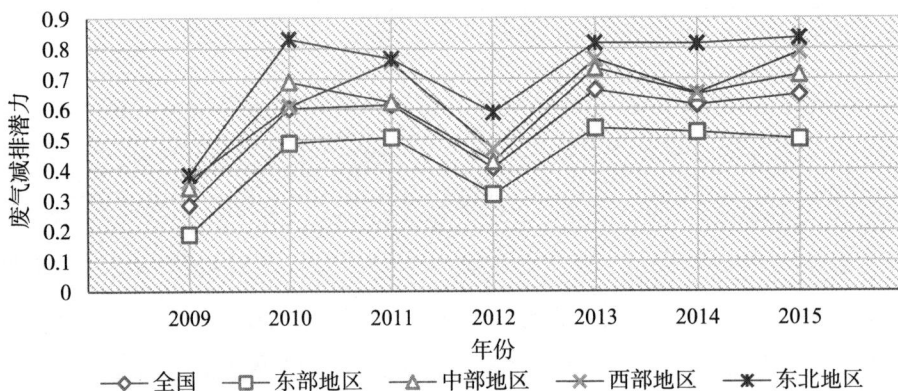

图3-5　2009—2015年四大地区废气减排潜力测算结果图

根据表3-13的2009—2015年平均废渣减排潜力测算结果，发现样本钢铁企业的废渣减排潜力差异较明显，所以本文将减排潜力划分为3个区间，即高减排潜力组［1.000，0.600）、中等减排潜力组［0.600，0.300）、低减排潜力组［0.300，0.000］，根据本文所划分的区间可得到如表3-14所示的废渣减排潜力企业分组情况。根据表3-14的平均废渣减排潜力分组情况，可以看出样本钢铁企业中18家钢铁企业分布在高减排潜力组，20家钢铁企业分布在中等减排潜力组，8家钢铁企业分布在低减排潜力组。从表3-14不难发现，处于废渣低减排潜力组的8家钢铁企业在废气减排潜力组中也处于低水平，它们是全要素能源效率较高的宝钢、津西、天钢、新兴和天铁等钢铁企业；然而，废渣高减排潜力组和中等减排潜力组的企业与废气高减排潜力组和中等减排潜力组的企业有部分调整，但是包钢、本钢、攀钢和新余等低全要素能源效率的钢铁企业仍然主要分布在高减排潜力组，说明这些钢铁企业是我国钢铁产业整体节能减排的重点关注企业，不论是废气排放潜力还是废渣排放潜力都亟须充分挖掘，调整要素配置结构和能源结构，减少生产过程中的废渣排放量。

从各地区钢铁企业2009年至2015年平均废渣减排潜力测算结果（见图3-6），东北地区的钢铁企业的废渣减排潜力最大（0.658），其次为西部地区（0.656）对全国钢铁产业废渣减排潜力具有拉动作用，亟须对东北和西部的钢铁企业的废渣减排潜力充分地挖掘，东北地区和西部地区的废渣减排潜力均高于样本整体废气减排潜力。东部地区的样本钢铁企业废渣减排潜力最小。

表3-13　2009—2015年我国钢铁企业废渣减排潜力测算结果

企业		2009	2010	2011	2012	2013	2014	2015
东部地区	首钢	0.000	0.420	0.741	0.641	0.794	0.403	0.799
	新兴	0.000	0.037	0.127	0.000	0.034	0.000	0.000
	天钢	0.000	0.000	0.124	0.000	0.000	0.000	0.000
	天铁	0.427	0.000	0.000	0.000	0.000	0.676	0.608
	唐钢	0.289	0.000	0.000	0.000	0.018	0.000	0.441
	邯钢	0.071	0.225	0.190	0.000	0.634	0.722	0.782
	宣钢	0.755	0.746	0.714	0.737	0.787	0.791	0.909
	承钢	0.620	0.610	0.719	0.752	0.742	0.753	0.884
	津西	0.508	0.497	0.000	0.000	0.000	0.000	0.000
	国丰	0.000	0.579	0.478	0.668	0.734	0.534	0.698
	济钢	0.541	0.625	0.885	0.716	0.877	0.000	0.000
	莱钢	0.000	0.506	0.393	0.919	0.963	0.958	0.936
	青钢	0.517	0.612	0.614	0.313	0.000	0.961	0.984
	宝钢	0.000	0.000	0.033	0.000	0.000	0.000	0.000
	南京钢铁	0.485	0.219	0.316	0.481	0.547	0.470	0.817

续　表

企业		2009	2010	2011	2012	2013	2014	2015
东部地区	沙钢	0.000	0.000	0.000	0.950	0.886	0.871	0.676
	苏钢	0.000	0.586	0.262	0.476	0.598	0.643	0.869
	杭钢	0.000	0.450	0.458	0.596	0.649	0.778	0.000
	三钢	0.235	0.237	0.805	0.439	0.595	0.498	0.935
	韶钢	0.769	0.769	0.814	0.729	0.765	0.738	0.875
中部地区	马钢	0.787	0.774	0.742	0.751	0.806	0.781	0.915
	新余	0.610	0.975	0.688	0.774	0.839	0.838	0.929
	萍钢	0.133	0.602	0.417	0.699	0.774	0.777	0.897
	武钢	0.414	0.000	0.797	0.638	0.675	0.689	0.893
	新冶钢	0.000	0.345	0.410	0.432	0.540	0.353	0.765
	鄂钢	0.079	0.556	0.443	0.644	0.714	0.734	0.887
	湘钢	0.526	0.918	0.665	0.688	0.669	0.571	0.849
	涟钢	0.553	0.955	0.760	0.678	0.932	0.923	0.881
	长治	0.000	0.638	0.442	0.703	0.751	0.746	0.856
	太钢	0.000	0.000	0.000	0.000	0.917	0.000	0.440
	安阳	0.549	0.594	0.518	0.768	0.782	0.727	0.883
	济源	0.000	0.535	0.000	0.000	0.000	0.000	0.887
西部地区	柳钢	0.569	0.508	0.660	0.687	0.634	0.351	0.504
	攀钢	0.852	0.845	0.871	0.893	0.970	0.974	0.960
	重钢	0.442	0.419	0.497	0.544	0.772	0.686	0.977
	水钢	0.428	0.603	0.536	0.688	0.756	0.682	0.887
	昆钢	0.532	0.486	0.670	0.807	0.830	0.752	0.925
	陕西钢铁	0.000	0.000	0.524	0.585	0.448	0.743	0.903
	包钢	0.888	0.862	0.977	0.852	0.885	0.946	0.977
	酒泉	0.661	0.514	0.566	0.517	0.471	0.276	0.638
	八一	0.438	0.244	0.597	0.540	0.602	0.557	0.896
东北地区	鞍钢	0.604	0.384	0.457	0.555	0.465	0.633	0.828
	本钢	0.908	0.894	0.898	0.893	0.917	0.896	0.960
	凌钢	0.575	0.982	0.777	0.862	0.901	0.867	0.954
	通钢	0.353	0.505	0.547	0.632	0.716	0.669	0.862
	西林	0.000	0.327	0.208	0.534	0.532	0.241	0.703

数据来源：根据MaxDEA 6.0计算结果作者整理得到。

综合本节对我国样本钢铁企业的综合总能耗节能潜力、水资源节能潜力、废气减排潜力和废渣减排潜力的总体效果来看，各钢铁企业的差异较为明显。而且从各钢铁分布的区间其自身数据来看大部分需要在节能减排上做苦工。在水资源的节能潜力方面，虽然我国吨钢新水用量从2009年到2015年呈现下降的趋势，工业用水重复利用率也在不断提高，但是由于我国钢铁产量在逐年攀升，加之钢铁生产设备及先进技术的研发和投入全面使用的时间滞后性，我国钢铁产业水资源消耗还在加大，各钢铁企业的水资源节能潜力还有很大的提升空间。废气排放潜力和废渣排放潜力的测算结果显示全要素能源效率较低的企业在废气和废渣减排方面应该被重点关注，具有较大的下降空间。从分布的区域看，节能潜力和减排潜力较大的钢铁企业主要分布在东北地区和西部地区，这是未来在节能减排工作中需要重点关注和管控的企业。

表3-14　2009—2015年我国钢铁企业平均废渣减排潜力分组情况

分组区间	企业集合
高减排潜力组 ［1.000，0.600）	包钢、本钢、攀钢、凌钢、涟钢、新余、马钢、韶钢、宣钢、承钢、昆钢、湘钢、安阳、莱钢、水钢、重钢、萍钢、通钢
中等减排潜力组 ［0.600，0.300）	长治、武钢、鄂钢、青钢、鞍钢、柳钢、八一、首钢、三钢、国丰、济钢、酒泉、苏钢、沙钢、南京钢铁、陕西钢铁、杭钢、新冶钢、邯钢、西林
低减排潜力组 ［0.300，0.000］	天铁、济源、太钢、津西、唐钢、新兴、天钢、宝钢

数据来源：根据MaxDEA 6.0计算结果作者整理得到。

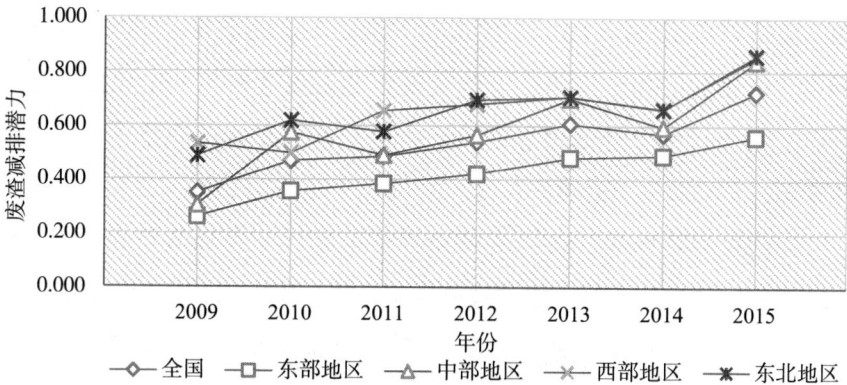

图3-6　2009—2015年四大地区废渣减排潜力测算结果图

本章小结

本章是全书的重点章节之一。首先，阐述了现有探究全要素能源效率的研究方法。其次，在现有研究方法的基础上提出了四阶段SBM-DEA模型对循环经济背景下的我国钢铁企业全要素能源效率进行测算，将综合总能耗、总耗新水、废渣和废气纳入模型之中，构建了含有能源和资源消耗及污染物排放的非合意产出的四阶段SBM-DEA模型。最后，应用这个模型对我国46家大中型钢铁企业从2009年至2015年期间的全要素能源效率进行测算；并在此基础上测算了样本钢铁企业的节能潜力和减排潜力。通过研究得到主要结论如下：

（1）第一阶段的SBM-DEA模型测算得到的我国钢铁企业全要素能源效率表现出了阶梯性的特征，从东部地区依次递减至东北地区。但第一阶段SBM-DEA模型对能源效率进行评价的结果可以得到投入产出指标的松弛变量，此处的松弛变量表示决策单元实际的投入量与最有效率下的投入量之间的差距，这个差距可能受到外部环境因素等随机因素的影响。为了消除外部随机因素对评测结果的影响，第二阶段运用Tobit回归模型对第一阶段的SBM-DEA模型结果中的投入松弛变量和外生环境影响因素之间的关系进行拟合。结果显示环保关注度指标对全要素能源效率的影响显著。第三阶段去除外生不可控的环境因素对全要素能源效率的影响，调整投入产出指标。第四阶段重新运用SBM-DEA模型对样本钢铁企业的全要素能源综合效率进行测算，调整后的样本钢铁企业的全要素能源效率较第一阶段的结果下降12.40%。另外，剔除外部因素影响后唐钢、首钢和新冶钢替代了津西、柳钢和攀钢，相对效率上升至第一位。

（2）通过测算样本钢铁企业从2009年至2015年全要素能源效率，发现东部地区的钢铁企业全要素能源效率高于全国平均水平，且总体始终处于测算期间的首位，且四大区域（东部、中部、西部、东北）全要素能源效率差距较大。

（3）节能减排潜力测算结果表明各钢铁企业节能潜力差异较大，其中宝钢、唐钢和新兴等钢企表现最佳。从地区分布来看，东北部地区的钢铁企业节能潜力最大，其次为西部地区，值得重点关注和监控。根据减排结果划分减排区间，发现包钢、本钢、宣钢等低全要素能源效率值的钢企减排潜力巨大，需要充分挖掘，调整其要素配置结构和能源结构，减少生产过程中的废气排放量。从分布地区来看，减排潜力处于高减排潜力组的钢铁企业主要分布在东北和西部地区。废渣测算结果与废气结果相似，对东北和西部地区的钢铁企业废气废渣的监控和调整是钢铁企业减排的突破口和着眼点。

第四章 >>>

基于循环经济的我国钢铁企业综合能源
效率分析

第三章运用拓展的四阶段SBM-DEA方法对我国钢铁企业全要素能源效率进行了测算,虽然弥补了单要素能源效率测算的诸多弊端,但是四阶段SBM-DEA方法测算的全要素能源效率是相对效率,这就不可避免地存在一些缺陷,虽然其中部分钢铁企业的全要素能源效率达到了有效的水平,但是也不能说明这些相对有效的企业的能源效率再没有提升的可能。基于此种考虑,构建钢铁企业能源效率的评价指标体系,综合了全要素能源效率评价方法的全面性的同时又能游刃于单要素能源效率评价方法的便利性,综合考虑循环经济以及钢铁企业自身实际情况进行评价,得出的能源效率更具有信服力。

本章首先对我国钢铁企业循环经济发展的驱动因素进行分析;然后根据我国钢铁企业发展自身实际情况基于循环经济的驱动因素构建综合能源效率评价系统,包括能源驱动指标、创新驱动指标、循环驱动指标和经济驱动指标;最后,通过本文构架的综合能源效率评价系统评价我国钢铁工业的微观主体钢铁企业的综合能源效率情况。

第一节 我国钢铁企业循环经济能源效率驱动因素分析

一、能源驱动因素

钢铁企业的运行发展需要综合利用各种资源和能源,这是其生存和发展的基础。循环经济的发展,其中最重要的一项原则即"减量化",减少能源和资源消耗是其实现循环经济的关键。然而,钢铁产品的高速增长引领着能源消耗的快速增加。《中国统计年鉴》和《中国能源统计年鉴》中的数据均显示我国钢铁工业粗钢产量从2003年至2014年以平均9%的速度增长,而能源消耗则以约12%的平均增长率攀升。2003年我国粗钢产量首次突破2亿吨;2008年我国粗钢产量首次突破5亿吨;2014年我国粗钢产量达到8.2亿吨,2015年和2016年出现了我国改革开放以来粗钢产量的首次下降,这两年的粗钢产量均为8亿吨；随后，我国粗钢产量再次拉升，连创历史新高。2017年我国粗钢产量8.7亿吨，再创历史新高；2018年为9.3亿吨，2019年为9.95亿吨，直逼10亿吨大关，而全球粗钢产量为18.7亿吨，我国占据了一半以上的份额。2020年，中国粗钢产量突破10亿吨"天量"大关，分别相当于美国和日本粗钢产量的11倍和10倍。

从"十一五"至"十二五"期间，我国钢铁企业的能源消耗呈现持续攀升的态势。"十三五"规划提出了"创新、协调、绿色、开放、共享"的新发展理念，钢铁企业亦应遵循新常态的发展模式。钢铁工业摘掉"高能耗"的帽子，实现"绿色钢铁"的发展理念是"十四五"期间的重要目标。"十四五"期间我国钢铁工业发展的基础是"五新"，即规模优势得到新提升，结构调整取得新进展，创新能力迈上新台阶，绿色转型呈现新面貌和智能创造达到新水平。其中，绿色转型从"十一五"至"十四五"期间一直是钢铁工业发展过程中持续的关注点。钢铁工业是我国重点行业，能源消耗总量、碳排放总量控制取得了阶段性的成果，钢铁行业吨钢综合能耗降低2%。重点行业单位产值污染物排放强度、总量实现双双下降，新建项目满足超低排放标准。但不容置疑的是，钢铁工业"十四五"期间要在诸多生产工序和过程中提高能源效率、降低各工序能耗（烧结、焦化、炼铁、转炉炼钢、轧钢）以及水资源等能耗是钢铁企业生产过程中能源驱动实现循环经济的关键。鼓励有条件的行业、企业率先碳达峰。支持钢铁行业构建生产全过程碳排放统计核算、检测与评估体系，严格落实钢铁、水泥、电解铝等重点行业阶梯电价政策，完善有利于绿色低碳发展的差别电价政策。此外，推进实施钢铁工业超低排放改造。鼓励钢铁等行业组织企业开展内部节水改造。强化产品全生命周期绿色发展理念，大力推广绿色工艺和绿色产品，进一步提升资源综合利用水平。全面推进原材料工业固废综合利用，在重点地区建设尾矿废渣等综合利用和钢铁有色协同处置含锌二次资源项目。创建一批工业废水循环利用示范企业、园区。鼓励有条件的地区推进石化、钢铁、有色金属、建材、电力等产业耦合发展，实现能源资源梯级利用和产业循环衔接。

二、创新驱动因素

（1）我国钢铁企业循环经济驱动的创新驱动离不开科学技术的进步和创新。循环经济的发展最根本的就是依靠科学技术的进步和创新，我国钢铁企业循环经济发展的过程中与关键技术的进步与创新是密不可分的。"十四五"期间钢铁工业创新要迈上新台阶，科学技术进步亦是钢铁工业转型升级的核心要求。以铁矿石等资源为原料和以废钢为生产源头是迄今为止中国钢铁生产的主要方式。以铁矿石等资源为生产原料的流程被称为长流程；以废钢为生产源头的流程为短流程。其中，短流程的能源消耗和废弃物排放均低于长流程，而且短流程中的电炉炼钢也是全球流行的生产方式。然而，废钢在中国的供给是不足的，相比较而言我国煤炭资源丰富，加上钢铁工业技术水平的局限性，我国较多采用长流程生产。然而，钢铁长流程生产能源消耗和污染物排放均是短流程排放的数倍。中国钢铁工业不得不囿困于长流程生产，产业集中度低、企业规模小。钢铁工业势必要通过提高科学生产技术水平，不断创新、转变生产模式，走循环经济的道路。钢铁工业发展循环经济从实质上讲也是一种产业升级，以一种更高效的投入与产出方式进行生产。较高的科学技术水平对对应着较高效率的投入产出关系。通过科学技术创新，我国钢铁工业的循环经济才能够不断发展，最终实现绿色钢铁生态经济效益最大化。

表4-1　中国2009—2014年黑色金属冶炼及延压加工业规模以上企业科技活动情况

年份	R&D经费支出/万元	R&D人员/人	项目数/项
2009	3 256 581	91 823	5 821
2010	4 185 109	99 671	6 623
2011	5 393 396	115 860	7 705
2012	6 713 249	148 685	10 374
2013	6 515 842	152 248	10 067
2014	6 420 463	157 520	9 871

数据来源：《中国科技统计年鉴》。

干熄焦、水资源循环利用以及除尘技术等都成为中国钢铁企业重点落实的钢铁生产环境保护技术，先进技术的应用使得我国钢铁工业能源效率得到进步且污染物排放得到降低。我国钢铁工业科研机构和钢铁企业科研部门都意识到了发展循环经济的必要性，并在20世纪90年代末至21世纪初开始了探寻循环经济发展的研究和实验推广。2000年，我国黑色金属冶炼及延压加工业从事科技活动人员仅为106 097人，到2014年已经达到157 520人。科研项目从2009年的5 821项增至2014年的9 871项。R&D经费支出也从2009年的3 256 581万元增加至2014年的6 420 463万元。详细见表4-1。鉴于《钢铁工业年鉴》没有对行业专门环境及科技创新统计数据予以明确规定，本章选取黑色金属冶炼及延压加工业代表钢铁工业，展示其R&D科研研发相关数据，因为钢铁工业是黑色金属冶炼及延压加工业主体。钢铁工业"十三五"期间研发投入强度由2015年的0.76%提升到2020年的0.9%左右，重点企业主体装备总体达到国际先进水平，建成了26家国家新材料重点平台。

（2）我国钢铁企业循环经济驱动的创新离不开管理创新。钢铁工业的微观因子钢铁企业是最具活力的单元，每一个单元的管理创新必然推动整个钢铁工业的创新发展。钢铁企业的管理创新应主要从管理理念和管理方法等方面作为切入点，创新的宗旨高度统一为提高能源效率、提高生产率并降低污染物排放，将钢铁工业的发展推向绿色之路。本研究认为传统的管理理念是"唯经济效益至上"的单一目标，这对于钢铁企业发展而言是片面的，而对整个钢铁工业的发展而言是致命的。目前，中国乃至全球面临的最深重的问题之一即为生态平衡，"唯经济效益至上"的理念与其高度背离。如何将维护生态平衡的理念融入钢铁工业发展之中，是钢铁工业发展循环经济过程中要解决的问题。长流程与短流程的生产方式在钢铁企业生产过程中应得到合理配置，打破"唯量"的生产理念，增加废钢等资源的循环利用。另外，还需研发轻量高质的钢铁产品，以优化能源资源的利用并提高经济效益。从产业链的角度出发，钢铁企业应主动出击，将上下游企业紧密联系在一起，同类企业之间不搞价格恶性竞争的"双煞把戏"，企业之间互扶互助甚至环保等技术的共享，这些具体的措施和方法的宗旨均为将企业效益多元化，不仅包含经济效益，还把生态效益和社会效益融入企业发展之中。循环经济的理念即将生态效益与经济效益联合考虑，提高企业的社会责任感，推动钢铁工业与经济社会发展趋势协同共进。

三、循环驱动因素

作为钢铁工业的微观主体钢铁企业的经济循环是小循环，但成千上百个小循环的累积成就了钢铁工业的大循环。铁素资源的小循环可以提高各个生产环节的循环利用率，降低长流程生产的能源消耗；水资源的小循环可以减少消耗并降低污水外排。能源利用的小循环必然推动钢铁企业循环经济发展。由此可见，资源和能源的循环利用是在钢铁企业的小循环中的关键。此外，污染物例如废水、废渣的回收处理和利用也是循环经济在钢铁企业中推广的重点。高炉渣是高炉生产过程中产生的副产品，由于钢铁企业把高炉渣堆放于自然环境之中，占用土地的同时破坏周边生态环境；而高炉渣中的主要成分为 Ca 和 Si 两种元素，是很好的建筑材料。此外，钢渣是炼钢过程中产生的副产品，钢渣粉中含有一些有害物质，经雨水淋洗进入土壤破坏植被结构，将钢渣破碎后筛选出废钢重新作为炼钢原料或将钢渣粉作为烧结原料都能促进钢铁企业内部的循环经济发展。钢铁企业生产过程中会消耗大量的水资源，与此同时还会伴随大量污水的产生。如何将废水回收处理和利用以降低新水的用量是钢铁企业环境保护技术开发的重要方向。由此可见，钢铁企业内部的小循环直接驱动其循环经济的发展。

四、经济驱动因素

本节中所指的经济驱动因素主要是钢铁企业的自身经营发展状况。钢铁企业循环经济能源效率的高低与钢铁企业自身的经济发展状况紧密相连。钢铁企业筹措资金、运作资金、扩充资金的水平直接反映到钢铁企业的经济发展状况之中，而钢铁企业的经济状况是其发展循环经济提高能源效率的保障。如果一个钢铁企业经营状况困难，缺乏资金或资金周转无力，那么其装备水平、生产技术水平、节能环保创新能力等都将受到影响，能源的利用效率自然也将处于较低水平。反映钢铁企业经营状况、资金状况的财务指标有流动比率、速动比率、资产利润率、总资产周转率等等。

流动比率和速动比率等偿债能力的指标越高，表明企业的经济实力越强，财务风险越小。总资产周转率反映企业全部资产的经营质量和利用效率，总资产周转率大表明企业销售能力较强，亦可能带来较为可观的利润。资产利润率则反映企业资产盈利的能力，资产利润率高能够促进企业全面改善生产经营管理，不断提高企业的经济效益。较低的财务风险、较高的总资产周转率及资产利润率可以促使钢铁企业投入更多的资金于节能环保之中，为钢铁企业发展循环经济提供物质保障和经济基础。

第二节　设计思路、目的、功能及原则

本书基于循环经济的5R原则结合钢铁企业生产的实际情况构建了钢铁企业能源效率评价指标体系，已达到对前文全要素能源效率测算不足之处的弥补作用。本书作者认为在循环经济中既涵盖资源节约的理念又囊括环境保护理念。循环经济传统的3R原则（减量化、再利用和再循环）不能很好地诠释循环经济的本质。本书将在3R的原则上进行拓展，借鉴吴季松学者提出的5R原则（再思考、减量化、再利用、再循环、再修复），探讨钢铁企业如何以自身为核心从源头资源能源利用做到减量化，从生产过程和生产末端做到再利用与再循环，在生产整个环节对生态理念进行再思考，对生态环境做到再修复，最终实现循环经济在钢铁企业中的实现，使得钢铁工业绿色发展与整个社会的可持续发展共存。

关于钢铁产业循环经济能源效率评价指标体系，目前学术界还没有统一的定义。基于5R原则，并综合国家发展改革委员会与国家环保总局（现

生态环境部）、国家统计局等有关部门编制的《循环经济评价指标体系》和《关于〈循环经济评价指标体系〉的说明》《钢铁企业环境保护统计》《钢铁行业清洁生产评价指标体系》《钢铁行业发展循环经济环境保护导则》，考虑钢铁工业发展循环经济的实践经验，本章最终建立了钢铁工业循环经济能源效率指标评价体系，具体过程详见图4-1。

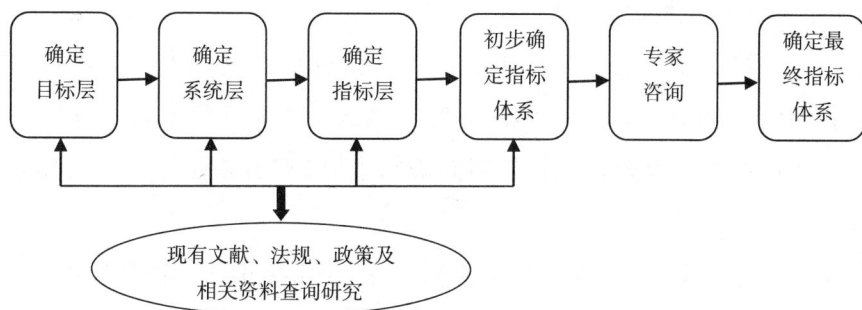

图4-1 指标体系确定流程

本章通过四个方面对钢铁工业循环经济能源效率评价指标体系进行构建。本章构建的指标体系充分体现了其评价功能：描述循环经济和能源效率功能、解释循环经济及能源利用效率的内在规律功能、评价钢铁企业循环经济能源利用率功能以及检测钢铁企业循环经济能源利用效率功能。根据评价指标体系设计的基本原则（科学性、实用性、目标导向性、区域性、通用性等），全面反映钢铁企业循环经济能源效率功能及数据的可获得性，经过全面筛选并结合钢铁工业协会相关专家的意见和建议将指标体系最终设定为四大系统，即：能源驱动系统、创新驱动系统、循环驱动系统和经济驱动系统。具体指标详见表4-2。

为方便后文的研究以及避免读者对部分指标的含义理解出现歧义，本节对评价指标体系中的四个评价子系统中的指标层的部分指标进行简要解释。

1.能源驱动系统中的指标

能源驱动系统中的指标主要包括吨钢综合能耗、吨钢耗新水、高炉工序单位能耗、电炉工序单位能耗、转炉工序单位能耗、焦化工序单位能耗和全要素生产率指标。

（1）吨钢综合能耗：在本节中是指统计期内钢铁企业平均生产1吨钢所消耗的能源总量折合成标准煤量。

（2）吨钢耗新水：在本节中是指将某一钢铁企业一个报告期内每生产出1吨合格粗钢所消耗的新水量，即用企业报告期内耗用的新水量除以报告期内生产出的合格粗钢量。

（3）高炉工序单位能耗：由于高炉炼铁列居钢铁整个生产过程中的首位，所以控制好高炉工序单位能耗是钢铁企业炼铁阶段能耗控制的关键。本节的高炉工序单位能耗是指高炉每生产1吨合格生铁直接消耗的能源量。

（4）电炉工序单位能耗=电炉炼钢综合工序净耗能量/电炉钢合格产出量；其中不包含精炼和连铸。

（5）转炉工序单位能耗：在本节是指钢企业生产一个报告期内，在转炉工序中生产1吨合格粗钢消耗的能源量。转炉工序单位能耗=转炉炼钢综合工序净耗能量/转炉钢合格产出量。

（6）焦化工序单位能耗=炼焦工序能源消耗量/焦炭生产量；其中扣除洗煤工序的能源消耗量。

（7）全要素能源效率指标：本书中全要素能源效率是能源高效利用综合评价的核心内容之一，本节运用2009—2015年各样本钢铁企业全要素能源效率的平均值代表。

2.创新驱动系统中的指标

（1）环保工作人员数占企业职工总人数比重：样本钢铁企业环保工作人员的数量间接体现了钢铁企业对环境保护的重视程度。对基于循环经济的钢铁企业能源效率的研究具有重要意义。

表4-2　钢铁企业循环经济能源效率评价指标体系

一级指标（目标层）	二级指标（系统层）	三级指标（指标层）	符号	单位	指标特性
钢铁企业循环经济能源效率评价指标体系	能源驱动指标	吨钢综合能耗	A1	千克标煤/吨	负向
		吨钢耗新水	A2	立方米/吨	负向
		吨钢耗电	A3	千万时/吨	负向
		烧结工序能耗	A4	千克标煤/吨	负向
		焦化工序能耗	A5	千克标煤/吨	负向
		炼铁工序能耗	A6	千克标煤/吨	负向
		转炉炼钢工序能耗	A7	千克标煤/吨	负向
		轧钢工序能耗	A8	千克标煤/吨	负向
		全要素能源效率（2009—2015年全要素能源效率平均值）	A9	—	正向
	创新驱动指标	环保工作人员数占企业职工总人数比重	A10	%	正向
		环保投资额	A11	万元	正向
		研发投资额	A12	万元	正向
		所在省份R&D经费支出	A13	亿元	正向
		所在省份R&D投入强度	A14	%	正向
	循环驱动指标	焦炉煤气利用率	A15	%	正向
		高炉煤气利用率	A16	%	正向
		转炉煤气利用率	A17	%	正向
		尘泥综合回收利用率	A18	%	正向
		废渣综合利用率	A19	%	正向
		工业用水重复利用率	A20	%	正向
		吨钢外排废水量	A21	m^3/t	负向
		吨钢二氧化硫排放量	A22	千克/吨	负向
		吨钢烟粉尘排放量	A23	千克/吨	负向
		吨钢氮氧化物排放量	A24	千克/吨	负向
		化学需氧量（COD）排放量	A25	吨	负向
		废水排放达标率	A26	%	正向
		废气排放达标率	A27	%	正向
		污染物综合排放合格率	A28	%	正向

续　表

一级指标（目标层）	二级指标（系统层）	三级指标（指标层）	符号	单位	指标特性
钢铁企业循环经济能源效率评价指标体系	经济驱动指标	资产利润率	A29	%	正向
		总资产周转率	A30	%	正向
		存货周转率	A31	%	正向
		流动比率	A32	%	正向
		速动比率	A33	%	正向

（2）环保投资额：样本钢铁企业环保投资是指企业为了防止环境污染、改善环境质量以及有利于自然生态环境恢复和建设而进行的投资活动，具有与环保工作人员数同等的重要意义。

（3）企业所在省份研究与试验发展（R&D）经费支出情况：研究与试验发展（R&D）支出主要应用于基础研究、应用研究和试验发展；而这些科研活动恰恰是各个省份创新创造的基石。企业所在省份的科研活动支持度越高，研发投入经费越多，这个省份的创新创造能力也会得到相应的提高，而基础性科研活动的开展，新型研究成果的实现对钢铁工业企业进行创新是十分有利的。

3.循环驱动系统中的指标

（1）焦炉（高炉、转炉）煤气利用率：这个指标是描述煤气回收利用的重要指标。钢铁生产过程中各工序煤气的回收利用程度直接关系到节能降耗。主要是指年回收利用的焦炉（高炉、转炉）煤气总量与年焦炉（高炉、转炉）煤气产生总量的比值。

（2）废渣综合利用率：在本节中是指生产钢铁的企业在报告期内对冶炼废渣的回收利用量与生产过程中产生的总的冶炼渣的比值。这个指标将废渣考虑其中，这是循环经济5R原则中的重要的"再利用"的体现。

（3）工业用水重复利用率：这是除废渣综合利用率外又一体现"再利用"的重要指标，工业用水重复利用率=重复用水量/用水总量。

（4）吨钢二氧化硫排放量：这一指标主要体现废气即二氧化硫排放的情

况。吨钢二氧化硫排放量＝二氧化硫的排放量/钢铁企业生产的合格钢量。

（5）化学需氧量（COD）排放量：化学需氧量（Chemical Oxygen Demand，COD）用来衡量水中有机物质的含量，并反映了水中还原性物质污染的程度。化学需氧量越大，说明水体受有机物污染越严重。

（6）废水排放达标率：是指样本钢铁企业生产过程中所有排污口排放到企业外部并达到国家或地方污染排放标准的废水排放量占钢铁企业外排废水总量的百分比。

4.经济驱动系统中的指标

（1）资产利润率：指企业在一定时期内获得的净利润与同期总资产的比值，这一指标体现了钢铁企业资产盈利能力，是体现盈利能力的关键指标。

（2）总资产周转率：这一指标体现了钢铁企业的运营能力，指标越高代表着企业运营能力就越强。

（3）存货周转率：这一指标可以衡量企业生产经营中的各有关方面运用存货和管理存货的工作水平。

（4）流动比率：反映公司流动资产对流动负债的保障程度，反映实际短期偿债能力。

（5）速动比率：是速动资产与流动负债的比率，衡量企业流动资产中可以立即变现用于偿还流动负债的能力。

第三节 评价模型、样本选择及数据处理

本章涉及构建的钢铁企业循环经济能源综合利用效率评价模型的关键点主要集中在两方面。第一，通过本章构建的钢铁企业循环经济能源综合利用效率评价模型能够评价某一钢铁企业在某一特定时期内能源消耗和污染排放情况是否符合循环经济的5R原则，是否朝着资源能源节约型和环境友好型的方向发展；第二，通过本章构建的钢铁企业循环经济能源综合利用效率评价模型得到的评价结果可以针对不同钢铁企业循环经济能源综合效率在同一

时期内基于5R原则的循环经济状况进行比较研究。

依据合理选取评价指标个数的不同、性质的不同，可供我国钢铁企业循环经济能源效率评价选择的方法有多种。如果我们在研究过程中仅仅从某一个维度或角度出发必然会缺失客观性和全面性。如何使评价结果更富有客观现实意义？本书针对已有研究的方法进行了总结，发现定量方法和定性方法均有被运用，尤其是定量方法十分丰富。本书在文献综述部分首先对这些方法进行了简要介绍和比较分析。

在上一章已经应用拓展的四阶段数据包络方法（DEA）对钢铁企业全要素能源效率进行了测算，虽然弥补了单要素能源效率测算的诸多弊端，但是前文对钢铁企业全要素能源效率的测算本身也存在一些缺陷，数据包络方法（DEA）测算的全要素能源效率是相对效率，即使其中部分钢铁企业的全要素能源效率达到了有效但也不能说明这些企业的效率没有提升的可能了。本章将应用因子分析方法建立钢铁企业循环经济能源综合利用效率评价模型。

根据因子分析方法的数学思想，可以得知将 k 个因子的线性组合变量用原始的 q 个变量来表示是因子分析方法的数学解决方法。此处，我们作出如下假设，用 x_1，x_2，$\cdots$，x_q 表示 q 个原始变量，f_1，f_2，$\cdots$，f_k 表示我们探索的 k 个因子（$k < q$），那么，主成分和原始变量可以用如下关系式来体现：

$$\begin{cases} x_1 = \beta_{11}f_1 + \beta_{12}f_2 + \cdots + \beta_{1k}f_k + \varepsilon_1 \\ x_2 = \beta_{21}f_1 + \beta_{22}f_2 + \cdots + \beta_{2k}f_k + \varepsilon_2 \\ \vdots \\ x_q = \beta_{q1}f_1 + \beta_{q2}f_2 + \cdots + \beta_{qk}f_k + \varepsilon_q \end{cases}$$

此处，某一个变量与某一因子之间的线性相关系数可以说明他们之间的相关程度，我们用 β_{ij} 来代表，可以称之为"载荷"。β_{ij} 的绝对值大小表征 x_i 和 f_i 之间相关程度的紧密性（$|\beta_{ij}| \leqslant 1$），绝对值越大，说明 x_i 和 f_i 之间相关程度越紧密。展露在各个原始变量和因子的线性组合中的因子我们称之为公因子；其中特殊因子我们用 ε 来表示，即剔除公因子以外的其他影响因素。

该模型的矩阵形式可以概括为：

$$X = AF + \varepsilon$$

其中，$X = (x_1, x_2, \cdots, x_p)^{\mathrm{T}}$ 表示观测到的实际变量向量；$F = (f_1, f_2, \cdots, f_k)^{\mathrm{T}}$ 表示公共因子向量；$\varepsilon = (\varepsilon_1, \varepsilon_2, \cdots, \varepsilon_p)^{\mathrm{T}}$ 表示特殊因子向量；$A = \begin{bmatrix} \beta_{11} & \cdots & \beta_{1k} \\ \vdots & & \vdots \\ \beta_{p1} & \cdots & \beta_{pk} \end{bmatrix}$ 表示因子载荷矩阵。

运用因子分析方法时的具体步骤如下：

（1）对本书所建立的指标体系中的三级指标进行趋势化分析，将指标中的负向指标通过取倒数进行同向趋势处理。然后消除其数量级或量纲，进行标准化处理。本章采用的是Z-Score方法（中心化处理方法），将指标体系中的所有指标数据处理为无量纲的标准化数值。

$$Z_{mn} = \frac{c_{ij} - \bar{c}_j}{s_j}$$

$$\bar{c}_j = \frac{1}{n} \sum_{i=1}^{n} c_{ij}$$

$$s_j = \sqrt{\frac{1}{n-1} \sum_{i=1}^{n} \left(c_{ij} - \bar{c}_j \right)^2}$$

（2）针对第一步中标准化后的变量，解相关矩阵 R

$$R = \begin{bmatrix} r_{11} & \cdots & r_{1k} \\ \vdots & & \vdots \\ r_{k1} & \cdots & r_{kk} \end{bmatrix}$$

$$r_{tj} = \frac{1}{n} \sum_{i=1}^{n} c_{ti} c_{tj}$$

（3）求出第（2）步中得到的相关矩阵 R 的特征值、特征向量、特征值贡献率以及累积贡献率，（其中 $|R - \lambda I| = 0$）。

（4）确定公共因子个数。

（5）对初始因子的载荷矩阵进行求解，并对初始因子的载荷矩阵做旋转处理。

（6）根据建立的因子模型，得出公共因子的线性组合公式，并据此来对估计因子得分。

（7）评价总因子得分值，结合经济意义，给出合理解释并得出综合评价结果。

通过循环经济能源效率评价模型，本书将指标体系中的五个子系统的构成进行设定。D_i 分别表示能源驱动系统评价指数（Energy-Power Index，EPI），创新驱动系统评价指数（Innovation-Driven Index，IDI），循环驱动系统评价指数（Cycle-Driver Index，CDI）和经济驱动系统指数（Economic-Driving Index，EDI）这四个系统指数，可以用来综合评价样本钢铁企业的循环经济能源效率状况。

D_i 表示第 i 个驱动系统评价指数；E_{ij} 表示第 i 个驱动系统中提取的第 j 个因子与指标的相关系数；G_{ij} 表示第 i 个驱动系统中第 j 个因子的贡献率；m 表示第 i 个驱动系统提取的因子数量。

$$D_i = \sum_{j=1}^{m} E_{ij} G_{ij}, \ \text{其中} \ i=1, 2, \cdots, n。$$

通过对各个系统的循环经济能源效率进行评价后，综合这四个系统的评价指数，得出钢铁企业循环经济能源效率综合评价指数（Comprehensive Evaluation Index of Circular Economy Energy Efficiency，CEI），其公式如下：

$$CEI = \sum_{i}^{n} D_i W_i$$

其中，W_i 表示第 i 个系统评价指数的权重（weight），权重的选择对评价的准确性起重要作用，通常情况下可以采用专家打分或者层次分析法，但这要求对系统中每一个指标对钢铁循环经济能源效率的作用程度十分清楚。但是，目前学术界还没有科学的一致性的结论，笔者认为主观的评判权重又存在诸多不足之处，因此，本章中作者将所有系统的作用视为相同的，进行等值权重分配。

第四节 样本选择及数据处理

本书选取2015年我国46家钢铁企业的投入产出数据，以此为基础对循环经济背景下钢铁产业的全要素能源效率进行评价。这46家钢铁企业的选择基于《中国钢铁工业统计年报》《中国钢铁工业环境保护统计》《冶金大中型企业财务年报汇编》以及钢铁企业上市公司年度财务报告等，并尽可能涵盖全国31个省份中的大中小型钢铁企业。虽然选取样本中的46家钢铁企业有些已经兼并重组，但经营相对独立，尤其是企业数据仍独立进行统计和上报，所以本书将其视为独立的测评单元进行评价。样本中所选决策单元的粗钢年产量占全国总产量的60%以上，涵盖大中小各类型钢铁企业，并采取了中国钢铁工业协会及冶金工业经济发展研究中心等专家的意见，保证了样本的全面性和代表性。在评价我国钢铁企业循环经济综合能源效率评价系统的过程中，本书基于指标的代表性和数据的可得性及真实可靠性，从而选择了这46家钢铁企业作为样本。

对钢铁企业循环经济能源效率评价指标体系中的35项指标进行分析，其中负向指标有13项，正向指标22项。负向指标包括吨钢综合能耗、吨钢耗新水、吨钢耗电、烧结工序能耗、焦化工序能耗、炼铁工序能耗、转炉炼钢工序能耗、轧钢工序能耗、吨钢外排废水量、吨钢二氧化硫排放量、吨钢烟粉尘排放量、吨钢氮氧化物排放量、化学需氧量排放量，此处对这些指标进行正向化处理。

第五节 钢铁企业循环经济能源效率评价系统结果分析

根据本章建立的钢铁企业循环经济能源效率评价模型以及经过收集处理后的数据，对钢铁企业循环经济能源效率评价系统中的四个子系统进行评价分析。

一、循环经济能源效率评价系统之能源驱动系统分析

首先，应用SPSS对原始数据进行统计分析，同时进行KMO检验和Bartlett球度检验。第一步先将指标C_1至C_9的原始数据进行标准化处理。第二部分析KMO检验和Bartlett检验，其中，描述各个变量之间的相关系数和偏相关系数主要通过KMO检验得到。这项检验有助于我们确定选择的各个变量是否适合展开因子分析。循环经济能源效率评价系统中的能源驱动系统中各指标运用模型分析结果得到的KMO检验和Bartlett球度检验的结果如表4-3所示。

本节中能源驱动系统的因子分析结果中，KMO值为0.802，这反映了我们可以运用这些选取的变量进行因子分析。另外，各个变量是否具有独立性通过Bartlett的球度检验来印证，根据表4-3得出的结果，Bartlett的球形度检验统计量的观测值为200.571，而且其伴随概率为0.000，通过显著性检验，所以我们可以知道相关系数矩阵与单位矩阵具有显著性差异，Bartlett的球度检验的零假设被拒绝接受。根据KMO检验和Bartlett球度检验的结果我们确定可以对选取的各个变量进行因子分析。

表4-3　KMO检验和Bartlett球度检验的结果

取样足够多的Kaiser-Meyer-Olkin度量		0.802
Bartlett的球度检验	近似卡方	200.571
	df	36
	伴随概率	0.000

数据来源：根据SPSS分析结果整理得到。

表4-4显示了各个变量的三个因子的共同度，从提取的特征根结果来看，因子变量能够很好地对这9个原始变量进行解释。共同度一定小于1是因为在既定的条件下原始变量的个数一定大于提取的因子的个数。根据表4-4的结果我们不难发现初始变量的方差均为1，公共因子对各个变量的解释高于70%，因为各个原始变量的共同度均大于70%。例如公共因子共同解

释了原变量C_1方差的90.3%；公共因子共同解释原始变量C_2方差的75.2%，以此类推。

表4-4　公共因子方差

变量	初始	提取
C_1	1.000	0.903
C_2	1.000	0.752
C_3	1.000	0.912
C_4	1.000	0.703
C_5	1.000	0.834
C_6	1.000	0.872
C_7	1.000	0.869
C_8	1.000	0.744
C_9	1.000	0.898

数据来源：根据SPSS分析结果整理得到。

对能源驱动系统的指标进行因子分析后得到的因子提取和因子转换结果如表4-5所示。

表4-5　能源驱动指标公共因子特征值和贡献率

成分	初始特征值			提取平方和载入		
	合计	方差的%	累积%	合计	方差的%	累积%
C_1	2.638	29.307	29.307	2.638	29.307	29.307
C_2	1.796	19.956	49.263	1.796	19.956	49.263
C_3	1.308	14.529	63.793	1.308	14.529	63.793
C_4	0.979	10.873	74.666			
C_5	0.768	8.531	83.197			
C_6	0.606	6.729	89.926			
C_7	0.490	5.440	95.366			
C_8	0.403	4.481	99.847			
C_9	0.014	0.153	100.000			

数据来源：根据SPSS分析结果整理得到。

利用SPSS求出公共因子相应的特征值、贡献率和累积贡献率，提取出特征值大于1的公共因子f_1、f_2和f_3，这三个公共因子共同解释了原有的9个变量的63.793%，能较好地反映原有变量的信息，因子分析结果较为理想。

根据输出得到的因子载荷矩阵（详见表4-6），可以获得因子分析模型，此处将特殊因子忽略不计。

表4-6　能源驱动指标初始因子载荷矩阵（成分矩阵）

	f_1	f_2	f_3
C_1	0.945	−0.070	0.063
C_2	0.682	−0.234	−0.077
C_3	0.948	−0.093	0.067
C_4	0.164	0.646	0.245
C_5	−0.050	0.690	0.283
C_6	−0.060	0.192	0.788
C_7	0.190	0.684	−0.199
C_8	0.344	0.553	−0.566
C_9	0.439	−0.153	0.416

数据来源：根据SPSS分析结果整理得到。

由表4-6得到因子分析模型：

吨钢综合能耗 C_1：$C_1=0.945f_1-0.070f_2+0.063f_3$

吨钢耗新水 C_2：$C_2=0.682f_1-0.234f_2-0.0773f_3$

吨钢耗电 C_3：$C_3=0.948f_1-0.093f_2+0.067f_3$

烧结工序能耗 C_4：$C_4=0.164f_1+0.646f_2+0.245f_3$

焦化工序能耗 C_5：$C_5=-0.505f_1+0.690f_2+0.283f_3$

炼铁工序能耗 C_6：$C_6=-0.060f_1+0.192f_2+0.788f_3$

转炉炼钢工序能耗 C_7：$C_7=0.190f_1+0.684f_2-0.199f_3$

轧钢工序能耗 C_8：$C_8=0.344f_1+0.553f_2-0.566f_3$

全要素能源效率 C_9：$C_9=0.439f_1-0.153f_2+0.416f_3$

运用最大方差方法对因子载荷进行旋转，结果如表4-7所示。

由表4-7可知，公共因子f_1在C_1（吨钢综合能耗）、C_2（吨钢耗新水）和C_3（吨钢耗电）上的载荷都很大，f_1可以很好地反映这三个指标的信息。公共因子f_2在C_4（烧结工序能耗）、C_5（焦化工序能耗）、C_7（转炉炼钢工序能耗）和C_8（轧钢工序能耗）上都有很高的载荷，f_2可以较好地反映这四个指标的信息。公共因子f_3在C_6（炼铁工序能耗）和C_9（全要素能源效率）上的载荷都很大，f_3能较好地反映这两个指标的信息。

表4-7　能源驱动指标初始因子载荷矩阵（旋转成分矩阵）

	f_1	f_2	f_3
C_1	0.944	0.093	−0.055
C_2	0.701	−0.135	−0.127
C_3	0.951	0.072	−0.048
C_4	0.071	0.899	0.105
C_5	−0.142	0.715	0.405
C_6	−0.010	0.328	0.744
C_7	0.043	0.754	−0.338
C_8	0.178	0.880	−0.494
C_9	0.501	0.001	0.772

数据来源：根据SPSS分析结果整理得到，提取方法为主成分分析法，具有Kaiser标准化正交旋转法，旋转在5次迭代后收敛。

运用回归法计算得出因子得分系数矩阵（详见表4-8），并据此得到因子得分函数的系数，因此可得到因子得分函数。

表4-8　能源驱动指标因子得分系数矩阵

	f_1	f_2	f_3
C_1	0.363	0.028	0.005
C_2	0.270	−0.097	−0.070
C_3	0.366	0.016	0.010
C_4	0.016	0.394	0.112

续　表

	f_1	f_2	f_3
C_5	−0.064	0.411	0.148
C_6	0.022	0.216	0.572
C_7	−0.014	0.351	−0.224
C_8	0.027	0.235	−0.493
C_9	0.211	0.005	0.302

数据来源：根据SPSS分析结果整理得到。

根据表4-8可以得到因子得分函数：

f_1=0.363C_1+0.270C_2+0.366C_3+0.016C_4−0.064C_5+0.022C_6−0.014C_7+

0.027C_8+0.211C_9

f_2=0.028C_1−0.097C_2+0.016C_3+0.394C_4+0.411C_5+0.216C_6+0.351C_7+0.235C_8+

0.005C_9

f_3=0.005C_1−0.070C_2+0.010C_3+0.112C_4+0.148C_5+0.572C_6−0.224C_7−

0.493C_8+0.302C_9

根据三个因子得分函数，可以计算出因子得分，并在此基础上求出综合得分。此处将每一个因子的方差贡献率除以这三个因子的总方差贡献率得到相应比重，并将这个比重用作权数进而展开加权汇总得到各个样本钢铁企业的能源驱动系统的综合得分EPI，即

$$\text{EPI} = \sum_{i-1}^{m} (\lambda_i / P) f_i$$

其中，EPI表示能源驱动系统的综合得分，即能源驱动系统评价指数。λ_i表示因子i的方差贡献率，P表示公共因子的总方差贡献率。据此能源驱动系统评价指数公式可以计算得到其综合得分，并对46家钢铁企业进行排序（详见表4-9）。

表4-9　46家钢铁企业2015年能源驱动系统评价指数

地区	企业	EPI	排名
东部地区	首钢	−0.81	43
	新兴	0.40	13
	天钢	−0.11	27
	天铁	−0.12	28
	唐钢	0.66	5
	邯钢	1.00	3
	宣钢	−0.19	31
	承钢	0.10	19
	津西	1.01	2
	国丰	0.41	11
	济钢	0.26	16
	莱钢	0.03	22
	青钢	−0.13	29
	宝钢	0.41	12
	南京钢铁	0.52	9
	沙钢	0.62	7
	苏钢	−0.86	44
	杭钢	1.24	1
	三钢	0.45	10
	韶钢	−0.76	41
中部地区	马钢	−0.58	36
	新余	0.05	21
	萍钢	0.66	6
	武钢	0.17	17
	新冶钢	−0.34	32
	鄂钢	−0.68	38
	湘钢	−0.07	25
	涟钢	0.54	8
	长治	−0.79	42
	太钢	0.33	14
	安阳	−0.07	26
	济源	0.79	4

续　表

地区	企业	EPI	排名
西部地区	柳钢	0.01	23
	攀钢	−0.86	45
	重钢	−0.46	34
	水钢	−0.63	37
	昆钢	−0.34	33
	陕西钢铁	−0.48	35
	包钢	−0.72	40
	酒泉	0.09	20
	八一	0.01	24
东北地区	鞍钢	0.12	18
	本钢	−1.14	46
	凌钢	0.19	16
	通钢	−0.68	39
	西林	−0.16	30

数据来源：根据SPSS分析结果整理得到。

二、循环经济能源效率评价系统之创新驱动系统分析

根据上一小节相同的原理和方法，本节计算了循环经济能源效率评价系统之创新驱动系统的综合得分。首先，计算得到如表4-10所示的KMO检验和Bartlett的球度检验的结果，显示伴随概率为0.000，且通过了显著性检验。所以我们可以知道相关系数矩阵与单位矩阵具有显著性差异，Bartlett的球度检验的零假设被拒绝接受。通过KMO检验和Bartlett球度检验的结果我们确定可以对选取的各个变量进行因子分析。

表4-10　KMO检验和Bartlett球度检验的结果

取样足够度的Kaiser-Meyer-Olkin度量		0.778
Bartlett的球形度检验	近似卡方	166.290
	df	10
	伴随概率	0.000

数据来源：根据SPSS分析结果整理得到。

然后，对能源驱动系统的指标进行因子分析后得到的因子提取和因子转换结果如表4-11所示。

表4-11　创新驱动指标公共因子特征值和贡献率

成分	初始特征值			提取平方和载入		
	合计	方差的%	累积%	合计	方差的%	累积%
C_1	2.566	51.315	51.315	2.566	51.315	51.315
C_2	1.027	20.539	71.854	1.027	20.539	71.854
C_3	0.752	15.031	86.885			
C_4	0.365	7.294	94.179			
C_5	0.291	5.821	100.000			

数据来源：根据SPSS分析结果整理得到。

利用SPSS求出公共因子相应的特征值、贡献率和累积贡献率，提取出特征值大于1的公共因子f_1和f_2，这三个公共因子共同解释了原有的5个变量的71.854%，能较好地反映原有变量的信息，因子分析的结果较为理想。然后，求出创新驱动指标中的因子载荷矩阵（成分矩阵）和旋转成分矩阵，如表4-12和表4-13所示。

表4-12　创新驱动指标初始因子载荷矩阵（成分矩阵）

	f_1	f_2
C_{10}	0.056	0.976
C_{11}	0.662	-0.176
C_{12}	0.871	-0.073
C_{13}	0.792	0.194
C_{14}	0.858	-0.033

数据来源：根据SPSS分析结果整理得到。

表4-13　创新驱动指标因子载荷矩阵旋转成分矩阵

	f_1	f_2
C_{10}	0.001	0.977
C_{11}	0.671	-0.139

续　表

	f_1	f_2
C_{12}	0.874	−0.024
C_{13}	0.780	0.239
C_{14}	0.859	0.016

数据来源：根据SPSS分析结果整理得到。

C_{10}（环保工作人员比重）在第二个公共因子上的载荷较高，f_2可以较好地反映指标C_{10}的信息；其余四个指标在公共因子f_1上的载荷较高，其信息可以被f_1很好地反映。

表4-14　创新驱动指标因子得分系数矩阵

	f_1	f_2
C_{10}	−0.032	0.950
C_{11}	0.267	−0.157
C_{12}	0.343	−0.052
C_{13}	0.298	0.206
C_{14}	0.336	−0.013

数据来源：根据SPSS分析结果整理得到。

表4-14展现了运用回归方法估计因子得分系数矩阵，并得出因子得分函数如下：

$f_1=-0.032C_{10}+0.267C_{11}+0.343C_{12}+0.298C_{13}+0.336C_{14}$

$f_2=0.950C_{10}-0.157C_{11}-0.052C_{12}+0.206C_{13}-0.014C_{14}$

通过求得的因子得分函数求解各钢铁企业的创新驱动系统综合得分，创新驱动系统的综合得分模型为：

$$IDI = \sum_{i-1}^{m} (\lambda_i/P) f_i$$

其中，IDI表示能源驱动系统的综合得分，即创新驱动系统评价指数。λ_i表示因子i的方差贡献率，P表示公共因子的总方差贡献率。据此创新驱动系统评价指数公式可以计算得到其综合得分，并对46家钢铁企业进行排序（详见表4-15）。

表4-15 46家钢铁企业2015年创新驱动系统评价指数

地区	企业	IDI	排名
东部地区	首钢	0.23	14
	新兴	−0.02	18
	天钢	−0.29	27
	天铁	0.05	17
	唐钢	0.15	15
	邯钢	−0.03	19
	宣钢	−0.33	29
	承钢	−0.18	23
	津西	0.24	13
	国丰	−0.37	31
	济钢	−0.21	24
	莱钢	0.11	16
	青钢	−1.11	46
	宝钢	3.31	1
	南京钢铁	0.36	10
	沙钢	0.75	7
	苏钢	−0.85	44
	杭钢	−0.34	30
	三钢	−0.49	36
	韶钢	−0.05	20
中部地区	马钢	0.26	12
	新余	−0.41	34
	萍钢	−0.40	32
	武钢	1.28	3
	新冶钢	−0.61	38
	鄂钢	−0.77	43
	湘钢	−0.44	35

续　表

地区	企业	IDI	排名
中部地区	涟钢	−0.15	21
	长治	−0.85	45
	太钢	0.94	5
	安阳	0.64	8
	济源	−0.72	41
西部地区	柳钢	0.94	6
	攀钢	−0.15	22
	重钢	−0.40	33
	水钢	−0.73	42
	昆钢	−0.25	25
	陕西钢铁	−0.29	28
	包钢	0.43	9
	酒泉	0.32	11
	八一	−0.63	39
东北地区	鞍钢	1.36	2
	本钢	1.14	4
	凌钢	−0.27	26
	通钢	−0.63	40
	西林	−0.58	37

数据来源：根据SPSS分析结果整理得到。

三、循环经济能源效率评价系统之循环驱动系统分析

根据上两小节同样的步骤和方法，对46家样本钢铁企业的循环驱动系统的综合指数（CDI）进行测算，并据此对每个钢铁企业进行得分排名，结果如表4-16所示。

表4-16 46家钢铁企业2015年循环驱动系统评价指数

地区	企业	CDI	排名
东部地区	首钢	0.44	5
	新兴	0.30	13
	天钢	0.76	1
	天铁	0.41	8
	唐钢	0.31	12
	邯钢	0.15	20
	宣钢	0.28	15
	承钢	0.30	14
	津西	0.44	6
	国丰	0.60	2
	济钢	0.23	17
	莱钢	0.36	10
	青钢	0.20	18
	宝钢	−0.16	32
	南京钢铁	0.10	23
	沙钢	0.37	9
	苏钢	−0.24	34
	杭钢	0.51	4
	三钢	−0.12	30
	韶钢	−0.43	39
中部地区	马钢	−0.56	43
	新余	−1.08	45
	萍钢	0.36	11
	武钢	−0.51	42
	新冶钢	0.27	16
	鄂钢	−0.39	38
	湘钢	−0.33	36
	涟钢	−0.19	33
	长治	0.04	26
	太钢	0.10	24
	安阳	−0.06	28
	济源	0.57	3

地区	企业	CDI	排名
西部地区	柳钢	0.12	21
	攀钢	−0.46	41
	重钢	−0.43	40
	水钢	0.18	19
	昆钢	−0.01	27
	陕西钢铁	0.43	7
	包钢	−1.45	46
	酒泉	−0.37	37
	八一	0.06	25
东北地区	鞍钢	−0.69	44
	本钢	−0.13	31
	凌钢	0.12	22
	通钢	−0.32	35
	西林	−0.10	29

数据来源：根据SPSS分析结果整理得到。

四、循环经济能源效率评价系统之经济驱动系统分析

对46家样本钢铁企业的经济驱动系统的综合指数（EDI）运用上述同样的方法进行测算，并据此对每个钢铁企业进行得分排名，结果如表4-17所示。

表4-17　46家钢铁企业2015年经济驱动系统评价指数

地区	企业	EDI	排名
东部地区	首钢	0.38	15
	新兴	−0.22	30
	天钢	−0.46	36
	天铁	−0.14	26
	唐钢	0.04	22
	邯钢	−0.39	35

地区	企业	EDI	排名
东部地区	宣钢	−0.57	38
	承钢	−0.22	31
	津西	−0.21	28
	国丰	−1.55	45
	济钢	−2.13	46
	莱钢	0.26	18
	青钢	−0.21	29
	宝钢	−0.29	33
	南京钢铁	1.28	1
	沙钢	0.47	12
	苏钢	0.95	3
	杭钢	0.28	17
	三钢	1.06	2
	韶钢	−0.60	40
中部地区	马钢	0.42	13
	新余	−0.08	25
	萍钢	0.90	6
	武钢	0.95	4
	新冶钢	0.33	16
	鄂钢	−0.69	41
	湘钢	0.19	19
	涟钢	−0.22	32
	长治	0.61	11
	太钢	0.39	14
	安阳	0.77	9
	济源	0.73	10
西部地区	柳钢	0.87	7
	攀钢	−0.99	42
	重钢	−0.02	24
	水钢	0.14	21
	昆钢	0.17	20

地区	企业	EDI	排名
西部地区	陕西钢铁	0.82	8
	包钢	−1.09	43
	酒泉	0.91	5
	八一	−1.27	44
东北地区	鞍钢	−0.37	34
	本钢	0.00	23
	凌钢	−0.16	27
	通钢	−0.59	39
	西林	−0.47	37

数据来源：根据SPSS分析结果整理得到。

五、循环经济能源效率评价得分结果

对各个子系统权重的选择对评价的准确性起重要作用，通常情况下可以采用专家打分或者层次分析法，但这要求对系统中每一个指标对钢铁循环经济能源效率的作用程度十分清楚。但是，目前学术界还没有科学的一致性的结论，本书作者认为主观的评判权重又存在诸多不足之处，结合中国钢铁协会相关专家的建议，本章中作者将所有系统的作用视为相同的，进行等值权重分配，即：

$$CEI = \frac{EPI+IDI+CDI+EDI}{4}$$

通过之前对循环经济能源效率的能源系统、创新系统、循环系统和经济系统的评价得分，对我国钢铁企业的循环经济综合评价得分进行测算，并将其按照得分高低进行排名。如果一家钢铁企业的评价得分越高说明这家钢铁企业的循环经济能源效率越高，各个子系统对钢铁企业循环经济能源效率的协调越好。表4–18显示了我国钢铁企业循环经济能源效率综合评价指数得分和排名情况。

表4-18　46家钢铁企业2015年循环经济效率综合评价指数

地区	企业	CEI	排名
东部地区	首钢	0.29	13
	新兴	0.44	6
	天钢	0.33	10
	天铁	0.32	11
	唐钢	0.51	4
	邯钢	0.51	5
	宣钢	0.16	19
	承钢	0.26	14
	津西	0.62	2
	国丰	0.34	8
	济钢	0.22	17
	莱钢	0.24	15
	青钢	−0.16	27
	宝钢	0.99	1
	南京钢铁	0.34	9
	沙钢	0.52	3
	苏钢	−0.42	39
	杭钢	0.44	7
	三钢	0.01	23
	韶钢	−0.27	32
东部地区平均值		0.284 5	
中部地区	马钢	−0.19	28
	新余	−0.35	37
	萍钢	0.16	20
	武钢	0.23	16
	新冶钢	−0.19	29
	鄂钢	−0.50	43
	湘钢	−0.25	31
	涟钢	0.00	24
	长治	−0.45	41

地区	企业	CEI	排名
中部地区	太钢	0.29	12
	安阳	0.07	22
	济源	0.11	21
中部地区平均值		−0.089 2	
西部地区	柳钢	0.20	18
	攀钢	−0.46	42
	重钢	−0.42	40
	水钢	−0.41	38
	昆钢	−0.27	33
	陕西钢铁	−0.23	30
	包钢	−0.58	44
	酒泉	−0.14	26
	八一	−0.31	36
西部地区平均值		−0.291 1	
东北地区	鞍钢	−0.05	25
	本钢	−0.31	34
	凌钢	−0.31	35
	通钢	−0.80	46
	西林	−0.74	45
东北地区平均值		−0.442 0	

数据来源：根据SPSS分析结果整理得到。

从我国钢铁企业的循环经济能源效率综合评价得分可以看出其得分区间为 [−0.7950, 0.9875]，根据区间的大小作者将此区间划分为三个等级，分别为 A^-（−0.800, −0.200]，A（−0.200, 0.400]和 A^+（0.400, 1.000）用来表示我国各钢铁企业循环经济能源效率的低效率、中等效率和高效率。这样的划分有利于更客观地分析我国各样本钢铁企业的循环经济能源效率分布情况，详见表4-19。

表4-19　46家钢铁企业2015年循环经济能源效率分等级划分结果

分组区间	企业等级划分
A⁺（0.300，1.000）	宝钢、津西、沙钢、唐钢、邯钢、新兴、杭钢、国丰、南京钢铁、天钢、天铁
A（-0.200，0.300]	首钢、太钢、承钢、莱钢、武钢、济钢、柳钢、宣钢、萍钢、济源、安阳、三钢、涟钢、鞍钢、酒泉、青钢、马钢、新冶钢
A⁻（-0.800，-0.200]	陕西钢铁、湘钢、韶钢、昆钢、八一、本钢、凌钢、新余、水钢、苏钢、重钢、长治、攀钢、鄂钢、包钢、西林、通钢

对表4-18和4-19进行综合比较可知，分布在高循环经济能源效率的11家企业全部分布在我国东部地区，其中宝钢位居首位。这说明我国东部地区的钢铁企业在循环经济能源节约、技术与管理创新、循环利用和经济运行方面都要优于其他三个地区。根据表4-18中四大地区钢铁企业循环经济综合评价指标指数的平均得分值亦可以看出东部地区的分值为0.2845，远高于其他三个地区。西部地区和东北地区的平均值仍然最低。四大区域的钢铁企业在循环经济能源效率方面的表现差距较大。东北老工业基地曾经是我国工业发展的摇篮，在新中国成立初期为我国的经济发展作出重大贡献，但一直存在着体制性和结构性的矛盾，钢铁企业的设备和技术的老化在竞争力日益突显的如今已经不能助推钢铁工业能源效率的提升。另外，资源型城市主导产业的衰落使得其发展步伐更为缓慢。国家提出的振兴东北老工业基地的战略，虽然取得了一定的成绩，但仍然任重道远。东北地区的钢铁企业仍需把握我国钢铁产业转型升级的关键时机，遵循循环经济发展5R原则，将减量化、再利用、再循环和再修复实施于钢铁生产的各个环节，并更新思想和理念，将再思考贯穿于整个生产体系，以提高钢铁企业能源效率和降低污染物排放。我国西部地区的钢铁企业循环经济能源效率处于低等级，与其传统生产技术落后及整体经济发展水平处于全国较低水平密不可分。国家十分重视西部地区的经济发展，提出了西部大开发战略，在交通、人才引进和科技发展方面都有了一定的发展，取得了一定的成绩。但西部地区钢铁企业在循环经济能源效率方面的表现还不容乐观，与东部地区及全国平均水平还存在很大差距，应主动顺应国家钢铁产业转型升级发展战略，改变依托资源发展的

根本局面，自主创新研发新的能源利用技术和节能环保技术。

　　本章通过构建钢铁企业循环经济能源效率评价指标体系，测算了我国46家钢铁企业的循环经济能源效率水平，本节将与第四章运用四阶段SBM-DEA方法测算得到的全要素能源效率同样进行效率分级，并对比分析，以更客观、准确地揭示我国钢铁企业循环经济能源效率水平，详见表4-20。

表4-20　全要素能源效率与循环经济能源效率综合评价结果等级比较分析

地区	企业	循环经济能源效率评价系统	全要素能源效率评价结果
东部地区	首钢	A	A
	新兴	A^+	A^+
	天钢	A^+	A^+
	天铁	A^+	A^+
	唐钢	A^+	A^+
	邯钢	A^+	A^+
	宣钢	A	A^-
	承钢	A	A^-
	津西	A^+	A^+
	国丰	A^+	A
	济钢	A	A^-
	莱钢	A	A^-
	青钢	A	A^-
	宝钢	A^+	A^+
	南京钢铁	A^+	A
	沙钢	A^+	A
	苏钢	A^-	A^-
	杭钢	A^+	A^+
	三钢	A	A^-
	韶钢	A^-	A^-
中部地区	马钢	A	A
	新余	A^-	A^-
	萍钢	A	A^-

续　表

地区	企业	循环经济能源效率评价系统	全要素能源效率评价结果
中部地区	武钢	A	A$^-$
	新冶钢	A	A$^-$
	鄂钢	A$^-$	A$^-$
	湘钢	A$^-$	A$^-$
	涟钢	A	A$^-$
	长治	A$^-$	A$^-$
	太钢	A	A$^+$
	安阳	A	A$^-$
	济源	A	A$^+$
西部地区	柳钢	A	A
	攀钢	A$^-$	A$^-$
	重钢	A$^-$	A$^-$
	水钢	A$^-$	A$^-$
	昆钢	A$^-$	A$^-$
	陕西钢铁	A$^-$	A
	包钢	A$^-$	A$^-$
	酒泉	A	A$^+$
	八一	A$^-$	A$^-$
东北地区	鞍钢	A	A
	本钢	A$^-$	A$^-$
	凌钢	A$^-$	A$^-$
	通钢	A$^-$	A$^-$
	西林	A$^-$	A

数据来源：根据SPSS分析结果整理得到。

对表4-20的对比结果进行分析，不难发现运用四阶段SBM-DEA方法测算的钢铁企业能源全要素能源效率评价结果与建立的循环经济能源效率评价系统测算得到的综合评价结果是相似的。其中，宝钢在两种方法测算下得到的能源效率均位居首位。此外，新兴、津西、国丰、天钢、杭钢等钢铁企业能源效率在两种方法的测算结果中均处于A$^+$等级（高循环经济能源效率），而本钢、通钢、包钢和攀钢等钢铁企业在两种方法下测算得到的循环经济能源效率均处于 A^- 等级（低循环经济能源效率）。当然，亦有部分钢铁企业在两种方法测算中得到的循环经济能源效率处于不同等级，如宣钢、承钢、济钢、太钢、安阳、济源和陕西钢铁等。数据包络方法测算的全要素能源效率是相对效率，虽然本书在运用数据包络方法对全要素能源效率进行测算时考虑了能源及环境因素，测算的决策单元（钢铁企业）与最佳全要素能源效率进行比较得到相对效率，但仍存在失真。基于循环经济技术能源效率评价系统测算的各钢铁企业的能源效率综合考虑了能源子系统、创新子系统、循环子系统和经济系统，可以更全面地反映我国钢铁企业循环经济能源效率水平，将两种方法结合分析更为客观和全面。

本章小结

本章是本书的核心关键章节之一，根据目前钢铁协会相关数据指南和统计、《钢铁行业发展循环经济环境保护导则》，现有的《循环经济评价指标体系》和《关于〈循环经济评价指标体系〉的说明》，并结合钢铁产业发展循环经济的实践经验构建钢铁产业循环经济能源效率指标评价体系，基于循环经济的5R原则建立了循环经济能源效率系统，其中包括四个子系统，即能源驱动系统、创新驱动系统、循环驱动系统和经济驱动系统，并运用循环经济能源效率测算模型分别对每一个子系统得分进行了测算，制定测算流程，并最终得到样本钢铁企业46家钢铁企业的循环经济能源效率结果。根据测算结果将循环经济能源效率划分三个等级（A^-，A，A^+）。并据此分为四大地区（东部地区、中部地区、西部地区和东北地区）进行了测算。在此基础上，与第四章应用四阶段SBM-DEA方法测算的全要素能源效率进行比较分析。研究结果表明：

（1）宝钢、津西、沙钢、天钢、唐钢等11家钢铁企业的循环经济能源效率处于循环经济能源效率的 A^+ 等级，且这11家钢铁企业全部位于东部地区，可见我国东部地区的钢铁企业的循环经济能源效率领先于其他三个地区。

（2）通过与第四章应用的四阶段SBM-DEA方法测算得到的全要素能源效率结果进行比较分析，在考虑能源利用和非合意产出（废气、废渣排放）得到的全要素能源效率结果与基于循环经济能源效率评价系统测算得到的结果极为相似，位居A⁺（高效率）等级的钢铁企业仍然为宝钢、津西、新兴、天钢、唐钢和邯钢等。

（3）从四大区域的循环经济钢铁企业能源效率测算分析结果可以看出，四大地区（东部地区、中部地区、西部地区和东北地区）的循环经济能源效率存在较大差异，其中东部地区遥遥领先于其余三个地区。并且，东北地区的钢铁企业的循环经济能源效率最低，需要在节能减排方面作出更大的努力。

第五章 〉〉〉

我国钢铁企业循环经济影响因素作用
路径研究

　　前面的章节测算和评价了我国钢铁企业循环经济能源效率水平，不难发现各个钢铁企业之间基于循环经济的能源效率水平差距还是比较大的，而且钢铁产业循环经济是一个复杂的系统，探究这个复杂系统中各个钢铁企业的能源效率受到哪些因素的影响对其发展循环经济显得尤为重要。由此可知，探析得到影响我国钢铁企业发展循环经济能源效率的关键因素有利于未来制定相关钢铁产业发展循环经济的政策、法律法规和企业战略规划等，为政府企业解决新常态下钢铁工业的"三低一高"（低增长、低价格、低效益和高压力）问题提供相应的理论依据。

第一节　概念模型与假设

　　探究钢铁企业循环经济影响因素的作用路径，本书结合PEST方法的思维，首先建立关于影响钢铁企业循环经济的因素的概念模型，钢铁企业作为微观因子存在，受到政治（Political）、经济（Economy）、社会文化（Social）和环境（Environment）等因素的影响（PESE），此处的PESE分析框架是将宏观和微观因素相结合，并不同于PEST完全的宏观环境分析。本章基于此分析框架，构建概念模型并提出假设。

　　首先，从政治（Political）的角度进行分析。政治因素的实施主体是政府，本章中将政治因素用政府部门对钢铁企业循环经济能源效率的影响采取的措施来表达。环保相关规则、政策、法规的制定与实施，环保相关审批、行政处罚和排污费等都是影响钢铁企业发展循环经济的重要措施。这些管制工具对于钢铁企业发展循环经济形成了强大的外部驱动力量。政府除对钢铁企业产生的负外部性进行管制外，还通过政府补贴和税收优惠等激励钢铁企业发展循环经济，提高能源利用效率。钢铁企业生产过程中产生的正外部性和负外部性都对整个社会的经济和生态发展产生重要影响。然而，环境污染是钢铁企业生产过程中产生的最严重的负外部性，这就需要依赖政府的干预力量。

其次，从经济（Economy）的角度进行分析。本章所涉及的经济不仅包含钢铁企业所处的宏观经济环境，还包含钢铁企业自身经济运行情况，要从企业自身的角度进行分析，钢铁企业自身循环经济的发展除了传统意义上的硬实力（如企业的厂房、设备和产品等）的支持，还需要无形的、非物质化的软实力来助推企业实现战略目标。对于钢铁企业来说，企业管理层、企业员工以及企业财务状况都是实现循环经济发展的重要基石。那么，钢铁企业的发展规模、资金实力、固定资产等硬实力结合企业中股东、董事、管理层人员以及企业职工对发展循环经济的认知度等软实力对其循环经济能源效率势必产生重要影响。

再次，从社会文化（Social）的角度分析，社会整体文化程度影响着公众对循环经济发展的认知，亦影响着公众督促钢铁企业实施清洁生产发展循环经济的积极程度。除此之外，环境污染问题的不断突显，已然影响到人们的正常生活，公众对环境问题的关注程度也不断攀升。钢铁企业作为高排放、高污染的企业，群众以及社会环保团体对其发展循环经济的呼声也愈来愈高。社会群众对钢铁企业节能环保重视程度的加深，可以有效地配合政府或行业协会的政策引导，加大钢铁企业环境保护方面的压力，促使其发展循环经济，提高能源效率。

最后，从环境（Environment）的角度分析。本章中的环境因素是指企业循环经济发展程度，将环境污染和能源消耗融入其中。环境保护、能源节约等社会责任方面的因素对钢铁企业的发展影响非常大。环境保护方面的社会责任企业多可通过申请国际认证来加强，目前具有权威性的国际标准化组织ISO（International Organization for Standardization）认证，其成员包括100多个国家和地区。其中ISO14000是针对日益严峻的生态环境问题应运而生的。完成ISO14000的认证能够很好地体现企业的社会责任感，敦促企业在环境保护方面进行自我管理。针对目前国际上的绿色壁垒等，实现ISO14000的认证还可以提高企业的竞争能力，突破壁垒。

通过以上的分析，本章初步建立了钢铁企业循环经济影响因素作用路径研究模型，如图5-1所示。与此同时，本章对各个路径均作出相应的研究假设，如表5-1所示。

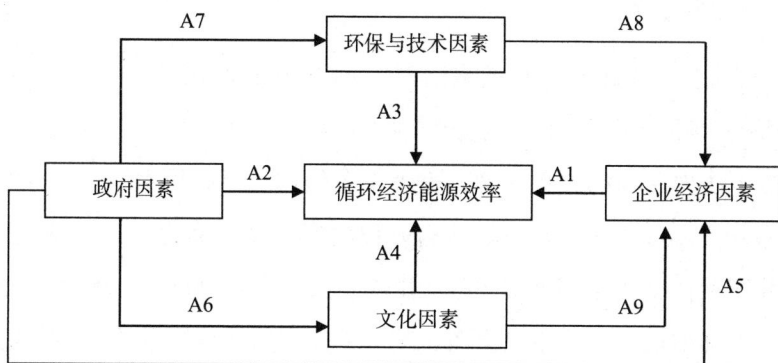

图5-1　钢铁企业循环经济影响因素作用路径模型

表5-1　研究假设

假设	具体内容
A1	钢铁企业经济因素对其循环经济能源效率有显著影响
A2	政府因素对钢铁企业循环经济能源效率有显著影响
A3	环保与技术因素对钢铁企业循环经济能源效率有显著影响
A4	文化因素对钢铁企业循环经济能源效率有显著影响
A5	政府因素对企业经济因素有显著影响
A6	政府因素对文化因素有显著影响
A7	政府因素对环保与技术因素有显著影响
A8	环保与技术因素对企业经济因素有显著影响
A9	文化因素对企业经济因素有显著影响

第二节　研究设计

一、研究方法

结构方程模型用于研究影响因素与因变量的作用关系，被广泛地应用到经济学等领域，具体可以分为两类：第一类是基于最大似然估计的（LISREL）协方差结构方程模型，也被学者们称为"硬模型"；另一类则是基于偏最小二乘（PLS）方法的结构方程模型，又被称为"软模型"。在分析影响我国钢铁企业循环经济的各个影响因素、影响程度和影响路径的情况时，本章选择偏最小二乘路径模型。基于最大似然估计协方差结构方程模型的"硬模型"适用于处理样本量足够大的数据。然而，在实际研究中这些条件通常不能全部满足，例如本书选择研究的钢铁企业循环经济影响因素作用路经就存在样本量不够充足的情况。偏最小二乘路径模型在研究中有诸多优点：首先，偏最小二乘路径模型方法对观测变量不需要特定的概率分布假设；其次，这种方法对样本量要求较低，能够对小样本进行测算；最后，偏最小二乘路径模型方法可以通过对显变量的估计研究显变量与隐变量之间的关系。

1.偏最小二乘回归

在研究变量之间线性关系时，应用最多的是多元线性回归模型，但是其有很多约束条件，例如自变量集合之间存在多重共线性问题、样本量要求数量等问题。然而在实际研究问题时，为了尽可能完备地考虑各方面的影响因素，在指标选取过程中通常不可避免地会出现多重共线性的问题，或者由于数据的可获得性以及收集数据的时间和经济成本等问题，样本量可能无法达到多元线性回归模型的要求，这时多元线性回归模型的应用就存在了局限性。偏最小二乘方法应运而生，H.Wold 1966年第一次在其论文中将偏最小二乘方法的思想进行了阐述。S.Wold 和 C.Albaro 等学者在1982年提出了偏最小二乘回归方法。经过几十年的发展，目前偏最小二乘回归方法以其对样本量要求小、实现多因变量与自变量的回归等优点得到了广泛应用。

2.偏最小二乘路径

Wold（1982）、Lohmöller（1989）等学者基于偏最小二乘方法先后提出了偏最小二乘路径模型（Partial List-Squares Regression Path Modeling）。偏最小二乘路径模型的假设条件少，且与经典的结构方程模型类似，同时因为其应用偏最小二乘方法，所以对样本量的要求也较低，具有很广的应用范围。

测量模型以及结构模型是构成偏最小二乘路径模型的基础。我们又将这两个模型分别称为外部模型和内部模型。外部模型主要刻画显变量和隐变量之间的关系；内部模型主要刻画隐变量之间的关系。每一个隐变量 ξ_j 都有一组对应的显变量 χ_j（$j=1，\cdots，J$）。不同组的隐变量 ξ_j 组成结构模型；隐变量 ξ_j 与其所对应的显变量 χ_j 构成测量模型。

偏最小二乘路径模型的结构与假设条件：假设存在 J 组显变量 $\chi_j=(x_{j1}，x_{j2}，\cdots，x_{jp_j})$（$j=1，\cdots，J$），其中 x_{jp_j} 均基于共同的 N 个样本，且它们都是中心化的。偏最小二乘路径模型中假定一组显变量 χ_j 所对应的隐变量 ξ_j 是唯一的，那么第 j 组显变量 x_{jp_j} 与其隐变量 ξ_j 的关系应用测量模型表示为：

$$x_{jp_j}=\lambda_{jp_j}\xi_j+\varepsilon_{jp_j} \tag{5-1}$$

其线性表达式被称为构成式，为：

$$\xi_j=\sum_{p_j=1}^{p_j}\varphi_{p_j}x_{jp_j}+\delta_j \tag{5-2}$$

其中，φ_{p_j} 表示回归系数，δ_j 表示随机误差项。

我们将公式（5-1）称作测量模型反映式，在公式（5-1）中 ξ_j 和随机误差项 ε_{jp_j} 的均值都是 0，且两者是不相关的。ξ_j 的方差为 1；回归系数用 λ_{jp_j} 来描述。在对测量模型的反映式进行应用前必须首先进行"唯一度"的检验，"唯一度"检验的宗旨是检验一组显变量 χ_j 所对应的隐变量 ξ_j 是唯一的。通常我们运用Cronbach's alpha进行"唯一度"检验，Cronbach's alpha检验所得值大于0.6时，表示通过"唯一度"检验。

偏最小二乘路径模型示意图如图5-2所示。

各个隐变量之间的制约关系可以表示为 $\xi_j = \sum_{i \neq j} \beta_{ji} \xi_j + \zeta_j$，其中，$\zeta_j$ 表示随机误差项，且与 $\xi_i (i \neq j)$ 不相关，并且均值为 0；β_{ji} 表示回归系数。外部估计方法以及内部估计方法是 PLS 路径模型参数估计的方法。下面对这两种方法进行简要介绍。

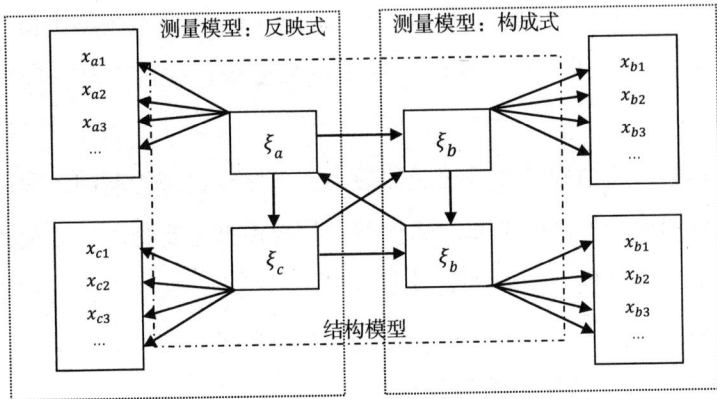

图 5-2　偏最小二乘路径模型示意图

外部估计方法是针对测量模型的，ξ_j 表示一组显变量的线性组合，于是 ξ_j 的估计量 $Y_j = \left(\sum_{p_j=1}^{p_j} \omega_{p_j} x_{jp_j} \right)^{*} = \left(\chi_j \omega_j \right)^{*}$，其中 ω_j 表示外部权重，*表示对估计量进行标准化处理。对于外部权重 ω_j 的计算方法包括两种，方法一为 $\omega_j = \frac{1}{n} \chi_j^T Z_j$；方法二为 $\omega_j = \left(\chi_j^T \chi_j \right)^{-1} \chi_j^T Z_j$。

内部估计方法是针对结构模型的，隐变量 ξ_j 可以由与之相关的其他隐变量 $\xi_i (i \neq j)$ 进行估计，这时 ξ_j 的估计量 $Z_j \propto \left(\sum_{i:\beta_{ji} \neq 0} e_{ji} Y_i \right)^{*}$，其中，压缩处理用 ∝ 描述；$\xi_j = \sum_{i \neq j} \beta_{ji} \xi_i + \zeta_j$ 的系数为 β_{ji}，内部权重用 e_{ji} 描述，内部权重可用如下表达式表示：

$$e_{ji} = \text{sign}\left(r\left(Y_j, Y_i \right) \right) = \begin{cases} 1 & r\left(Y_j, Y_i \right) > 0 \\ 0 & r\left(Y_j, Y_i \right) = 0 \\ -1 & r\left(Y_j, Y_i \right) < 0 \end{cases}$$

偏最小二乘路径模型采用的检验方法与多元回归分析方法在总体显著性检验上运用的方法是大不相同的。关于偏最小二乘路径模型的检验标准，杨蕙馨、李国峰（2012）两位学者给出了具体的指标，详见表 5-2。

表5-2　偏最小二乘路径模型检验标准

评价内容	评价指标	评价标准
反映式测量模型的信度评价	科隆巴奇系数 α 合成信度 指标绝对标准载荷	Cronbach's $\alpha \geqslant 0.6$ Composite Reliability，CR $\geqslant 0.6$ $\geqslant 0.7$，删除低于0.4的指标
反映式测量模型的效度评价	主成分分析（最大特征根） 平均差异萃取量（AVE） 交叉载荷	仅有1个最大特征根>1 聚合效度，>0.5 每个显变量的标准外部权重要大于其与另外潜变量的交叉权重
结构模型的评价	内生潜变量决定系数 （方差解释度 R^2） 路径系数估计显著性 路径效果大小 f^2	$\geqslant 0.67$，较好；0.33适中，<0.9，较差 Bootstrapping t统计量>1.96（5%置信水平） $\geqslant 0.35$，较大；0.15，适中；<0.2，很小

资料来源：杨蕙馨，李国峰著《中国企业自主创新能力提升路径与对策研究》。

二、路径优化影响因素筛选及测量

结合概念模型和假设对影响钢铁企业循环经济的因素进行筛选，本节筛选的隐变量主要包括：政府因素、企业经济因素、文化因素和环保与技术因素。其中政府因素主要包括每年针对钢铁企业收取的排污费用、行政处罚情况、政府补贴情况以及税收优惠政策；企业经济因素主要包括企业规模、企业性质、企业是否上市、企业成立年限以及企业所在省份或直辖市的经济发展水平均等；文化因素则包含各个钢铁企业所在省份或直辖市的公众受教育程度，公司员工对循环经济的认知度，领导层对循环经济的重视程度，新闻媒体对企业环保活动或污染行为报道与否等；环保与技术因素包括技术投入水平、企业环保人数占职工总人数的比重、企业节能减排投入、在环境保护方面的标准或体系认证等。

根据选取指标性质的不同，作者在收集数据时，将通过相关统计资料直接获得或通过计算得到的实际数据作为变量数据；对于企业性质、企业是否上市等则采用虚拟数据表示，运用赋值方法。例如，企业上市则用1表示（1=是），未上市则用2表示（2=否）。经过多次与相关专家、学者和钢铁企业工作人员访谈，对所选择的因素进行多次修改，最终确定影响我国钢铁企业循环经济能与效率的因素，具体见表5-3。

依据我国钢铁企业循环经济能源效率的因素作用路径概念模型和偏最小二乘路径模型确定显变量和隐变量。潜变量主要包括企业经济因素、政府因素、文化因素和技术因素，显变量则包括表格中的18个影响因素以及本书测算得到的循环经济能源综合效率四大系统（能源驱动系统EPI、创新驱动系统IDI、循环驱动系统CDI、经济驱动系统EDI）评价结果。

表5-3　钢铁企业循环经济能源效率影响因素

	影响因素	具体指标	变量测量	符号
企业经济因素	企业所在地经济发展水平	人均GDP	实际数值	ECO1
	企业规模	总资产	实际数值	E二氧化碳
	企业成立年限	成立年限	实际数值	ECO3
	企业性质	国有或民营	1=国有，2=民营	ECO4
	企业是否上市	是否上市	1=上市，2=非上市	ECO5
政府因素	对企业因发展循环经济或提高能源效率实行补贴	政府补贴	1=无补贴，2=500万元以下，3=500万元及以上	GOV1
	对企业因发展循环经济或提高能源效率进行税收优惠	税收优惠	1=没有，2=有	GOV2
	对企业收取排污费	吨钢排污费	实际数值	GOV3
	对企业进行环境污染处罚	行政处罚	1=有，2=没有	GOV4
文化因素	企业所在省份或直辖市的公众受教育程度	大专及以上人口比重	实际数值	CUL1
	各地区文化教育重视程度	各地区教育经费情况	实际数值	CUL2
	公司员工对循环经济的认知度	本科及以上学历占比	实际数值	CUL3
	领导层对循环经济的重视程度	平均年龄	实际数值	CUL4
	新闻媒体对企业环保活动或污染行为报道	报道	1=正面报道，2=无报道，3=负面报道	CUL5

续　表

影响因素		具体指标	变量测量	符号
环保与技术因素	企业环保投资	环保投资完成额	实际数值	TEC1
	企业环境管理体系认证情况	环保认证	1=认证；2=未认证	TEC2
	企业环保人数占在职员工总人数的比例	环保工作人员占比	实际数值	TEC3
	企业研发投入	研发投入	实际数值	TEC4

数据来源：作者本人整理所得。

第三节　实证研究与分析

一、初始模型构建与检验

在已经建立的概念模型和作出相应假设的基础上，本节运用Smart PLS建立初始PLS路径模型，如图5-3所示。本初始PLS路径模型建立的是5个显变量和22个潜变量的反映式，并在5个反映式之间作出9项假设。

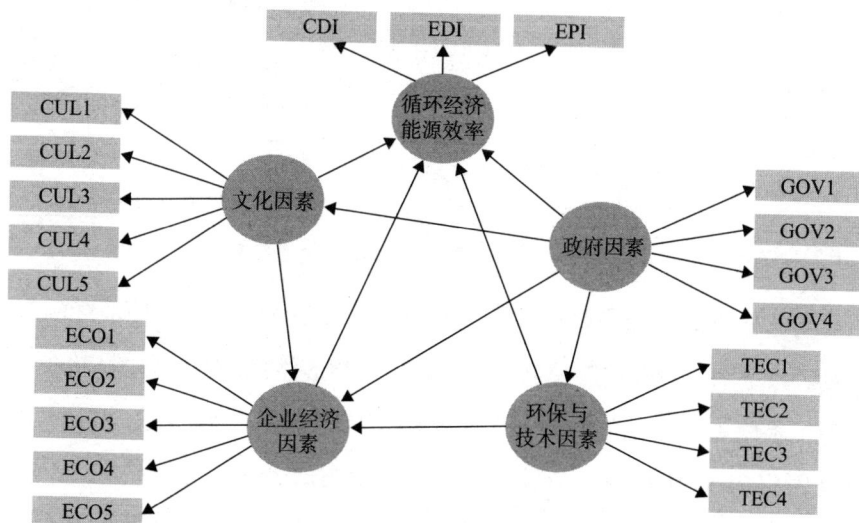

图5-3　初始PLS路径模型

数据来源：作者根据概念建模所得。

在本节构建的初始PLS路径模型是否可以进行影响因素的路径分析，仍然需要进行相关性检验和"唯一度"检验。在相关性检验中，如果显变量和潜变量之间的相关系数不小于0.4，且每一个潜变量之间"唯一度"得到保证，那么可以进行接下来的影响因素路径分析；但是如果显变量和潜变量之间的相关系数小于0.4，那么这个显变量不符合PLS路径模型评价和检验的条件，必然要将其从路径概念模型之中删除。本文选取的指标通过检验后的结果如表5-4所示。

表5-4　潜变量及相应显变量指标

潜变量	初始显变量	符合检验条件筛选的显变量
企业经济因素	人均GPD（ECO1），总资产（E二氧化碳），成立年限（ECO3），企业性质（ECO4），企业上市与否（ECO5）	人均GPD（ECO1），总资产（E二氧化碳），企业性质（ECO4），企业上市与否（ECO5）
政府因素	政府补贴（GOV1），税收优惠（GOV2），吨钢排污费（GOV3），行政处罚（GOV4）	政府补贴（GOV1），吨钢排污费（GOV3），行政处罚（GOV4）
文化因素	大专及以上人口比重（CUL1），各地区教育费情况（CUL2），本科及以上学历占比（CUL3），平均年龄（CUL4），媒体报道（CUL5）	大专及以上人口比重（CUL1），各地区教育经费情况（CUL2），本科及以上学历占比（CUL3），平均年龄（CUL4），媒体报道（CUL5）
环保与技术因素	环保投资完成额（TEC1），环保认证（TEC2），环保工作人员占比（TEC3），研发投入（TEC4）	环保投资完成额（TEC1），环保认证（TEC2），研发投入（TEC4）
循环经济能源效率	能源系统（EPI），创新系统（IDI），循环系统（CDI），经济系统（EDI）	能源系统（EPI），循环系统（CDI），经济系统（EDI）

数据来源：作者根据相关性检验和"唯一度"检验整理得到。

对初始选取的指标按照PLS路径模型的筛选条件筛选后得到最终的18个显变量。接下来，对筛选后的显变量重新构建PLS路径模型，如图5-4所示。

为了检验本书建立的初始PLS路径模型是否符合"唯一度"检验，本章通过运用SPSS软件对每一个显变量组进行了主成分验证方法检验，结果如表5-5所示。通过表5-5所示的结果，本章构建的影响我国钢铁企业循环经济因素的路径模型中的每一组变量均通过了"唯一度"检验。

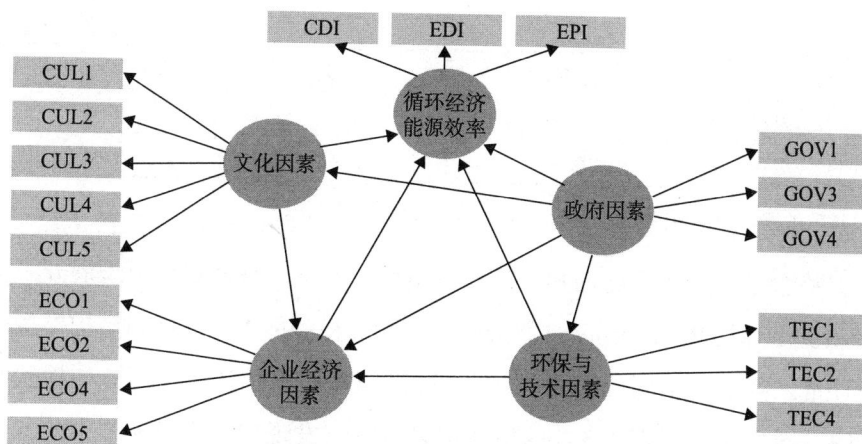

图5-4 指标筛选后的钢铁企业循环经济能源效率影响因素PLS路径模型
数据来源：作者根据SPSS检验结果整理得到。

表5-5 PLS路径模型的"唯一度"检验

潜变量组	第一主成分特征根	第二主成分特征根
企业经济因素	1.544	0.982
政府因素	1.305	0.946
文化因素	1.982	0.994
技术因素	1.799	0.734
循环经济能源效率	1.471	0.948

数据来源：作者根据SPSS检验结果整理得到。

然后，对PLS路径模型进行信度和效度检验。信度和效度的检验结果详见表5-6。本节选择的信度、效度检验方法为平均差异萃取量（AVE）、合成信度（Composite Reliability，CR）和Cronbach's alpha。根据表5-6的结果，不难看出本章所建立的PLS路径模型具有良好的信度和效度水平。

表5-6 影响因素PLS路径模型的信度和效度检验结果

潜变量组	AVE	CR	Cronbach's α
企业经济因素	0.676	0.683	0.855
政府因素	0.758	0.667	0.849
文化因素	0.881	0.804	0.663

续　表

潜变量组	AVE	CR	Cronbach's α
技术因素	0.674	0.835	0.799
循环经济能源效率	0.673	0.689	0.660

数据来源：作者根据PLS路径模型的分析结果整理得到。

在检验了本章所构建的PLS路径模型后，本书对整体路径模型展开了显著性检验。运用Bootstrapping方法测算了测量模型的T统计量和结构模型的T统计量。测量模型部分的检验结果如表5-7所示；结构模型部分的检验结果如表5-8所示。根据表5-7的检验结果，我们发现PLS路径模型中的各个路径都通过了显著性水平检验，反映出PLS路径模型之中的每一个显变量对潜变量的影响都是显著的。

表5-7　测量模型路径系数及显著性检验结果

	变量	路径系数	T统计量
企业经济因素	ECO1	0.735	3.838
	E二氧化碳	0.806	3.400
	ECO4	0.318	4.469
	ECO5	0.461	5.266
政府因素	GOV1	0.451	7.548
	GOV3	0.956	10.132
	GOV4	0.063	6.306
文化因素	CUL1	−0.647	4.091
	CUL2	0.880	5.433
	CUL3	0.643	4.198
	CUL4	0.030	4.108
	CUL5	0.508	3.743
环保与技术因素	TEC1	0.836	7.266
	TEC2	0.639	4.569
	TEC4	0.797	5.068
循环经济能源效率	CDI	0.961	2.710
	EDI	0.203	6.603
	EPI	0.640	2.308

数据来源：作者根据PLS路径模型的分析结果整理得到。

表5-8　结构模型路径系数及显著性检验结果

潜变量关系	路径系数	T统计量
企业经济因素→循环经济能源效率	0.029	2.029
政府因素→循环经济能源效率	0.303	5.163
文化因素→循环经济能源效率	0.287	5.017
环保与技术因素→循环经济能源效率	0.261	4.764
环保与技术因素→企业经济因素	0.422	3.798
政府因素→企业经济因素	0.189	3.389
文化因素→企业经济因素	0.578	1.048
政府因素→环保与技术因素	0.427	6.045
政府因素→文化因素	0.313	3.604

注：作者根据Smart PLS输出结果整理得到。

从结构模型的显著性检验结果中我们不难发现企业经济因素→循环经济能源效率、政府因素→循环经济能源效率、文化因素→循环经济能源效率、环保与技术因素→循环经济能源效率、环保与技术因素→企业经济因素、政府因素→企业经济因素、政府因素→环保与技术因素和政府因素→文化因素这8条路径的系数均通过了显著性检验。另外，1条路径没有通过显著性检验，拒绝了最初的路径假设；这条路径为"文化因素→企业经济因素"。基于我们建立的PLS路径模型的内生潜变量是0.674，这表明本书建立的影响因素路径模型是能够较好地刻画循环经济发展水平的，也印证了本研究构建的模型是恰当的。

二、模型改良与检验

由于概念模型设定中的1条路径（文化因素→企业经济因素）没有通过显著性检验，本章根据拟合结果对初始模型进行了修正，除去"文化因素→企业经济因素"这条路径，从而得到改良后的结构模型如图5-5所示。对初始PLS路径模型进行改良后，对其进行路径系数及T统计量进行拟合，拟合结果如表5-9所示，改良后的8条路径全部通过了显著性检验，初始模型得到了较好的改善（R^2=0.719）。从整体来看，修正后的PLS模型拟合效果更好。

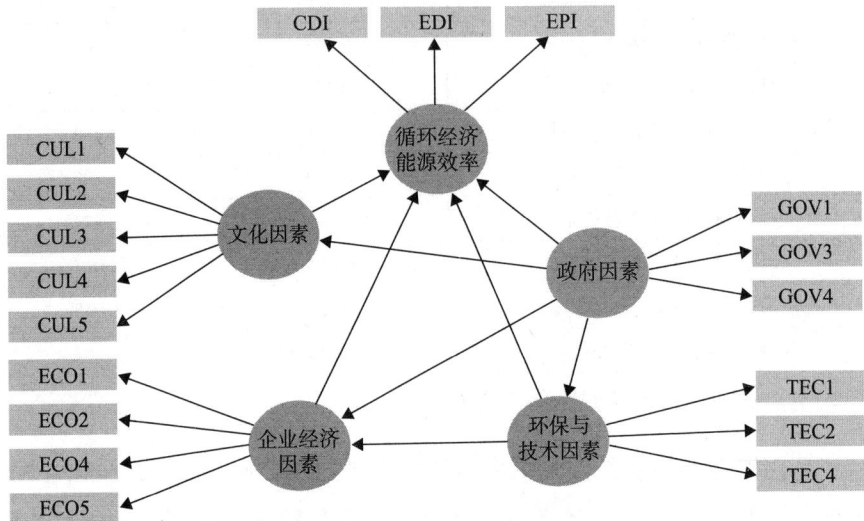

图5-5 钢铁企业循环经济能源效率影响因素PLS路径改良模型

数据来源：作者根据Smart PLS结果整理得到。

表5-9 改良的结构模型路径系数及显著性检验结果

潜变量关系	路径系数	T统计量
企业经济因素→循环经济能源效率	0.816	4.582
政府因素→循环经济能源效率	0.505	5.302
文化因素→循环经济能源效率	0.314	6.023
环保与技术因素→循环经济能源效率	0.205	3.621
环保与技术因素→企业经济因素	0.520	3.047
政府因素→企业经济因素	0.256	4.538
政府因素→环保与技术因素	0.684	6.442
政府因素→文化因素	0.354	3.253

注：作者根据Smart PLS输出结果整理得到。

三、假设检验与路径效应分析

1.假设检验

通过表5-9显示的结果可以看出,企业经济因素对循环经济能源效率的路径系数是0.816,并通过显著性检验,说明路径系数在0.05水平上显著,由此表明企业经济因素对循环经济能源效率有明显的直接影响,印证了本章第一小节设定的假设A1。理论上,钢铁企业的经济因素是其开展循环经济并提高能源效率的经济保障。本章的企业经济因素中还包含了企业所在地区的经济发展状况,通常情况下,一家钢铁企业所处地区的经济状况越好,该地区对环境保护、发展循环经济的要求就越迫切,从而该地区的钢铁企业受到的发展循环经济和提高能源效率的压力就越大,进而钢铁企业会增加环保投入和能源效率、提升研发支出。另外,企业经济因素中还包含企业规模、企业性质以及企业是否上市等因素。钢铁企业规模、企业的性质和企业是否上市等因素从侧面反映了企业的经济发展情况。如果某一钢铁企业的规模较大,为国有企业并已经上市,则从侧面反映了该企业的经济基础雄厚,而雄厚的基础经济能够应用于技术提高、管理培训和理念创新方面,必然带动钢铁企业循环经济的发展,提高能源利用效率。

政府因素对循环经济能源效率的路径系数为0.505,并通过显著性检验,说明路径系数上通过了显著性检验,这表明循环经济能源效率受到政府因素的直接影响,符合假设A2。另外,政府因素对企业经济因素的路径系数为0.056,并通过显著性检验,这也表明了路径系数在0.05水平上通过显著性检验,企业经济因素同样受到政府因素的直接影响,确证了本章第一小节设定的假设A5。同理,政府因素对企业的技术因素亦有显著的直接影响。政府是影响和引导企业行为的重要力量之一。政府部门对生态环境、能源资源的平衡的关注度的加深,必然将对钢铁企业在环保和能源利用方面更为严格,使得钢铁企业在政府的敦促下采取措施进行技术研发、引进等,开展循环经济项目。这都是政府对循环经济能源效率、企业经济发展以及技术状况产生的重要影响。除此之外，政府对发展循环经济提高能源效率的倡导，足以引起媒体以及普通群众提高企业对循环经济推行的监督，也将有助于提高钢铁企业发展循环经济和提高能源效率。

环保与技术因素对循环经济的路径系数为0.205，并且通过了显著性检验（T=3.621），这表明循环经济能源效率受到技术因素的直接影响，印证了本章第一小节设定的假设A3。另外，技术因素对企业经济的路径系数为0.520，同样通过了显著性检验，说明环保与技术因素对企业经济的直接影响亦是显著的，印证了假设A8。本章所选择的技术因素包含了环保投资完成额、环保认证状况、环保工作人员占比以及研发投入。环保投资和研发投入越大，对于钢铁企业发展循环经济项目、提高能源利用效率、保护环境和提升绿色竞争力等均越会显著的积极影响。环保认证与否是钢铁企业产品市场形象和公众形象的重要表现之一，必然对钢铁企业产生间接效益影响，通过环保相关认证钢铁企业也会因此而增加获得相关补贴的可能性，这都将促进钢铁企业发展循环经济项目并提升能源效率。

文化因素对循环经济的路径系数为0.314，并通过显著性检验，说明路径系数在0.05水平上显著，由此表明文化因素对循环经济能源效率有明显的直接影响，印证了本章第一小节设定的假设A4。本章的文化因素中包含了该企业所处省份或地区的公众受教育程度、企业所在省份或地区对文化教育的重视程度、企业员工素质以及媒体等对企业循环经济能源效率的关注度指标。某一钢铁企业所处省份或地区的公众受教育程度和企业所在省份或地区对文化教育的重视程度越高，说明该地区的人口素质以及掌握的技术水平越高，同样企业的员工素质越高对于企业的经济积极作用越大。企业受到媒体关注度越多，受到广大社会公众的监督越多，那么钢铁企业为了树立在媒体和公众面前的形象和市场形象，必然会努力发展循环经济，提高能源效率。

根据理论模型和实证模型的测算和分析，可知本章第一节设定的假设基本都通过了假设检验，详见表5-10。

表5-10 理论假设检验结果

假设	具体内容	验证结果
A1	钢铁企业经济因素对其循环经济能源效率有显著影响	接受
A2	政府因素对钢铁企业循环经济能源效率有显著影响	接受
A3	技术因素对钢铁企业循环经济能源效率有显著影响	接受
A4	文化因素对钢铁企业循环经济能源效率有显著影响	接受
A5	政府因素对企业经济因素有显著影响	接受
A6	政府因素对文化因素有显著影响	接受
A7	政府因素对技术因素有显著影响	接受
A8	技术因素对企业经济因素有显著影响	接受
A9	文化因素对企业经济因素有显著影响	拒绝

注：作者根据Smart PLS输出结果整理得到。

2.路径效应分析

通过PLS路径模型对各个变量之间的关系进行了测算，在PLS路径模型中不仅可以测算得到直接影响效应，还可测算得到间接影响效应，本章将通过直接影响效应对间接效应进行测算，并计算总体效应。这里所提到的直接效应是指因变量对结果变量的直接影响；间接效应是指因变量通过中介变量对结果变量产生的影响；测算方法为因变量至中介标量的路径系数与中介变量至结果变量的路径系数的乘积；总效应则为直接效应与间接效应的总和。图5-6展示了潜变量路径系数。

根据各个潜变量的路径系数测算得到各潜变量对循环经济能源效率的直接效应、间接效应和总效应，如表5-11所示。

表5-11 直接效应、间接效应和总效应测算结果

影响因素	直接效应	间接效应	总效应
企业经济因素	0.816	0.000	0.816
政府因素	0.505	0.297	0.802
环保与技术因素	0.205	0.424	0.629
文化因素	0.314	0	0.314

注：作者根据Smart PLS输出结果整理得到。

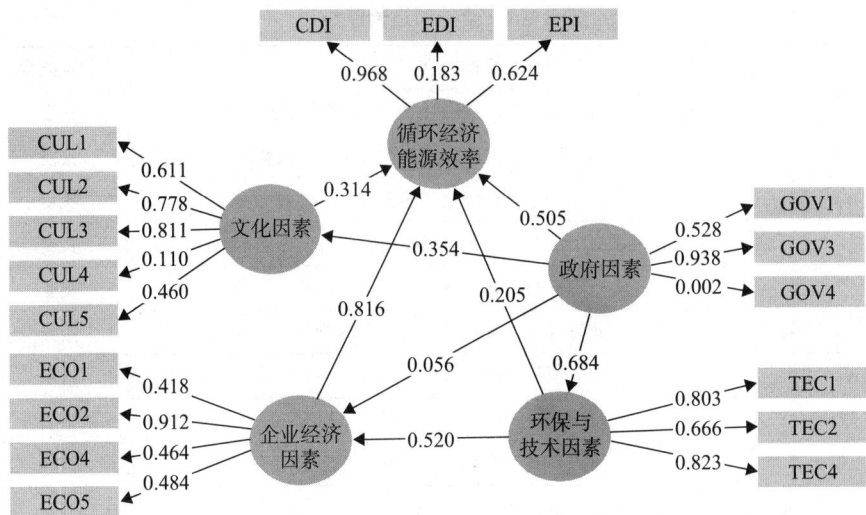

图5-6 钢铁企业循环经济能源效率影响因素PLS路径改良模型

数据来源：作者根据Smart PLS输出结果整理得到。

根据表5-11的测算结果以及本书建立的概念模型，将具体的影响因素路径模型展现在图5-7中。表5-11和图5-7的结果显示，对钢铁企业循环经济能源效率影响的大小按照排名为企业经济因素、政府因素、环保与技术因素和文化因素。与此同时，政府因素、文化因素和环保与技术因素还通过企业经济因素对循环经济能源效率产生影响。结合前文的分析结果，不难看出企业经济因素是影响循环经济能源效率最为重要的影响因素，其中企业所处的省份或地区的经济发展情况以及企业自身的经济发展情况都是企业发展循环经济提高能源效率的基石。另外，政府因素的影响作用排名第二，说明钢铁企业发展循环经济提高能源效率都受到政府的政策引导、发展规划制定颁布和惩罚措施等的积极影响，我国政府在发展循环经济和促进能源效率提升方面的法律法规在借鉴国外发达国家的发展经验的基础上已经取得了一定的成绩，但是还不够全面和完善，尤其是在循环经济的模式下政府的激励政策和惩罚政策还不够明确。另外，各级政府的工作衔接和权力交叉问题也导致具体政策措施在落实的过程中被弱化。其次为环保与技术因素，本章选取的技术因素包含了企业的环保投入、研发投入和环保工作人员占比等指标，环保与技术因素是推动钢铁企业实现循环经济能源效率提升的重要工具，是提升钢铁企业在市场中绿色竞争力的有力武器，其作用十分显著。另外，文化因素对循环经济能源效率的影响作用虽然最弱，但社会媒体和公众的监督对政府发展循环经济、保护环境和提升企业能源效率扮演着重要的辅助角色，不容小觑。

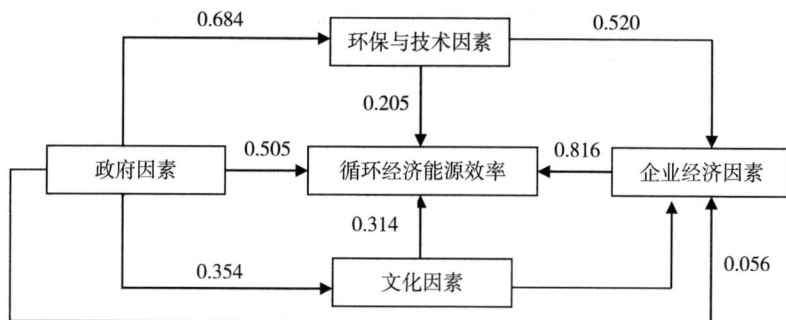

图5-7 钢铁企业循环经济能源效率影响因素作用路径模型结果图

数据来源：作者根据Smart PLS输出结果整理得到。

本章小结

本章通过建立钢铁企业循环经济能源效率影响因素及作用路径的概念模型，并根据相关理论和对现有文献的总结提出了影响钢铁企业循环经济能源效率因素四大潜变量，设定假设路径，选取了在中国钢铁工业协会注册的46家钢铁企业作为样本，对钢铁企业循环经济能源效率的影响因素和作用路径通过运用偏最小二乘路径模型（PLS路径模型）对概念模型建立拟合路径模型，并进行相应的信度检验、效度检验和显著性检验。检验结果表明本章建立的钢铁企业循环经济能源效率影响因素模型符合检验标准。

依据PLS路径模型的测算结果，对理论模型和假设进行了验证和分析，主要包含了假设检验的影响显著性分析和路径分析两部分。在假设检验的影响显著性分析方面，结果表明各个影响因素之间的影响作用是十分明显的，基本都通过了显著性检验。在路径分析方面，结果表明：企业经济因素、政府因素、环保与技术因素和文化因素对钢铁企业循环经济能源效率均有直接影响，且影响程度呈现递减趋势。企业经济因素是影响钢铁企业循环经济能源效率最为重要的影响因素，提升钢铁企业的循环经济能源效率关键的着眼点是企业经济发展本身。企业经济运行状况越好，企业所处的外部环境（各省份或地区的经济发展状况）越好，钢铁企业的循环经济能源效率的表现越好。另外，政府因素是钢铁企业提升循环经济能源效率的重要引导者，环保与技术因素则发挥着重要的工具作用。虽然，文化因素对钢铁企业循环经济能源效率的影响作用最小，但是影响效果仍然显著，且文化因素中的媒体和社会公众对企业发展循环经济提升能源效率的监督作用是政府因素的重要辅助。

第六章 >>>

亚洲四国主要钢铁企业能源效率
比较研究

第一节　研究目标

钢铁工业是世界经济和社会发展的中流砥柱，是世界经济发展的物质保障。世界现代钢铁工业始于19世纪初期，20世纪时大规模发展。根据《世界钢铁统计数据》可知，1900年，全球钢铁总产量仅仅2 850万吨。1950年，全球粗钢产量达到1.89亿吨，到2000年时，这一数据已经达到8.5亿吨。19世纪的100年间全球粗钢产量增长30倍。世界钢铁工业发展最为迅速的20世纪后半叶，钢铁工业的产品品种、质量、工艺技术、设备、技术经济指标都发生了革命性的变化和质的飞跃。20世纪，日本逐步取代了美国和苏联占据了全球钢铁产量的霸主地位。进入21世纪，处在工业化发展初期的发展中国家为了推动工业化进程，加快了产能扩张速度。21世纪世界钢铁工业逐步集中到北美、西欧、东欧和东亚地区。其中，亚洲钢铁工业在21世纪发展最为迅速。21世纪全球新增钢铁产能主要来自亚洲，其他地区的新增产能非常有限。亚洲在全球粗钢产量中的比重从2000年的39.41%增长至2014年的68.29%。中东的粗钢产量占世界比重从1.27%增长至1.80%。其他地区占世界粗钢产量的比重均呈现下降趋势。亚洲钢铁工业发展贡献最大的国家为中国，自1996年开始成为全球最大钢铁生产国。中国粗钢产量从1996年的1.0124亿吨增长至2014年的8.2亿吨，虽然2015年在我国实行"去产能"等政策调整下，实现了30年来的首次下降，但仍然达到8.04亿吨，占据全球粗钢产量的49.54%。亚洲钢铁生产国家中与中国相比最具竞争力的为日本、韩国和印度。2014年，中国、日本、印度和韩国粗钢产量分别为8.227亿吨、1.107亿吨、0.865亿吨和0.715亿吨，且均位于全球前五名。全球主要钢铁公司排名的前20名中10家企业位于中国，2家企业位于日本，2家企业位于韩国，1家企业位于印度。由此可见，中国、日本、印度和韩国在全球钢铁工业中的重要地位。

虽然在亚洲钢铁生产四国中，我国是钢铁第一生产大国，但却称不上真正的钢铁强国，粗放式的发展方式使得我国钢铁工业面临着诸多挑战，如产能过剩、产业集中度低、市场恶性竞争以及环境资源失衡等。其中，能源效率的提升是促进转型升级、提高竞争力和维持环境资源稳定的重要手段之一。从目前的研究来看，早期的关于钢铁企业的效率研究没有考虑资源能源约束以及污染物排放，主要探索钢铁企业的技术效率和规模效率。钢铁工业能源消耗大，随着钢铁企业能源消耗呈现不断上升趋势，学者们对钢铁企业效率的研究开始融入能源约束。随着循环经济的不断推进，绿色环保的发展理念深入工业领域，钢铁工业作为"高污染"的大户受到了众多学者的关注，部分学者开始将钢铁生产过程中废弃物的排放融入研究之中。

探索效率问题的研究主要运用的方法有随机前沿分析方法，传统DEA方法，SBM-DEA方法，基于DEA的Malmquist方法，Malmquist-Luenberger方法以及网络DEA方法。众多学者对我国工业部门的能源效率运用DEA方法进行分析，余晓泓、张超运用方向性距离函数和DEA方法测算了我国能源效率水平。探索钢铁企业能源效率的研究方法主要为随机前沿分析方法、传统DEA方法和DEA-Malmquist方法。然而截至目前，针对亚洲四国（中国、日本、韩国和印度）的钢铁代表型企业能源效率的研究仍稀缺。本书选取全球粗钢产量排名前20的中国、日本、韩国和印度的钢铁企业作为研究对象，在考虑污染物排放的前提下，运用SBM-DEA方法测算并比较分析这些钢铁企业的能源效率状况，在国家治理产能过剩和推进"绿色钢铁"发展的大背景下，针对我国钢铁企业的发展特点及现状提出相应的政策建议。

第二节　研究设计

一、研究方法介绍

传统DEA模型在评价钢铁企业能源效率时未将非意愿产出纳入其中，在考虑资金、劳动、产量和收益等经济指标时，决策单元的投入越小越好，而产出越大越好。然而，在循环经济的背景下，我们应将污染物排放融入其中，实现循环经济的减量化目标以及经济效益的增长。在意愿产出和非意愿产出同时存在的情况下，传统的DEA模型方法不能处理。对于污染物等非意愿产出的处理方法，目前有曲线测度评价法、污染物作为投入处理法、数据转换函数处理法和距离函数法等。上述四种方法中无论哪一种，在本质上仍然属于DEA模型中的径向及产出角度的度量方法。传统的DEA模型大都属于径向和角度的度量，因此不能充分考虑到投入产出的松弛性问题，度量的效率值也因此是不准确的有偏的。Tone（2004）提出了解决这一问题的非径向和非角度的Undesirable-SBM模型。假设生产系统有n个决策单元，且这n个决策单元均有三个投入产出向量，分别为投入向量、意愿产出向量和非意愿产出向量。模型具体如公式（6-1）所示。

$$\min\rho = \frac{1 - \frac{1}{m}\sum_{i=1}^{m}{s_i^-}\big/{x_{ik}}}{1 + \frac{1}{q_1+q_2}\left(\sum_{r=1}^{q_1}{s_r^+}\big/{y_{rk}} + \sum_{i=1}^{q_2}{s_t^{b-}}\big/{b_{rk}}\right)} \quad\quad (6\text{--}1)$$

$$s.t.\ X\lambda + s^- = x_k$$
$$Y\lambda - s^+ = y_k$$
$$B\lambda + s^{b-} = b_k$$
$$\lambda, s^-, s^+ \geqslant 0$$

其中，s_i^-，s_r^+，s_t^{b-}表示投入、产出的松弛量，λ是权重向量。目标函数ρ是关于s_i^-，s_r^+，s_t^{b-}严格递减的。对于特定的被评价单元，当且仅当$\rho=1$，即$s_i^-=0$，$s_r^+=0$，$s_t^{b-}=0$时是有效率的。

此处，本书对我国钢铁企业的能源效率进行定义，基本思想是：某一钢铁企业能源效率参照样本钢铁企业中其他决策单元（DMU）得到的最佳的能源投入水平与这家钢铁企业的实际能源投入水平进行比较，在不变的生产条件和要素价格下，如果所研究的钢铁企业的能源投入已经不能再减少了，也就是说其能源效率达到1，即帕累托有效率。相对地，如果所研究的钢铁企业的能源投入在相同的生产条件和要素价格水平下，可以进一步减少，那么说明这家钢铁企业的能源效率没有达到最佳水平，其与最优的前沿面的相对距离即为其效率值，表明这家钢铁企业存在效率损失。所以本章将对中国、日本、韩国和印度主要钢铁生产企业能源效率进行了定义，其公式为：

$$EE_{i,t}^{I\&S} = \frac{REI_{i,t}^{I\&S} - LEI_{i,t}^{I\&S}}{REI_{i,t}^{I\&S}} = 1 - \frac{LEI_{i,t}^{I\&S}}{REI_{i,t}^{I\&S}} = \frac{TEI_{i,t}^{I\&S}}{REI_{i,t}^{I\&S}} \qquad (6-2)$$

公式（6-2）中，i代表各个样本钢铁企业；t代表所处时期；$EE_{i,t}^{I\&S}$代表第i个样本钢铁企业在t时期的能源效率；$REI_{i,t}^{I\&S}$代表第i个样本钢铁企业在t时期的实际能源投入情况；$LEI_{i,t}^{I\&S}$代表第i个样本钢铁企业在t时期的能源损失情况；$TEI_{i,t}^{I\&S}$代表第i个样本钢铁企业在t时期的目标能源投入情况（最佳能源投入量）。

通过公式（6-3）可以计算出样本钢铁企业在某一时期的能源效率状况，在此基础上，本章从投入角度对中国、日本、韩国和印度主要钢铁生产企业的节能潜力分析模型进行定义，其公式为：

$$ESP_{i,t}^{I\&S} = \frac{LEI_{i,t}^{I\&S}}{REI_{i,t}^{I\&S}} \qquad (6-3)$$

通过公式（6-3）可以计算出样本钢铁企业在某一时期的能源效率状况，在此基础上，本章从产出角度对中国、日本、韩国和印度主要钢铁生产企业的减排潜力分析模型进行定义，其公式为：

$$ERP_{i,t}^{I\&S} = \frac{RRP_{i,t}^{I\&S} - TRP_{i,t}^{I\&S}}{RRP_{i,t}^{I\&S}} \qquad (6-4)$$

公式（6-4）中，i代表各个样本钢铁企业；t代表所处时期；$ERP_{i,t}^{I\&S}$代表第i个样本钢铁企业在t时期的减排潜力；$RRP_{i,t}^{I\&S}$代表第i个样本钢铁企业在t时期的实际污染物排放量；$TRP_{i,t}^{I\&S}$代表第i个样本钢铁企业在t时期的目标污染物排放量。

根据本章建立的包含非意愿产出的SBM-DEA模型可以计算出中国、日本、韩国和印度四国主要钢铁生产企业的$TEI_{i,t}^{I\&S}$以及$TRP_{i,t}^{I\&S}$，并结合$REI_{i,t}^{I\&S}$以及$RRP_{i,t}^{I\&S}$，即可得到相应的$EE_{i,t}^{I\&S}$、$LEI_{i,t}^{I\&S}$、$ESP_{i,t}^{I\&S}$和$ERP_{i,t}^{I\&S}$。

二、数据和变量的选择

本章选取2014年中国、日本、韩国和印度4国粗钢产量排名占据全球前20位的钢铁企业作为研究对象，评价在考虑环境因素时，各个钢铁企业的能源效率情况。2014年全球粗钢产量排名前20位的钢铁企业中10家位于中国，2家位于日本，2家位于韩国，1家位于印度。但是，在搜集数据的过程中，韩国现代制铁株式会社的能源数据和环境数据无法获得，遂本章将其剔除。其余14家钢铁企业的数据均来自各家钢铁企业对外公布的《财务年报》《可持续发展年报》《社会责任年报》；并将其中的货币数据全部换算为美元。这14家钢铁企业的选取均为中国、日本、韩国和印度钢铁企业中的典型代表，对于比较分析各国的钢铁产业能源效率具有一定的借鉴意义。

钢铁产业发展循环经济的根本目的在于协调经济发展与生态环境之间的关系，促进经济、环境的可持续发展。具体表现为提高能源利用效率、物质循环利用率，减少污染排放。然而，钢铁企业生产过程中消耗大量的能源的同时还要排放大量的污染物。本章中对中国、日本、韩国和印度4国主要钢铁生产企业的能源效率进行评价，并将能源消耗和污染物排放引入其中，从投入变量、意愿产出和非意愿产出三个维度来考察，有利于厘清4国钢铁企业能源效率利用情况，为提高能源效率及发展循环经济提供科学支持，选取的具体变量如表6-1所示。

由于选取的评价决策单元为中国、日本、韩国和印度4国的主要钢铁生产公司，数据的获取存在一定的难度。本章在选取指标的过程中在遵循科学性的原则下，亦兼顾指标的可获得性构建了如表6-1所示的投入指标体系。投入指标：本章选取资本总额和企业员工人数两类非能耗型投入指标；另外，选取综合总能耗这一项能源投入型指标。综合能耗指标包含煤炭、燃油、电力等能源，并将它们统一折算成标准煤。产出指标则包含意愿产出和非意愿产出两个维度。其中，意愿产出包括粗钢产量，体现钢铁企业的生产能力。我们认为数量指标相对于工业总产值等价值指标更能准确地表现钢铁企业能源利用效率水平，因为目前部分钢铁企业除生产钢铁产品外还拓展其他领域的业务，运用工业总产值或工业增加值等数据进行能源效率测算可能影响效率值的准确性。非意愿产出则包含了钢铁生产过程中产生的二氧化硫气体。

表6-1　模型投入产出指标体系

	变量名称	变量符号	具体定义
投入指标	综合总能耗（万吨标准煤）	E	各类能源消耗折算标准煤消耗总和
	资本总额（百万美元）	K	报告期内资本总额
	员工人数（人）	L	报告期内企业员工人数
意愿产出	粗钢产量（百万吨）	Y	钢铁企业报告期内粗钢产量
非意愿产出	二氧化硫（吨）	WG	年排放二氧化硫总量

资料来源：作者通过变量选择得到。

本章的样本所选取的投入产出各指标的样本统计描述如表6-2所示。

表6-2　模型投入产出指标描述性统计

变量名称	变量符号	平均值	标准差	最小值	最大值
综合总能耗（万吨标准煤）	E	36 277.49	14 394.24	13 852.17	63 983.47
资本总额（百万美元）	K	51 457.79	18 753.13	17 877	85 269
员工人数（人）	L	2 040.827	824.265	829.69	3 794.45
粗钢产量（百万吨）	Y	32.095	10.645	16.30	49.30
二氧化硫（吨）	WG	29 551.76	14 324.75	10 096.60	58 951.47

资料来源：作者根据14家钢铁企业发布的《财务年报（annual report）》《可持续发展年报（environmental sustainable report）》《社会责任报告（Corporate Social Responsibility Report）》计算整理得到。

第三节 实证研究与分析

本章首先通过运用不含有非意愿产出的SBM-DEA模型对中国、日本、韩国和印度主要钢铁生产企业2014年的综合效率、技术效率和规模效率进行测算。然后，再运用含有非意愿产出的SBM-DEA模型对中国、日本、韩国和印度主要钢铁生产企业2014年的综合效率、技术效率和规模效率进行评价，测算结果如表6-3所示。此处，将不含非意愿产出的SBM-DEA模型记为SDEA，将含有非意愿产出的SBM-DEA模型记为USDEA。

根据表6-3中国、日本、韩国和印度主要钢铁生产企业SBM-DEA的测算结果可以看出14家样本钢铁企业中河北钢铁集团、浦项钢铁、鞍钢集团和马钢4家钢铁生产企业的综合效率处于相对有效的最优状态。另外10家钢铁企业中宝钢集团（0.908）和沙钢集团（0.931）的综合效率值相对较高，相对综合效率值最低的是本钢，其综合效率值为0.481。在考虑非期望产出二氧化硫后，14家样本钢铁企业中河北钢铁集团、宝钢集团、浦项钢铁、沙钢集团、鞍钢集团、日本钢铁工程控股公司、马钢和渤海钢铁集团8家钢铁生产企业的综合效率处于相对有效的最优状态。另外6家钢铁生产企业的综合效率值较低，最低的仍然为本钢集团。相比较来看，河北钢铁集团、浦项制铁、鞍钢集团和马钢集团在两种模型下的综合效率、技术效率和规模效率均达到有效的最优状态。

表6-3 2014年亚洲四国主要钢铁企业综合效率、技术效率和规模效率测算结果

所属国家	企业	USDEA			SDEA		
		综合效率	技术效率	规模效率	综合效率	技术效率	规模效率
日本	新日铁住金	0.601	1	0.601	0.579	1	0.579
中国	河北钢铁集团	1	1	1	1	1	1
中国	宝钢集团	1	1	1	0.908	0.916	0.991
韩国	浦项制铁	1	1	1	1	1	1
中国	沙钢集团	1	1	1	0.931	1	0.931

所属国家	企业	USDEA			SDEA		
		综合效率	技术效率	规模效率	综合效率	技术效率	规模效率
中国	鞍钢集团	1	1	1	1	1	1
中国	武汉钢铁	0.508	0.557	0.911	0.640	0.656	0.975
日本	日本钢铁工程控股公司	1	1	1	0.578	0.598	0.967
中国	首钢集团	0.542	0.629	0.861	0.574	0.629	0.914
印度	塔塔钢铁	0.504	0.677	0.745	0.615	0.671	0.917
中国	山东钢铁	0.530	1	0.530	0.615	1	0.615
中国	马钢	1	1	1	1	1	1
中国	渤海钢铁集团	1	1	1	0.700	1	0.700
中国	本钢	0.401	0.713	0.563	0.481	0.618	0.779

资料来源：作者运用Max-DEA软件计算整理得到。

根据公式（6-2）对中国、日本、韩国和印度样本钢铁企业2014年的能源效率进行测算，详见表6-4。根据表6-4所示的样本钢铁企业能源效率测算结果不难看出，综合效率表现相对最优的8家钢铁企业的能源效率也达到有效。韩国浦项制铁公司无论是在不包含非意愿产出和包含非意愿产出中的综合效率值均达到相对最优水平，且其能源效率值也达到最优，可见韩国浦项制铁在环境保护和能源高效利用方面表现突出，在企业自身经济发展的同时也与生态环境维持了较好的协调共进的步伐。日本排名世界粗钢产量前20名的2家钢铁企业中日本钢铁工程控股公司能源效率值达到相对最优，而新日铁住金钢铁公司能源效率值为0.813，在未达到能源效率最优的6家钢铁企业中排名第2位，可见日本的两家钢铁企业在能源利用效率方面相对较优。样本钢铁企业中我国的钢铁企业河北钢铁集团、宝钢集团、沙钢集团、鞍钢集团、首钢集团、马钢集团和渤海钢铁集团的能源效率均表现出有效状态，效率值达到1，其中河北集团、鞍钢集团和马钢集团在不包含非意愿产出和包含非意愿产出中的综合效率值均达到相对最优水平。中国10家钢铁企业的平均能源效率值为0.933，我国大型钢铁生产集团或企业的能源利用效率得到了较大的进步和提升，这与我国"十一五"和"十二五"期间推进钢铁工业循环经济的发展，对钢铁产业节能环保方面的重视，以及钢铁企业自身在节能环保工作中的大量资金和人力投入有着密切的关系。排名世界粗钢产量前20的钢铁企业中的中国钢铁企业在能源高效利用方面可以与世界先进国家相比较表现出较高的能源利用效率。没有达到能源效率最优的钢铁企业中印度塔塔钢铁集团的效率值最低，仅为0.636。印度塔塔钢铁集团在综合效率评价中的效率值也相对较低，这说明印度塔塔集团的钢铁企业能源利用方面相对韩国、日本和中国钢铁公司存在一定的差距。

表6-4　2014年亚洲四国主要钢铁企业能源效率测算结果

企业	能源效率	企业	能源效率
新日铁住金	0.813	日本钢铁工程控股公司	1.000
河北钢铁集团	1.000	首钢集团	1.000
宝钢集团	1.000	塔塔钢铁集团	0.636
浦项制铁	1.000	山东钢铁集团	0.716
沙钢集团	1.000	马钢	1.000
鞍钢集团	1.000	渤海钢铁集团	1.000
武汉钢铁集团	0.772	本钢	0.842

资料来源：作者运用模型公式计算整理得到。

根据公式（6-3）和公式（6-4）对中国、日本、韩国和印度样本钢铁企业2014年的综合节能潜力和二氧化硫减排潜力进行测算，详见表6-5。从节能潜力的角度来看，印度塔塔钢铁集团的节能潜力最大，其次为山东钢铁集团、武汉钢铁集团、新日铁住金和本钢集团。从减排潜力的角度来看，中国河北钢铁集团、宝钢集团、沙钢集团、鞍钢集团、马钢和渤海钢铁集团二氧化硫排放情况处于优秀状态，但在14家样本钢铁企业中我国的本钢集团（0.524）的减排潜力最大，另外武汉钢铁集团减排潜力值为0.521，首钢集团减排潜力值为0.343，山东钢铁集团的减排潜力值为0.319。这也从侧面说明，我国钢铁企业在二氧化硫排放方面与世界先进钢铁企业之间存在一定的差距。日本钢铁工程控股公司在节能和减排两方面都表现优异。日本新日铁住金在二氧化硫排放方面存在一定的减排空间，其减排潜力值为0.217。可见，样本钢铁企业中日本的钢铁企业在节能减排方面十分具有竞争力。印度塔塔钢铁集团的减排潜力值为0.438，在14家样本钢铁企业中目标二氧化硫排量排名12，可见塔塔钢铁集团在二氧化硫排放方面存在较大的减排空间。韩国浦项钢铁集团在节能和二氧化硫排放方面均表现优异。

表6-5　2014年亚洲四国主要钢铁企业节能潜力和减排潜力

所属国家	企业	节能潜力	减排潜力
日本	新日铁住金	0.187	0.217
中国	河北钢铁集团	0.000	0.000
中国	宝钢集团	0.000	0.000
韩国	浦项制铁	0.000	0.000
中国	沙钢集团	0.000	0.000
中国	鞍钢集团	0.000	0.000
中国	武汉钢铁	0.228	0.521
日本	日本钢铁工程控股公司	0.000	0.000
中国	首钢集团	0.000	0.343
印度	塔塔钢铁	0.364	0.438
中国	山东钢铁	0.284	0.319
中国	马钢	0.000	0.000
中国	渤海钢铁集团	0.000	0.000
中国	本钢	0.158	0.524

资料来源：作者运用Max-DEA软件计算结果及模型公式整理得到。

本章小结

本书基于污染物排放的视角，运用SBM-Undesirable模型及作者构建的钢铁工业企业能源效率模型，对亚洲四国最具代表型的14家钢铁企业的能源效率状况进行分析，得出以下几点基本结论：

（1）中国排名前10的钢铁企业能源效率有较大提高，2014年平均能源效率值为0.993。其中宝钢、河北钢铁集团、鞍钢和马钢表现最佳。这与我国"十一五"期间和"十二五"期间推行钢铁循环绿色发展，以及企业自身注重能源节约和环境保护有重大关联。

（2）印度代表型钢铁企业塔塔钢铁集团能源效率水平最低，仅为0.636。

（3）韩国钢铁代表型企业浦项制铁表现最为优异，无论是否将非意愿产出融入效率评价模型，其能源效率均处于效率前沿面上，可见韩国浦项制铁在环境保护和能源高效利用方面表现突出，企业自身经济发展的同时与生态环境维持了较好的协同共进的步伐。

（4）日本钢铁代表型企业中日本钢铁工程控股公司在考虑非期望产出的模型中能源效率位于前沿面上。两家日本企业整体效率水平处较高水平。在能源效率分析的基础上，本章还对14家钢铁企业的节能潜力和减排潜力进行了测算，发现韩国和日本的钢铁企业在节能和减排方面整体表现突出。印度塔塔钢铁集团在二氧化硫排放方面存在较大的减排空间。中国本钢集团和武汉钢铁集团在节能减排方面表现欠佳，存在较大的进步空间。

基于上述结论，结合中国钢铁工业企业实际情况，本章提出以下建议。样本钢铁公司中的中国钢铁公司为中国的领军企业，中国钢铁工业的产业集中度低，中小企业众多，虽然样本钢铁公司中的中国公司能源效率有所提升，但是未来中国钢铁企业在提升能源效率和节能减排方面还需要不断努力。首先，政府应该加强钢铁企业环境保护引导，加大环境规制力度，利用倒逼机制推进钢铁企业能源利用提升以及减少污染物排放；其次，应该遵循中国政府在2005年颁布的《钢铁产业发展政策》，推进钢铁企业兼并重组；最后，最为关键的是提高企业自主创新能力，提高技术水平和技术效率，这是提高我国钢铁企业能源利用效率的最为重要的手段之一。

第七章 >>>

"十四五"期间我国钢铁工业能源环境
趋势分析

第一节　钢铁工业能源消耗状况分析

中国钢铁工业能耗增长迅速与钢铁工业产量的攀升紧密相关。据2000年至2015年《中国能源统计年鉴》统计数据，钢铁工业（以黑色金属冶炼及延压加工业为统计行业）从2000年至2015年间的能源消耗量平均提高了11.54%。此外，2000年至2014年钢铁工业平均的增量（以电热当量计算方法的标准煤计算）为4 315.14万吨标煤；其中，2003年至2014年，钢铁工业能源消耗量平均每年增量都在5 000万吨标煤。煤炭是我国钢铁工业消耗的主要能源。2014年，煤炭消耗（含焦炭消耗量）占我国钢铁工业总能耗的72.15%，电力消耗占10.24%，其他能源所占份额较少，详见图7-1。

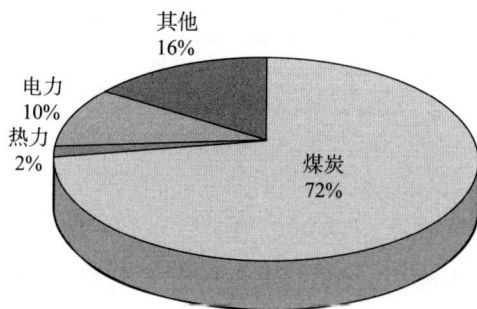

图7-1　2014年钢铁工业能源消耗结构

数据来源：《中国能源统计年鉴（2015）》。

我国钢铁工业整体平均吨钢综合能耗2014年为0.85吨（标煤），与2003年相比下降了0.25吨（标煤）；根据钢铁协会的数据，我国大中型钢铁工业综合能耗2014年为0.584吨（标煤），与2003年相比下降0.208吨（标煤），详见表7-1；钢铁工业在节能方面取得的长足进步与我国钢铁工业生产技术、节能环保技术的提高密不可分。我国钢铁工业产业集中度低，具备先进技术和设备的企业占比有限，这也是导致整体钢铁工业的吨钢综合能耗比大中型企业钢铁企业吨钢综合能耗高出一大截的重要原因。

表7-1　2006—2014年钢铁工业主要能源消耗指标

	能耗/ （万吨标煤）	粗钢产量 （万吨）	吨钢综合能耗 （吨标煤/吨）	大中型企业吨钢综合能耗 （吨标煤/吨）
2003	25 298.81	22 234	1.10	0.792
2006	42 771.07	41 878	1.02	0.645
2007	49 009.53	48 924	1.00	0.632
2008	49 523.82	50 048	0.99	0.630
2009	56 310.59	56 784	0.99	0.619
2010	56 771.97	62 665	0.91	0.605
2011	62 863.68	68 326	0.92	0.602
2012	65 725.07	71 654	0.92	0.603
2013	68 450.21	77 904	0.88	0.592
2014	69 543.27	82 269	0.85	0.585

数据来源：《中国能源统计年鉴（2014）》《中国统计年鉴（2014）》和中国钢铁工业协会。

我国钢铁工业粗钢产量从2003年的25 298.81万吨增长至2014年的82 269万吨，以平均增长9%的速度位居世界首位，成为目前世界上最大的粗钢生产国。随着粗钢产量的急剧增长，钢铁工业的能源消耗总量也从2003年的25 298.81万吨标准煤增长至2014年的69 543.27万吨标准煤，以平均12%的增长率攀升。从2003年至2014年我国钢铁工业的能源消耗总量如图7-2所示。

煤炭和石油等一次能源以及电力、煤气等二次能源均是我国钢铁工业的能源消耗类别。我国主要的能源消耗种类为煤炭，钢铁工业亦是如此，与全国总体能源消费结构相似。根据《中国能源统计年鉴》数据分析可知，2014年钢铁工业用能结构主要为煤炭、焦炭、电力、热力、煤气、天然气等。2003年到2014年我国钢铁工业的能源消费种类与占比如图7-3所示。

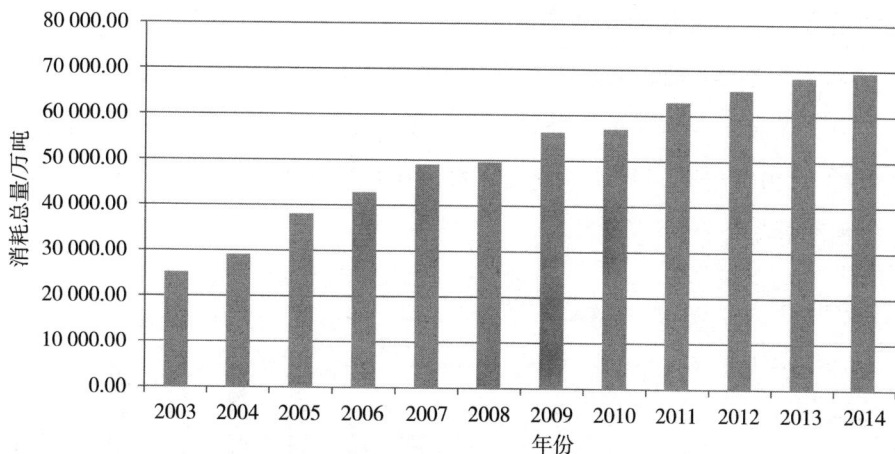

图7-2 2003—2014年钢铁工业能源消耗总量

数据来源:《中国能源统计年鉴》(2004—2015)。

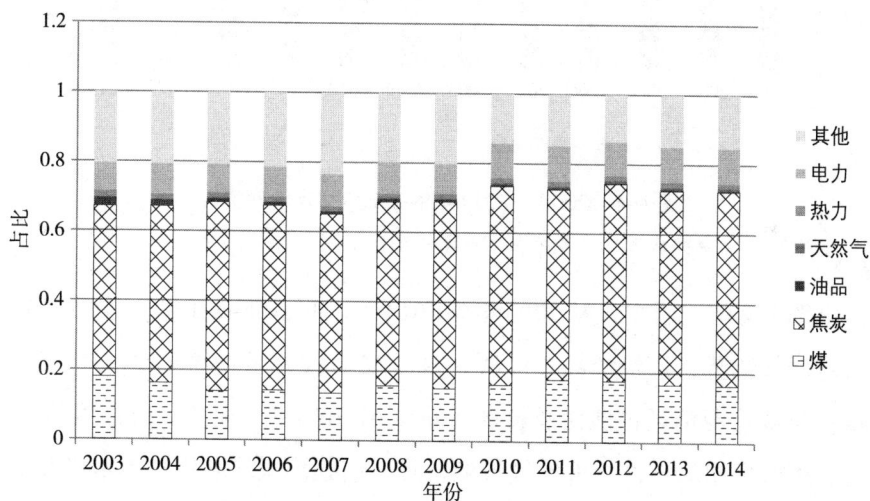

图7-3 2003—2014年钢铁工业各类能源占比

数据来源:《中国能源统计年鉴(2015)》。

由图7-3可以看出,煤炭、焦炭、电力等传统能源依然是我国钢铁工业消耗的主要种类,并且从2003年至2014年间各主要能源消耗品所占的比例变化不大,由此可以得知,十余年我国钢铁工业的能源消耗结构基本没有变化。虽然我国钢铁工业在这十年间节能减排技术水平不断提高,但是不容忽视的是这10年间能源消耗结构变化微小。下面就煤炭（含焦炭）、电力、油品、天然气这四项钢铁工业消耗的主要能源种类进行分析。

（1）煤炭（含焦炭）等资源一直是我国钢铁工业消耗的主要能源品种，从2003至2014年全国钢铁工业的煤炭消耗总量与占钢铁工业消耗能源总量之比如图7-4所示。

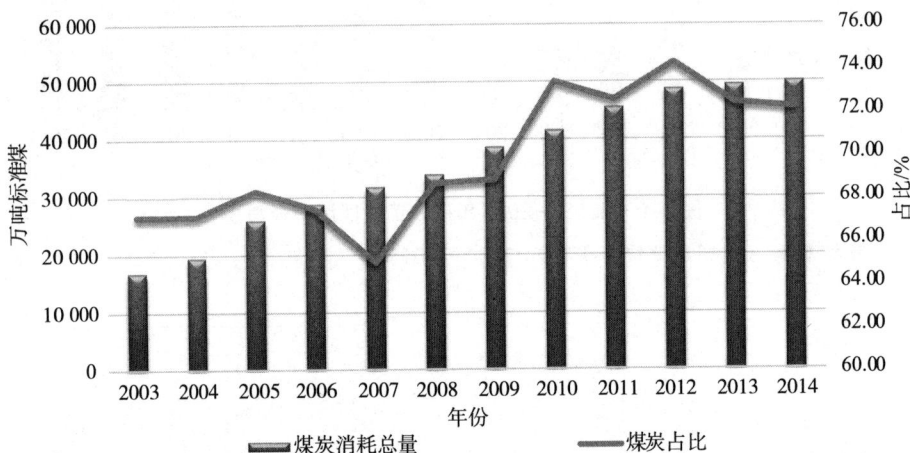

图7-4　2003—2014年钢铁工业煤炭消耗情况

数据来源：《中国能源统计年鉴》（2004—2015）。

由图7-4可以看出，从2003年到2014年，我国钢铁工业煤炭消耗量呈现稳步增长趋势，煤炭消耗总量从16 974.55万吨标煤增长至50 127.56万吨标煤；煤炭能源消耗占能源总耗的比重从67.10%增长至72.15%。但是，煤炭的利用效率相对石油、天然气较低，且目前我国煤炭利用技术水平相对世界先进国家也存在较大的差距，以煤炭为主要的能源消耗，不仅造成能源利用效率低、能源消耗指数高，而且环境污染也会随之加重。随着全世界对能源环境关注度的不断提高，优化钢铁工业能源消耗结构，增加高质低污的能源利用，是我国钢铁工业未来能源利用的发展方向。

（2）电力是工业发展的动力，钢铁工业每年消耗的电力一直占钢铁工业能源消耗比重的10%左右，根据2015年《中国能源统计年鉴》计算可知，

2014年我国钢铁工业消耗电力折算成标煤达7 122.79万吨。2003年至2014年全国钢铁工业的电力消耗总量和占钢铁工业能源消耗总量的比值如图7-5所示。

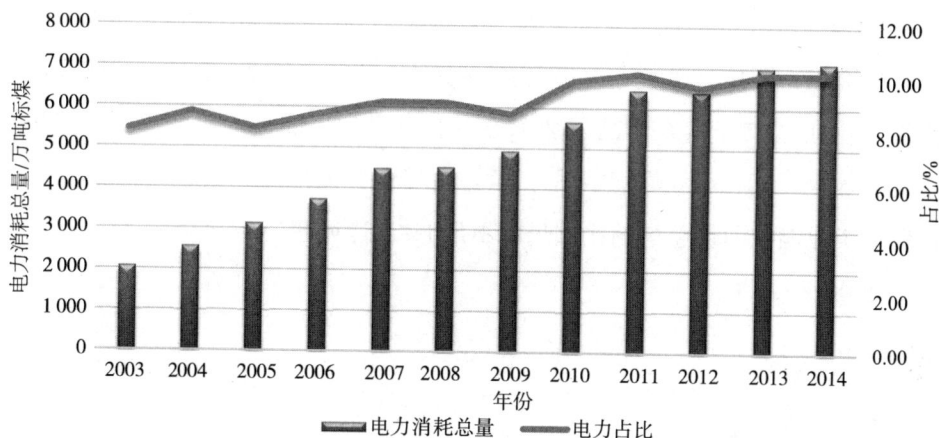

图7-5　2003—2014年钢铁工业电力消耗情况

数据来源:《中国能源统计年鉴》(2004—2015)。

由图7-5可知,随着钢铁工业自动化水平的不断提升,钢铁工业对电力的需求也与日俱增。2014年我国钢铁工业消耗电力7 122.79万吨标准煤,比2003年增加5 095.13万吨;占钢铁工业能源消耗的比重也呈现出波动性增长的趋势,从2003年的8.81%增至2014年的10.24%。自动化技术的不断提升,新建钢铁企业配套建设了更多的节能措施与工程,这些设备虽然先进但是耗电总量较大,因此在自动化水平的不断提高与电炉钢比例扩大这一大趋势下钢铁工业用电量亦与日俱增。

目前,我国钢铁工业仍然以转炉为主,电炉钢所占比例较小,由于电炉钢整体能耗较低,因此增加电炉钢所占比例无疑是钢铁工业应对能源总量控制的捷径之一,未来随着电炉钢比例的增加,电力消耗在我国钢铁工业能源消耗中所占的比例将越来越大。

(3)我国钢铁工业油品的消耗主要是用于原料运输与生产过程中的部分环节,从2003年至2014年,我国钢铁工业的油品消耗从584.53万吨标煤下降到220.88万吨标煤，这与2003年到2014年我国油品价格上升密切相关，钢铁工业对油品消耗呈现出了下降的趋势，详见图7-6。

（4）我国钢铁工业天然气的消耗主要集中在高炉与冷轧阶段，从2003年至2014年，我国钢铁工业的天然气消耗从42.06万吨标准煤增长至486.41万吨标准煤；天然气消耗占总能耗比例也从0.17%增长至0.70%，说明我国钢铁工业在这10年内在产品深加工方面有所提升。部分企业由于环境保护压力，加大了清洁燃料的使用量，但是由于资源的短缺，天然气到2014年占钢铁工业能源消耗总量的比重仍然不足1%，详见图7-7所示。

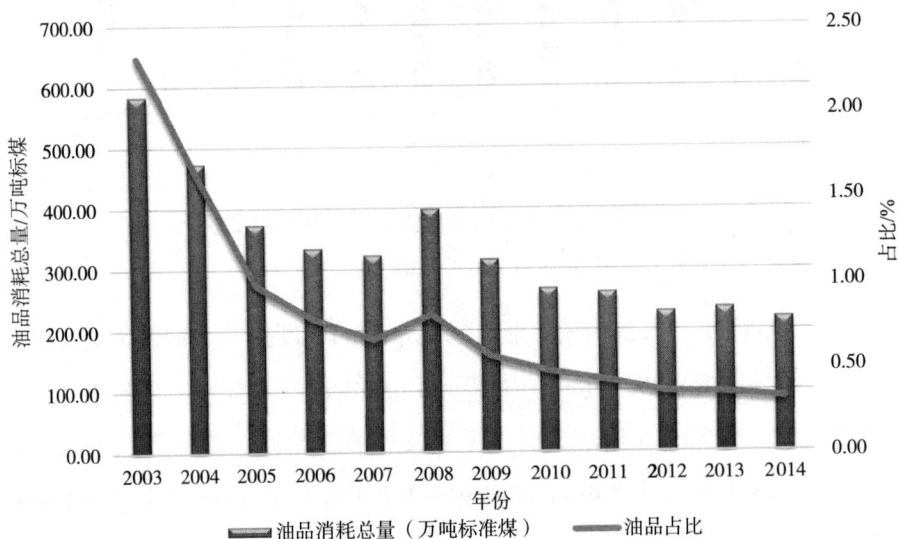

图7-6　2003—2014年钢铁工业油品消耗情况

数据来源：《中国能源统计年鉴》（2004—2015）。

通过上文的分析，减少每单位钢铁产品能耗是钢铁工业循环经济发展与可持续发展的关键点，同时能源效率的提升也将抑遏钢铁工业能耗的迅猛增加。但是从2003年至2014年十余年间我国钢铁工业所消耗的一次能源结构没有实质性的变化，仍然以转换效率较低的煤炭作为主要消耗能源种类。转换效率高的石油、天然气等优质能源消耗比例依然偏低。

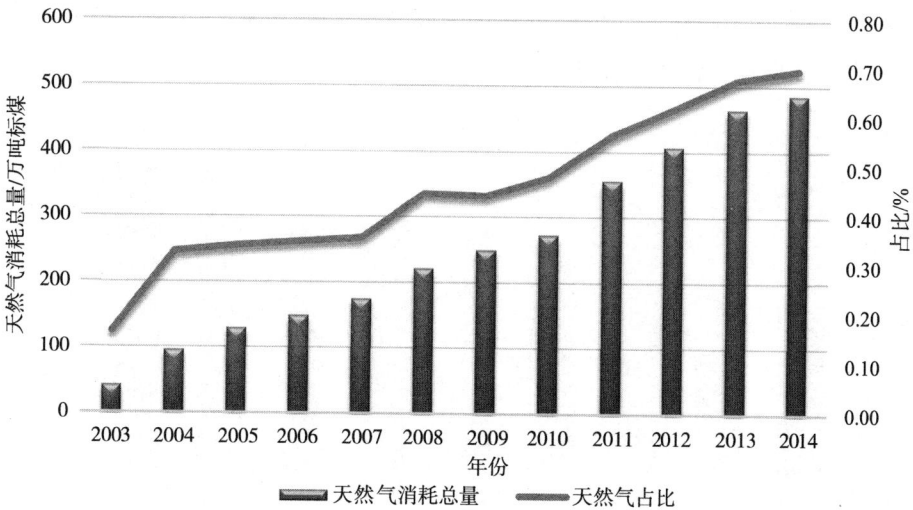

图7-7 2003—2014年钢铁工业天然气消耗情况

数据来源:《中国能源统计年鉴(2014)》。

钢铁工业耗水情况。我国钢铁工业一直以来是高能耗、高耗水、高污染的产业,其用水量在工业中占有一定比重。政府、行业协会和钢铁企业自身对节约水资源方面作出的努力取得了一定的成绩,虽然近年来钢铁企业迅猛发展,但由于钢铁工业的工业水重复利用率亦不断提高,钢铁工业用水总量从2006年的4 486 939万立方米增加至2014年的8 165 059万立方米。2020年我国钢铁工业控制中低端钢材总量,鼓励高端钢材的发展,在企业用水、节水等方面工作取得新进步,对水的管理工作也得到了进一步的提高。根据我国钢铁协会的数据,2020年重点钢铁企业130家用水总量886 300万立方米,相较于2019年增加3.05%。取新水总量2020年175 297.5万立方米,相较于2019年增加1 184.88万立方米。重复用水量868 780万立方米,详见图7-8。钢铁工业水资源的循环利用是在钢铁工业用水总量不断增长的情况下最关键的节水措施。我国钢铁企业的工业水重复利用率从2003年的86.84%提高到2014年的97.47%。工业水重复利用率从2019年的97.98%上升至2020年的98.02%。我国大中型钢铁企业的吨钢耗新水量从2006年的6.68立方米/吨下降至3.60立方米/吨,2020年重点钢铁企业(130家)吨钢耗新水量下降0.11立方米，2020年吨钢耗新水量2.45立方米。14年间下降近三分之二，但与国际先进水平仍有一定差距。

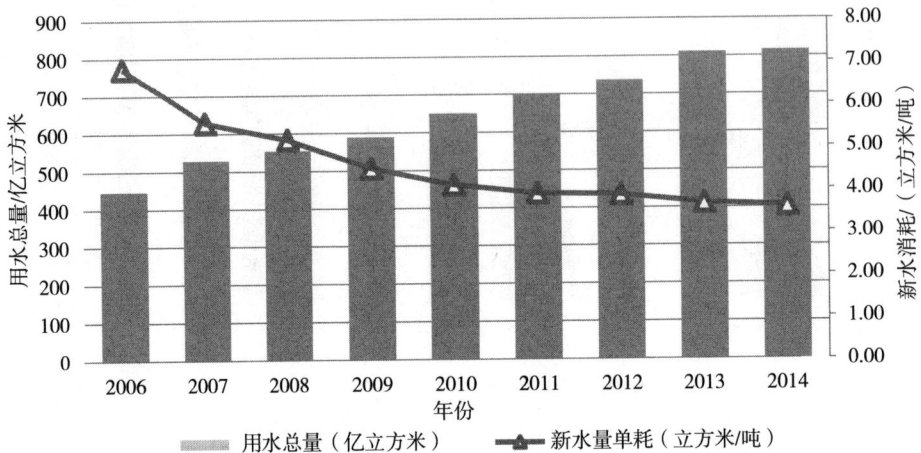

图7-8　2006—2014年钢铁工业用水总量及新水消耗情况

数据来源：2006—2014年《钢铁工业统计年报》。

重点钢铁企业用水量不断下降的主要原因可概括为以下几点。首先，节水技术进步。节水技术的核心是提高水的利用效率。在钢铁工业生产的各个环节，采用不同的供水方式，按水质、水压、循环重复利用，努力提高水的重复利用率，减少用水量及系统排污量，可节约水资源，又可减少给水和排水的能源消耗量；采用多级、串级供水，可有效地提高水的利用效率；优化污水处理工艺技术，对不同质量的污水采用不同的处理工艺和技术，处理后的水给不同的用户，可有效地提高水的循环利用率，同时可大大减少污水处理量。其次，在技术设备的选择上，尽量控制避免使用水工艺技术设备或少用水技术装备。具体可以采用干法熄焦技术、焦炉热导油传热技术、高炉煤气和转炉煤气干法除尘技术、轧钢加热炉使用蒸汽冷却技术，节水型高炉热风阀，转轮法处理高炉和转炉渣技术、炉渣风淬技术、转轮法水淬炉渣（可回收冷凝水），轧钢加热炉气化冷却技术，高炉软水密闭循环冷却技术，喷雾型冷却塔等。此外，还可以通过强化串级用水，保证水循环利用效率的提高。目前国内的龙头钢铁企业可以达到4级以上的利用，推行小半径循环和水质稳定技术。与此同时，我们还可以通过建立企业多种水的循环系统，建立生活水循环、浊水循环、污水循环、工业水循环、净水循环等系统，增强每个系统的科学衔接。最后，还可以通过合理布局水资源来进行工业生产。钢铁企业应积极开发利用非常规水资源，如城市污水、地下采矿废水、雨水、海水等。尤其是南方地区的钢铁企业可以通过收集和处理雨水的方式，低成本取水，进而达到节水的目的。

第二节　钢铁工业污染物排放状况分析

一、废水排放情况

绿水青山就是金山银山，国家对生态文明建设投入了大量的资金及关注度。针对污水排放的重点行业，2020年我国出台了《排污许可证申请与核发技术规范水处理通用工序》，加快推进固定污染源排污许可全覆盖，健全技术规范体系。钢铁工业既是高耗水的产业同时也是废水高排放的产业，钢铁工业的废水排放量一直名列前茅。从2004年至2014年这10年间我国钢铁工业（黑色金属冶炼及延压工业代替）在废水排放方面取得了长足的进展，从186 888万吨下降至85 751万吨；占工业废水排放总量的比重亦从9.45%下降至4.59%，详见表7-2。这与我国钢铁企业废水回收利用技术的发展和突破是紧密相关的。废水的重复利用促进了水资源的利用效率并减少了外排污水量。

2019年，我国各行业工业废水治理设施数（套）共计81 056套，其中黑色金属冶炼和延压加工业共计2 513套。各行业工业废水治理设施处理能力23 637万吨/日。黑色金属冶炼和延压加工业工业废水治理设施处理能力8 204万吨/日。

表7-2 2004—2014年重点行业占工业废水排放总量的比重

单位: %

年份	造纸及纸制品工业	化学原料及化学制品制造业	电力、热力的生产及供应业	黑色金属冶炼及延压加工业	纺织业
2004	16.11	16.34	12.72	9.45	7.78
2005	17.01	15.70	11.63	7.87	7.97
2006	18.00	16.15	10.44	7.53	9.51
2007	19.23	14.68	7.92	7.11	10.20
2008	18.75	13.89	8.38	6.63	10.60
2009	18.78	14.21	7.25	6.23	11.44
2010	18.58	14.59	6.12	5.52	11.59
2011	17.95	13.54	7.46	5.68	11.31
2012	16.85	13.49	4.70	5.22	11.67
2013	14.91	13.87	5.01	4.95	11.21
2014	14.74	14.10	5.12	4.59	10.49

数据来源: 作者根据2004—2015年《中国环境统计年鉴》计算得到。

二、化学需氧量（COD）排放情况

"十一五"期间，化学需氧量（COD）第一次作为约束性指标纳入总量控制的考核范围之内。"十二五"期间，环保部门拟定减少排放化学需氧量5%的目标。"十三五"期间，各地区各部门深入落实《"十三五"节能减排综合工作方案》要求，结合大气、水、土壤污染防治"三个十条"，特别是污染防治攻坚战行动计划及方案实施，推动污染减排取得了优异的成绩。其中化学需氧量的排放在2019年年底就下降了11.5%，提前完成了"十三五"规划的减排目标。钢铁生产过程中的焦化、炼铁、轧钢和烧结等环节均会伴随着化学需氧量排放。环保等相关先进技术和设备的应用使得化学需氧量排放量本就不是很大的钢铁工业化学需氧量的排放逐年减少。我国工业化学需氧量的排放截至2019年已经下降至771 611吨。从钢铁工业的角度看，从2004年至2013年，我国钢铁工业化学需氧量排放量从4 516 632.9吨下降至68 256吨；占工业化学需氧量排放总量的比重则由3.55%下降至2.39%；

2014年钢铁工业化学需氧量排放略有上升，占工业化学需氧量的2.71%；钢铁工业化学需氧量的排放在2009年达到峰值，随后波动下降，直至2019年下降至7 067吨，占工业化学需氧量排放的0.92%。具体排放情况详见表7-3。由此可见，国家对化学需氧量排放的重视以及钢铁企业在节能减排的重压之下，虽然粗钢产量在不断提升，但是化学需氧量的排放得到了有效抑制。钢铁工业对于化学需氧量的减排作出了重要贡献。"十四五"期间，作为主要污染物的化学需氧量仍然处于高位，我国化学需氧量的排放总量是美国、欧盟的两倍之多，"十四五"期间仍然需要持续推进多污染协同治理的方针政策，降低化学需氧量的排放。钢铁工业要从产品结构入手，结合先进设备的应用，进一步降低化学需氧量的排放。

表7-3　2003—2019年重点行业COD排放量占工业COD排放总量的比重

单位：%

年份	造纸及纸制品工业	农副食品加工业	化学原料及化学制品制造业	纺织业	饮料制造业	黑色金属冶炼及延压加工业
2004	32.95	13.34	11.18	6.70	4.40	3.55
2005	32.37	13.73	11.54	6.06	3.81	3.58
2006	33.58	12.79	11.74	6.82	4.82	3.12
2007	34.73	12.77	10.33	7.61	5.03	2.96
2008	31.81	14.49	10.30	7.76	5.47	3.01
2009	28.94	13.88	11.27	8.26	6.00	3.04
2010	26.04	13.56	12.22	8.22	5.99	2.91
2011	23.04	17.18	10.19	9.08	7.78	2.48
2012	20.15	16.79	10.70	9.13	7.68	2.48
2013	18.68	16.52	11.29	8.91	7.03	2.39
2014	17.42	16.05	12.24	8.72	6.81	2.71
2016	11.02	20.46	13.37	8.94	8.09	1.15
2017	11.92	19.67	13.10	12.07	7.53	1.25
2018	11.83	19.16	12.76	12.66	7.45	1.08

续　表

年份	造纸及纸制品工业	农副食品加工业	化学原料及化学制品制造业	纺织业	饮料制造业	黑色金属冶炼及延压加工业
2019	12.26	20.56	12.05	12.12	6.66	0.92

数据来源：作者根据2004—2020年《中国环境统计年鉴》计算得到。

三、二氧化硫排放情况

"十三五"期间，二氧化硫已经被列入大气环境污染物中的重点总量控制指标。2019年，我国工业二氧化硫排放量3 953 670吨，钢铁工业是二氧化硫排放的主要产业，在全国重点行业二氧化硫排放中钢铁工业一直占据前列，2019年黑色金属冶炼及延压加工业占重点行业二氧化硫排放总量的16.23%；虽然较2018年占比有所下降，但是从"十一五""十二五"到"十三五"期间，钢铁工业二氧化硫排放量占重点行业二氧化硫排放总量波动增长，从2004年的6.49%增长至2019年的16.23%。2004年至2013年保持持续增长的态势，从113.41万吨增长至235.12万吨，增长超过一倍；且在全国工业二氧化硫排放总量中的比重也逐年增长，从6.49%增长至13.92%；2014年略有下降，从13.92%降至13.57%；2016年钢铁工业二氧化硫排放量为1 045 943吨，截至2019年年底排放量降至641 515吨，但其他工业部门二氧化硫的排放量下降更快，使得钢铁工业的二氧化硫排放占比波动增长，详见表7-4。钢铁工业中二氧化硫的来源主要是含硫燃料的燃烧，这可能发生在焦化、炼铁和轧钢等各个生产环节。另外，在钢铁生产过程中脱硫设备是否先进对二氧化硫排放的影响也很大。

表7-4　2004—2019年重点行业二氧化硫排放量占工业二氧化硫排放总量的比重

单位：%

年份	电力、热力的生产和供应业	非金属矿物制品业	黑色金属冶炼及延压加工业
2004	56.97	10.01	6.49
2005	58.93	9.01	7.18
2006	59.97	9.14	7.32

续　表

年份	电力、热力的生产和供应业	非金属矿物制品业	黑色金属冶炼及延压加工业
2007	58.16	9.26	8.24
2008	57.63	9.14	8.74
2009	55.07	9.48	10.05
2010	53.76	9.89	10.36
2011	47.52	10.64	13.26
2012	44.88	11.25	13.55
2013	42.66	11.61	13.92
2014	51.83	13.17	13.57
2016	27.18	22.54	13.58
2017	27.75	23.51	15.53
2018	26.71	23.92	16.27
2019	23.81	26.23	16.23

数据来源：作者根据2004—2020年《中国环境统计年鉴》计算得到。

第三节　预测模型及研究设计

目前，时间序列分析和灰色预测是学者们进行预测研究最普遍采用的方法。1982年，邓聚龙教授提出了灰色系统理论并得到了广泛应用。随着灰色系统理论的不断发展，研究范围囊括了灰色控制、灰色预测、灰色决策、灰色聚类、灰色规划、灰色投入产出等领域。其中灰色预测是灰色理论系统的重要研究内容之一，也是预测理论体系中的一个研究分支。经典灰色预测GM（1，1）模型是灰色预测理论的核心模型，具有灰色系统的小样本特性和贫信息特征，并且可以应用于短期预测和中长期预测，精确度也表现良好。本书要进行预测的是我国钢铁工业"十三五"期间能源消耗和污染物排放情况，数据信息量不能够满足自回归滑动平均模型等时间序列分析的大量统计数据的要求，所以本书最终选取灰色理论预测模型。

灰色预测GM（1，1）模型的基本步骤如下：

（1）对原始序列做一次累加生成。若原始序列记为$X^{(0)}$，一次累加生成的新序列记为$X^{(1)}$，则有：

$$X^{(0)} = \{X_1^{(0)}, X_2^{(0)}, X_3^{(0)}, \cdots, X_N^{(0)}\} \quad (7-1)$$

对公式（6-1）做一次累加生成得到：

$$X^{(1)} = \{X_1^{(1)}, X_2^{(1)}, X_3^{(1)}, \cdots, X_N^{(1)}\} \quad (7-2)$$

用生成的序列构造灰色微分方程：

$$dP[X] + aP[x] = \mu \quad (7-3)$$

其中，$dP[X]$为灰导数，$P[x]$为灰数，a为灰参数，并且有：

$$P[X(t)] = 1/2[X^{(1)}(t) + X^{(1)}(t-1)] \quad (7-4)$$

$$dP[X(t)] = X^{(1)}(t) + X^{(1)}(t-1) \quad (7-5)$$

公式（7-4）表示第t点的灰数值，公式（7-5）表示第t点的灰导数值，则公式（7-3）可以表示为：

$$X^{(1)}(t) + X^{(1)}(t-1) + \frac{1}{2}a[X^{(1)}(t) + X^{(1)}(t-1)] = \mu,$$
$$t=2, 3, 4, \cdots, N \quad (7-6)$$

由公式（7-2）可知：

$$X^{(1)}(t) - X^{(1)}(t-1) = X^{(0)}(t), \ t=2, 3, 4, \cdots, N \quad (7-7)$$

整合公式（7-6）和公式（7-7）得到：

$$X^{(0)}(t) + \frac{1}{2}a[X^{(1)}(t) + X^{(1)}(t-1)] = \mu, \ t=2, 3, 4, \cdots, N \quad (7-8)$$

（2）构造累加矩阵B与常数向量Y_N。

$$B = \begin{bmatrix} -\frac{1}{2}[X_2^{(1)} + X_1^{(1)}] & 1 \\ -\frac{1}{2}[X_3^{(1)} + X_2^{(1)}] & 1 \\ \vdots & \vdots \\ -\frac{1}{2}[X^{(1)}(N) + X^{(1)}(N-1)] & 1 \end{bmatrix} \quad (7-9)$$

$$Y_N = [X_1^{(0)}(2), X_1^{(0)}(3), \cdots, X_1^{(0)}(N)]^T \quad (7-10)$$

（3）用最小二乘法解灰参数$\hat{a}$。

$$\hat{a} = \begin{bmatrix} a \\ \mu \end{bmatrix}$$

则公式（7-8）可以写为$Y_N = B\hat{a}$，根据$\hat{a} = (B^TB)^{-1}B^TY_N$求解方程参数$a$和$\mu$。

（4）将灰色参数代入时间函数得到：

$$\widehat{X^{(1)}}(t+1) = \left(X^{(0)}(1) - \frac{\mu}{a}\right)e^{-at} + \frac{\mu}{a} \tag{7-11}$$

（5）对$\hat{X}^{(1)}$求导还原得到$X^{(0)}$的预测序列：

$$(t+1) = -a\left(X^{(0)}(1) - \frac{\mu}{a}\right)e^{-at} \tag{7-12}$$

或表示为：$(t+1) = \widehat{X^{(1)}}(t+1) - \widehat{X^{(1)}}(t)$

（6）计算$X^{(0)}(t)$和$\widehat{X^{(0)}}(t)$之差$\varepsilon^{(0)}(t)$以及相对误差$e(t)$。

$$\varepsilon^{(1)}(t) = X_t^{(0)} - \widehat{X^{(0)}}(t) \tag{7-13}$$

$$e(t) = \varepsilon^{(0)}(t)/X^{(0)}(t) \tag{7-14}$$

（7）模型可行性判断。对模型的可行性进行判断的目的是为了分析模型的可靠性，其判断方法是对模型进行后验性检验。

$$S_1^2 = \frac{1}{m}\sum_{t=1}^{m}\left[X^{(0)}(t) - \overline{X^{(0)}}(t)\right]^2, \text{其中} \overline{X^{(0)}}(t) = \frac{1}{N}\sum_{t=1}^{N}X^{(0)}(t) \tag{7-15}$$

$$S_2^2 = \frac{1}{m-1}\sum_{t=1}^{m-1}\left[e^{(0)}(t) - \overline{e^{(0)}}(t)\right]^2 \tag{7-16}$$

均方差比值用$C = \frac{S_2}{S_1}$表示，如果存在$C_0 > 0$，且当$C < C_0$时，那么可以将$C = \frac{S_2}{S_1}$叫做均方差比合格模型。

小概率误差用$P = \{|e^{(0)}(t) - \overline{e^{(0)}}(t)|| < 0.6745S_1\}$表示，如果存在$P_0 > 0$，且当$P > P_0$时，那么可以将$P = \{|e^{(0)}(t) - \overline{e^{(0)}}(t)|| < 0.6745S_1\}$叫做小误差概率合格模型。

灰色Verhulst模型是另外一个基于灰色理论预测思想的模型，建立Verhulst模型如下所示：

设其原始数据序列为$X^{(0)} = (x^{(0)}(1), x^{(0)}(2), \cdots, x^{(0)}(n))$，其中$n$为序列长度。对其做累减处理，得生成序列$X^{(1)} = (x^{(1)}(1), x^{(1)}(2), \cdots, x^{(1)}(n))$，其中$x^{(1)}(k) = x^{(0)}(k) - x^{(0)}(k-1)$，$k = 1, 2, \cdots n$。对$X^{(0)}$作紧邻均值生成序列：

$Z^{(1)} = (z^{(1)}(2), z^{(1)}(3), \cdots, z^{(1)}(n))$，其中$z^{(1)}(k) = \frac{x^{(0)}(k) + x^{(0)}(k-1)}{2}$，$k = 2, 3, \cdots, n$，则称$X^{(0)} + aZ^{(1)} = b(Z^{(1)})^2$为灰色Verhulst模型，其微分方程为：

$$\frac{dx^{(1)}}{dx} + ax^{(1)} = b(x^{(1)})^2 \tag{7-17}$$

公式（7–17）为灰色Verhulst模型的白化方程。参数向量：$\hat{a} = [a \quad b]^T$，

$$Y = [x^{(1)}(2), \cdots, x^{(1)}(n)]^T \text{和} B = \begin{bmatrix} -z_2^{(1)} & (z_2^{(1)})^2 \\ \vdots & \vdots \\ -z_n^{(1)} & (z_n^{(1)})^2 \end{bmatrix}$$

进而求得预测公式：

$$\hat{x}^{(1)}(k+1) = \frac{ax^{(1)}(0)}{bx^{(1)}(0) + (a - bx^{(1)}(0))e^{ak}} \ (k = 0, 1, \cdots, n-1)$$

除此之外，SCGM（1，h）作为GM（1，1）模型的拓展模型，以系统云为背景，基于积分生成转换和趋势关联分析的灰色动态建模原理应运而生。当h=1时，SCGM（1，h）模型即为SCGM（1，1）c模型，该模型作为灰色预测模型的一种已经发展较为成熟，众多学者应用系统云灰色SCGM（1，1）c模型进行碳排放预测、交通事故预测及货运量预测等。系统云灰色SCGM（1，1）c模型的具体建模过程如下：

（1）假设原始数据序列为$x^{(0)} = \{x^{(0)}(1), x^{(0)}(2), \cdots, x^{(0)}(n)\}$，$n$表示序列的长度。

（2）对$x^{(0)}$进行积分转换，得到序列$\overline{X}^1 = \{\overline{X}^1(2), \overline{X}^1(3), \cdots, \overline{X}^1(n)\}$，则有：$\overline{X}^1(k) = \sum_{m=2}^{k} \overline{X}^0(m)$, $(k=2, 3, \cdots, n)$。其中$\overline{X^0}(k+1) = \frac{x^{(0)}(k+1) + x^{(0)}(k)}{2}$。

（3）设原始数据序列的积分生成序列$\overline{X^1}(k)$与非齐次指数离散函数$F_r(k) = be^{a(k-1)} - c$满足趋势关联，则系统云灰色SCGM（1，1）c模型为$\frac{dx^{(1)}(k)}{dk} = ax^{(1)}(k) + U$，它的相对一次响应函数为$\hat{x}^{(1)}(t) = \left(\hat{x}^{(1)}(1) + \frac{U}{a}\right)e^{ak} - \frac{U}{a}$，其中：

$$a = \ln \frac{\sum_{k=3}^{n} \overline{X^0}(k-1)\overline{X^0}(k)}{\sum_{k=3}^{n} (\overline{X^0}(k-1))^2}$$

$$b = \frac{(n-1)\sum_{k=2}^{n} e^{a(k-1)}\overline{X^1}(k) - (\sum_{k=2}^{n} e^{a(k-1)})(\sum_{k=2}^{n} \overline{X^1}(k))}{(n-1)\sum_{k=2}^{n} e^{a(k-1)} - (\sum_{k=2}^{n} e^{a(k-1)})^2}$$

$$c = \frac{1}{n-1}\left[\left(\sum_{k=2}^{n} e^{a(k-1)}\right)b - \sum_{k=2}^{n} \overline{X^1}(k)\right]$$

则存在$\hat{x}^{(1)}(k) = b - c$，$U = ac$。

（4）还原$\hat{x}^{(1)}(k)$，得到原始数据的系统云灰色SCGM（1，1）c模型为：

$$\hat{x}^{(0)}(k) = \frac{2b(1 - e^{-a})}{(1 + e^{-a})} \cdot e^{a(k-1)}$$

上述方法均为单一预测模型，单一模型由于自身不可避免的局限性，预测结果可能会出现较大偏差。本章将上述三种单一模型进行组合，更好地使得各个单一模型的有效信息得到综合利用，构建了最优加权组合灰色预测模型。

组合灰色预测模型的建模步骤：首先，构造单一预测模型，本文中构建了GM（1，1）模型、Versulst模型和系统云灰色SCGM（1，1）c模型；然后，运用最优加权原则求解单一预测模型的最优权重值；最后计算得到组合灰色模型预测值。

本文将组合灰色预测模型的形式设定为：

$$Y = p_1\hat{y}_1 + p_2\hat{y}_2 + \cdots + p_m\hat{y}_m = \sum_{i=1}^{m} p_i\hat{y}_i$$

其中，y表示组合灰色预测模型的预测值，$\hat{y}_i$表示第i种单一预测模型的预测值，p_i表示第i种预测模型的权重。

组合灰色预测模型中各个单一模型权重的计算方法如下：

设某一单一预测模型的拟合误差为：

$$e_{it} = y_{it} - \hat{y}_{it}, \ (i=1, \ 2, \ \cdots, \ m; \ t=1, \ 2, \ \cdots, \ n)$$

各个单一预测模型可以构成拟合误差矩阵：

$$E = \begin{bmatrix} \sum_{t=1}^{n} e_{it}^2 & \cdots & \sum_{t=1}^{n} e_{1t}e_{mt} \\ \vdots & & \vdots \\ \sum_{t=1}^{n} e_{mt}e_{1t} & \cdots & \sum_{t=1}^{n} e_{mt}^2 \end{bmatrix}$$

组合模型的最优权重系数的目标函数和约束条件为：

$$\min Q = \sum_{t=1}^{n} e_t^2$$

$$s.t. \sum_{t=1}^{m} p_m = 1$$

此处，用R表示分量全为1的列向量，$R = [1, \ \cdots, \ 1]^T$，$P=[p_1, \ \cdots, \ p_m]^T$，根据$\sum_{t=1}^{m} p_m = 1$可知：

$$\min Q = \sum_{t=1}^{n} e_t^2 = P^{\mathrm{T}}EP$$

$$s.t. \sum_{t=1}^{m} R^{\mathrm{T}}P = 1$$

对于上市用拉格朗日乘子法，求得最优权重向量为：

$$P_0 = \frac{E^{-1}R}{P^{\mathrm{T}}E^{-1}R}$$

目标函数的最小值为：

$$\min Q = \frac{1}{P^{\mathrm{T}}E^{-1}R}$$

对于上述的 GM（1，1）模型、Verhulst模型、系统云灰色 SCGM（1，1）c 模型及组合灰色预测模型的预测精度需求，确定以下指标来比较各个预测模型的统计特性。

（1）误差平方和（MSE），表达式为：

$$\mathrm{MSE} = \sum_{i=1}^{N} (y_i - \hat{y}_i)^2$$

（2）平均相对误差（MRE），表达式为：

$$\mathrm{MRE} = \frac{1}{N} \sum_{1}^{N} \left| \frac{y_i - \hat{y}_i}{y_i} \right|$$

（3）平均绝对误差（MAE），表达式为：

$$\mathrm{MAE} = \frac{1}{N} \sum_{1}^{N} |y_i - \hat{y}_i|$$

其中，y_i 表示实际值，$\hat{y}_i$ 表示预测值，N 为序列长度。

基于我国钢铁工业粗钢产量数据，为了能够提高预测结果的精度，本书首先应用商界建立的四种预测模型及"十五"时期和"十一五"时期的数据对我国钢铁工业"十二五"时期的发展情况展开预测。得到四种模型的预测结果与实际数据进行比较，四种模型的预测结果数据如表7-5所示。图7-9更为直观地展现各个预测模型的预测结果与实际值的拟合程度。根据比较结果确定四种模型中哪种或哪几种模型的预测精度较高，将之运用于钢铁工业能源与污染物预测之中。

表7-5 四种预测模型预测结果

年份	实际值	GM（1, 1）	Verhulst	SCGM（1, 1）c	CGM
2001	15 163	15 163	15 163	29 100	20 303
2002	18 237	10 720	4 804	31 510	16 780
2003	22 234	31 190	6 291	34 110	25 503
2004	27 278	34 190	8 213	36 920	28 140
2005	35 324	37 470	10 678	39 970	31 114
2006	41 915	41 070	13 812	43 270	34 477
2007	48 929	45 020	17 745	46 840	38 282
2008	50 049	49 340	22 600	50 700	42 578
2009	57 218	54 080	28 469	54 890	47 422
2010	63 723	59 280	35 368	59 420	52 836
2011	68 528	64 970	43 188	64 320	58 813
2012	72 388	71 210	51 642	69 630	65 312
2013	77 904	78 050	60 225	75 370	72 220
2014	82 231	85 550	68 217	81 590	79 381
2015	80 380	93 770	74 766	88 330	86 601
平均相对误差（MSE）		0.11	0.45	0.21	0.14
平均绝对误差（MAE）		4 011	20 021	5 479	6 181

资料来源：作者根据模型运行结果整理得到。

根据四种模型的预测结果我们不难看出，其中Verhulst模型的预测精度最差，平均相对误差值和平均绝对误差值都较大。另外，GM（1，1）模型无论是平均相对误差值还是平均绝对误差值在四种模型中均最小，预测精度较高。SCGM（1，1）c模型和组合灰色预测模型的预测精度亦较高，且从预测结果拟合图中不难发现SCGM（1，1）c模型和组合灰色预测模型准确地预测了中长期趋势。由此，本书在之后的预测中将运用GM（1，1），SCGM（1，1）c模型和组合灰色预测模型进行预测。

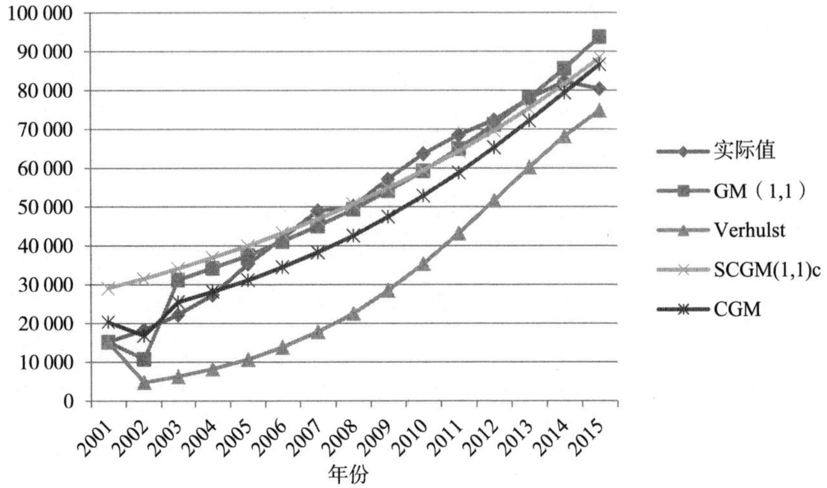

图7-9 2001—2015年全国粗钢产量四种模型预测结果

数据来源：作者根据模型运行结果整理得到。

第四节 "十四五"期间我国钢铁工业能源资源消耗及污染物排放预测

一、钢铁工业"十四五"期间能源资源消耗趋势预测

本小节根据本章建立的灰色GM（1，1）模型，SCGM（1，1）c模型和组合灰色预测模型，以我国钢铁工业"十一五""十二五""十三五"时期的能源消耗总量作为原始数据序列，首先模拟预测了我国钢铁工业"十四五"时期的能源消耗总量的情况。模型的预测精度很高，处于1级精度，其中灰色GM（1，1）的均方差比率为0.135小于0.35的标准，小误差概率P值为1。预测结果如表7-6所示。

表7-6 我国钢铁工业"十四五"期间能源消耗总量预测结果

年份	GM（1，1）预测结果	SCGM（1，1）c预测结果	组合灰色预测模型预测结果
2021	92 840	84 960	82 654

续 表

年份	GM（1，1）预测结果	SCGM（1，1）c预测结果	组合灰色预测模型预测结果
2022	95 260	86 950	85 947
2023	89 670	94 230	89 610
2024	89 530	93 650	88 596
2025	88 690	91 430	87 963

资料来源：作者根据模型运行结果整理得到。

从灰色GM（1，1）模型，SCGM（1，1）c模型和组合灰色预测模型的预测结果可以发现，三种模型的预测结果较为相近，"十四五"期间我国钢铁工业能源消耗多表现出波动缓降趋势，相比于"十一五""十二五"和"十三五"期间的能源消耗总量波动下降。这与"十三五"期间及"十四五"期间钢铁工业的发展规划密切相关。"十四五"期间，我国钢铁工业的发展方向有了较大的调整，淘汰落后产能、整治产能过剩、发展"绿色钢铁"、提高能源效率等是其重要的发展目标。为明确"十四五"时期我国能耗双控的工作思路，进一步完善能耗双控制度，2021年9月16日，国家发改委印发了《完善能源消费强度和总量双控制度方案》（发改环资〔2021〕1310号，以下简称《方案》）。这是当前和今后一个时期指导我国节能降耗工作、促进高质量发展的重要制度性文件，对确保完成"十四五"节能约束性指标、推动实现碳达峰碳中和目标任务具有重要意义，也成为钢铁行业进一步节能降耗，推动绿色高质量发展的根本遵循。

《方案》要求各地区要根据国家下达的5年能耗目标，结合本地区实际确定年度目标并报国家发改委备案。"十三五"期间，我国分配给30个省（自治区、直辖市）的能耗增量控制目标为6.8亿吨标准煤，可以预见，"十四五"分配给各地区的能耗增量相比"十三五"将大幅下降。虽然国家层面预留一定总量指标，但这些指标要统筹支持国家重大项目用能需求、可再生能源发展等。为增加能源消费总量管理的弹性，《方案》提出推行用能指标市场化交易，加快建设全国用能权交易市场，为企业获得能源消费增量提供了途径，企业可以通过有偿购买来获得总量指标。但也需要注意两点：

一是用能权交易的相关制度设计还有待完善，短期内难以落地；二是各地各企业用能指标将会非常紧缺，交易量难以保障，预计现阶段企业通过用能权交易市场获得指标将比较有限。由此可见，未来钢铁行业获得的能源消费增量极其有限，很可能会出现以2020年企业能源消费总量为基数只减不增的节能要求。

2019年8月，习近平总书记在中央财经委员会第五次会议上，对完善能耗双控制度作出重要指示，要求对能耗强度达标而发展较快的地区，能源消费总量控制要有适当弹性。《方案》也提出了进一步突出强度优先的制度设计，提出以各地区能源产出率为重要依据，综合考虑经济社会发展水平、能源消费现状、节能潜力、上一个五年规划目标完成情况等因素，合理确定各地区能耗双控目标。在能源消费总量目标分解中，对能源利用效率较高、发展较快的地区适度倾斜，增加能耗强度降低指标考核权重等。由此可见，钢铁企业在能源消费总量难有增量的情况下，降低能源消费强度成为必然选择。如前所述，"十三五"期间，我国钢铁行业化解过剩产能，大力推进节能减排，能耗强度超额完成目标。同时，这也意味着进一步降低能耗强度的空间收窄，但也要看到，我国钢铁行业发展仍存在不平衡、不充分的问题，在结构节能、管理节能、技术节能方面仍有一定的潜力，降低能耗强度还有一定的空间。

除此之外，本节对中国钢铁工业协会的重点大型钢铁企业的能源消耗"十四五"期间的情况进行了预测。"十四五"期间降低产能过剩水平，也不可避免地会使得部分小型钢铁公司减产或倒闭。钢铁工业调整产业结构要求提高产业集中度，而重点大型钢铁企业的能源消耗情况极具代表性。所以，本章对重点大型钢铁企业的能源消耗情况进行预测，有利于政府及相关部门对重点企业"十四五"期间的能源消耗情况有所了解和调整。由于在钢铁工业协会注册的大型钢铁企业从在研究期间内陆续增加，例如，2008年重点统计钢铁企业能源消耗情况报送的企业个数为81家，2014年的企业个数变更为88家。考虑到企业个数的增加，重点大中型钢铁企业的能源消耗总量也很可能会增加，所以本书选取第四章测算全要素能源效率的46家样本企业为研究对象，统计这46家钢铁企业代表重点大中型钢铁企业能源消耗的情况，并对其"十三五"期间的总能耗进行预测。2008年，样本钢铁企业的综合总能耗为18 394.75万吨标准煤；至2014年，样本钢铁企业综合总能耗已经增长至23 259.97万吨标准煤。

运用灰色GM（1，1）模型，SCGM（1，1）c模型和组合灰色预测模型对46家样本钢铁企业的综合总能耗进行预测，预测结果如表7-7所示。根据《中国钢铁工业节能减排统计季报》的数据，2014年，46家样本重点钢铁企业的综合总能耗为23 259.97万吨标准煤，由预测结果可以看出，GM（1，1）和SCGM（1，1）c模型预测的46家样本钢铁企业的综合总能耗的发展趋势是增长的，其中GM（1，1）模型预测的结果增长速度较为缓慢，SCGM（1，1）c模型预测结果增长量最大；而组合灰色预测模型的预测结果呈现出了平稳性的波动趋势，结合目前我国政府出台的"十四五"规划纲要和钢铁工业"十四五"期间的发展目标来看，组合灰色预测模型的预测结果与实际情况较为相符。"十四五"期间，重点大中型钢铁企业在"去产能"主导政策的指引下必将缩减产能，钢铁相关产品新增产量的下降必然会导致能源消耗总量的下降。加之，我国"十四五"期间推行"绿色钢铁"的发展目标，"绿色钢铁"要求钢铁工业提高能源利用效率，节约资源能源。我国重点大中型钢铁企业具备良好的研发潜力，在节能工艺等方面将会付出更大的努力，以期达到减少能源消耗的目的。

表7-7 样本重点钢铁企业"十四五"期间综合总能耗预测结果

年份	GM（1，1）预测结果	SCGM（1，1）c预测结果	组合灰色预测模型预测结果
2021	21 568	22 587	20 586
2022	22 157	23 547	21 584
2023	22 587	23 651	21 168
2024	22 874	24 518	21 106
2025	23 514	25 840	20 548

资料来源：作者根据模型运行结果整理得到。

钢铁相关产品生产过程中对水资源的消耗是巨大的，虽然目前我国钢铁工业企业对水资源的循环利用水平有了大幅度的提高，但是每年仍然消耗大量的新水，2014年46家样本钢铁企业总耗新水量达到138 692万立方米。本章运用灰色GM（1，1）模型，SCGM（1，1）c模型和组合灰色预测模型对46家样本钢铁企业的总耗新水平和趋势进行预测，预测结果详见表7-8。

表7-8　样本重点钢铁企业"十四五"期间总耗新水预测结果

年份	GM（1，1）预测结果	SCGM（1，1）c预测结果	组合灰色预测模型预测结果
2021	142 580	138 690	115 820
2022	144 250	136 500	113 265
2023	144 680	134 550	108 259
2024	145 320	133 580	105 740
2025	146 210	131 020	101 025

资料来源：作者根据模型运行结果整理得到。

根据预测结果，"十四五"期间，46家样本钢铁企业总耗新水在GM（1，1）的结果中显示出了小幅波动增长的趋势；在SCGM（1，1）c模型和组合灰色预测模型的预测结果中都呈现出下降的趋势；其中，组合灰色预测模型预测的总耗新水的下降趋势最为明显。结合"十四五"期间绿色发展理念及钢铁工业的发展目标，加之钢铁企业对综合污水处理工程的重视，例如絮凝沉淀+V型滤池污水处理技术和双膜法污水处理回用等新技术的不断研发和应用，"十四五"期间，我国钢铁工业的总耗新水量将有所下降。

二、钢铁工业"十四五"期间污染物排放趋势预测

钢铁工业污染物的大量排放，使得其长期戴着"污染大户"的高帽。何时能将这顶"高帽"摘下成为钢铁工业"十四五"期间发展的重中之重。本章对重点钢铁企业"十四五"期间的废气排放总量及二氧化硫排放总量进行预测。其中，废气主要包含二氧化硫、烟粉尘和氮氧化物。预测结果详见表7-9和表7-10。

表7-9 样本重点钢铁企业"十四五"期间废气排放总量预测结果

单位：亿立方米

年份	GM（1，1）预测结果	SCGM（1，1）c预测结果	组合灰色预测模型预测结果
2021	125 600	124 680	102 584
2022	121 410	123 440	103 652
2023	120 050	121 240	112 540
2024	112 340	113 240	111 483
2025	115 620	102 680	100 586

资料来源：作者根据模型运行结果整理得到。

表7-10 样本重点钢铁企业"十四五"期间二氧化硫排放预测结果

单位：吨

年份	GM（1，1）预测结果	SCGM（1，1）c预测结果	组合灰色预测模型预测结果
2021	521 580	582 100	421 587
2022	510 480	562 580	410 595
2023	512 470	532 410	395 641
2024	501 690	501 480	365 829
2025	495 810	485 690	335 262

资料来源：作者根据模型运行结果整理得到。

根据样本重点钢铁企业"十四五"期间废气排放总量的预测结果，不难发现，整体趋势呈现出小幅上涨，其中组合灰色预测模型的预测结果上涨幅度最小。虽然，废气排放总量呈现出小幅上涨的趋势，但重点钢铁企业的废气处理率也不断更新进步，2014年废气处理率达到99.84%，且达标排放废气的达标率亦达到99.26%。另外，从样本重点钢铁企业"十四五"期间二氧化硫排放预测结果可以看出，钢铁工业"十四五"期间二氧化硫的排放量呈平稳下降的趋势，虽然三种预测模型的下降幅度有所不同，但是综合来看稳步下降的趋势是确定的。由此可见，钢铁企业"十四五"期间把握住新发展理念，钢铁工业废气排放对环境污染情况将得到有效控制。

钢铁工业除排放大量的废气外，还对外排放大量废水，根据《中国钢铁工业环境保护统计》的数据，2006年重点钢铁企业废水产生量达到193.95亿立方米，外排废水总量达到11.44亿立方米，外排废水达标率为96.96%，这说明仅重点钢铁企业2006年对外排放的废水中不达标量就达到0.35亿立方米，对环境产生巨大污染；重点钢铁企业的整体废水处理技术和水平在我国整个钢铁工业中处于领先地位，大量的中小型钢铁企业对外排放的不达标废水情况势必更为严峻。本章对样本重点钢铁企业"十四五"期间的外排废水量进行预测，详见表7-11，结果显示三种预测模型的预测结果中样本重点钢铁企业"十四五"期间外排废水量呈下降趋势。

表7-11　样本重点钢铁企业"十四五"期间外排废水量预测结果

单位：万立方米

年份	GM（1，1）预测结果	SCGM（1，1）c预测结果	组合灰色预测模型预测结果
2021	18 590	21 540	15 420
2022	16 580	20 140	13 480
2023	15 260	20 030	12 470
2024	13 570	19 580	10 040
2025	9 650	18 520	9 230

资料来源：作者根据模型运行结果整理得到。

表7-12　样本重点钢铁企业"十四五"期间化学需氧量排放预测结果

单位：吨

年份	GM（1，1）预测结果	SCGM（1，1）c预测结果	组合灰色预测模型预测结果
2021	6 321	5 240	3 379
2022	6 102	5 032	3 240
2023	5 980	4 859	3 011
2024	5 412	4 420	2 856
2025	5 010	3 987	2 754

资料来源：作者根据模型运行结果整理得到。

钢铁企业排放的废水中的主要污染物有化学需氧量、挥发酚、氰化物、石油类污染物、悬浮物及氨氮等，其中化学需氧量的含量是除悬浮物外最多的污染物质，且化学需氧量主要为有机污染物，易被江河水底的沉泥吸附而沉积，会对水底生物造成严重的毒害，破坏江河的水生态平衡，人类如果食用了被污染后的水生生物将引起癌变、畸形甚至基因突变等严重问题。本章对"十四五"期间钢铁工业企业外排废水中的化学需氧量进行了预测，详见表7-12，结果显示三种预测模型得到的结果趋势是一致的。"十四五"期间外排废水中的化学需氧量呈现出下降的趋势，与外排废水量的趋势保持一致。"十四五"期间，钢铁工业"去产能"的大背景下，在绿色发展理念的引领下，钢铁工业废水及化学需氧量的排放都将得到有效控制。所以，坚持贯彻落实"十四五"钢铁工业发展规划，执行"创新、协调、绿色、开放、共享"的新发展理念，钢铁工业污染物的排放将得到有效控制，"绿色钢铁"的目标将得以实现。

本章小结

本章首先对我国钢铁工业的能源消耗情况和污染物排放及处理情况进行分析，然后对"十四五"期间我国钢铁工业的能耗及污染趋势进行预测。预测过程中，首先对模型进行选择，通过模型精度结果选择合适的模型对"十四五"期间我国钢铁工业的能耗及污染情况进行预测。

通过对能源消耗及污染物排放情况的分析可以发现，我国钢铁工业能源消耗从2003年至2014年平均每年增量都在5 000万吨标煤，这虽然与我国钢铁产品产量的增加密不可分，但与钢铁工业企业的能源利用效率也关系密切。随着技术进步和节能高效得到不断的重视和发展，我国钢铁工业吨钢综合能耗从2003年的1.10吨标煤下降至2014年的0.85吨，大型钢铁工业企业的综合能耗从2003年的0.792吨标煤下降至2014年的0.584吨标煤。从我国钢铁工业能源消耗结构方面来看，煤炭、焦炭、电力等传统能源依然是我国钢铁工业消耗的主要种类，从2003年至2014年十余年间钢铁工业的能源消费结构基本没有变化。"十四五"期间，增加电炉钢所占比例，减少转炉产量，转变能源消费结构是我国钢铁工业提高能源效率、发展"绿色钢铁"进程中应该抓住的改革关键点。水资源消耗也不断增长，重点大型钢铁企业的水资源消耗从2006年的448.69亿立方米增长至2014年的816.51亿立方米，提高工业用水循环利用率是钢铁工业节约水资源的重要途径。从污染物排放方面来看，随着国家对环境生态关注度的提高，钢铁工业的废水排放量从2004年的18.69亿吨下降至2014年的8.58亿吨；钢铁工业化学需氧量的排放从2004年占工业整体排放量的3.55%下降至2014年的2.71%，化学需氧量的排放得到了有效抑制。然而，钢铁工业二氧化硫排放占全国工业二氧化硫排放的比重却呈现上涨的趋势，这与钢铁工业产业集中度低，大量中小型企业的脱硫设备和工艺技术不完善有着密切关系，"十四五"期间，调整产能，提高产业集中度，淘汰落后设备，完善脱硫工艺和设备的应用是抑制二氧化硫排放的重要举措。

本章在进行"十四五"期间钢铁工业能耗和污染物排放趋势预测之前，首先对预测模型进行选择，常用的预测模型为时间序列分析和灰色理论预测方法，由于时间序列分析模型有对大量历史数据的要求，钢铁工业企业的数据不能满足，本章选择了具有处理"小样本""贫信息"等优点的灰色预测模型，运用"十五"期间和"十一五"期间的数据对我国钢铁工业"十二五"期间的发展运行情况分别运用GM（1，1）、灰色Verhulst模型、系统云灰色SCGM（1，1）c模型及组合灰色预测模型完成预测，预测结果中精度较高的模型为组合灰色预测模型、GM（1，1）模型和系统云灰色SCGM（1，1）c模型。所以，最终选取了这三种模型对我国钢铁工业的能耗和污染物排放趋势进行预测。结果发现，"十四五"期间钢铁工业能耗呈小幅稳步提升的状态；总耗新水呈现小幅下降的趋势。污染物排放方面，废气排放总量呈现出小幅增长趋势，但其中二氧化硫的排放量却又有小幅下降。废水排放的预测结果显示"十四五"期间外排废水量呈下降趋势，且下降幅度较大；废水中的化学需氧量的排放趋势与废水排放趋势一致。这从侧面说明，"十二五"期间我国对钢铁工业节能环保的重视使得钢铁工业的能源效率和环境保护得到了一定的进步。"十四五"期间，坚持贯彻落实"十四五"钢铁工业发展规划，执行"创新、协调、绿色、开放、共享"的新发展理念，钢铁工业污染物的排放将得到有效控制，"绿色钢铁"的目标将得以实现。

第八章 >>>

总结与对策建议

第一节 智能化转型推动钢铁工业高质量变革

习近平总书记指出，"信息化为中华民族带来了千载难逢的机遇""我们必须敏锐抓住信息化发展的历史机遇"。实现与数字化、网络化、智能化的融合发展，将成为我国工业体系转型升级，增强和重塑竞争优势的重要抓手。钢铁是制造业的基础，是支撑中国经济社会发展的脊梁。众所周知，钢铁，象征着团结和力量，随着时代的发展，绿色和智慧也将成为钢铁产业的鲜明特征。钢铁产业的产能体现的是钢铁产业绿色发展的展望。而钢铁产业的智慧是钢铁产业未来发展的关键。面向未来，工业互联网赋能钢铁将成为推动我国传统产业与战略性新兴产业互联进程的重要切入点和突破口。数字化转型将成为推进钢铁行业转型升级、实现高质量发展的重要途径之一。中国钢铁要在智慧钢铁的路上，走在世界的前列，成为世界钢铁智能制造的探索者和先行者。

实现这个目标，需要紧抓"智能+"机遇，深入实施钢铁智能制造，推动有条件的钢铁企业完善基础自动化、生产过程控制、制造执行、企业管理、决策支持等5级信息化系统建设，促进工业互联网、云计算、大数据等数字化、网络化、智能化技术在钢铁企业产品研发设计、计划排程、生产制造、质量监控、设备运维、能源管控、采购营销、物流配送、客户营销、成本核算、财务管理、人力资源、安全环保、企业经营等全流程和全产业链的综合集成应用，以5G、大数据、人工智能等新技术为钢铁工业发展赋能。尤其要补齐生产过程自动控制系统、钢铁定制化智能制造、智能化硬件等方面的短板，加快形成以信息技术为支撑的绿色低碳钢铁制造体系，以网络化为基础的产业链集成体系，以数字化为手段的钢铁产品全生命周期管控体系，通过数字化、智能化升级推动钢铁工业发展的质量变革、效率变革、动力变革。

一、深化信息化数字化发展，孕育钢铁产业变革新动能

新一轮科技革命和产业革命浪潮，正在促进人类工业文明逐渐向网络智

能制造文明演变，绿色低碳、网络智能、融合创新、共创分享正成为智能制造的新特点。中国大多产业动能转换和产业升级迫在眉睫。推动钢铁工业智能化转型，发展智能钢铁，既是钢铁工业适应新科技革命和产业变革的需要，也是钢铁工业提高劳动生产率、降低成本，实现高质量发展的需要。当前，我国钢铁工业生产设备数字化率只有49.8%，实现产供销集成的企业比例只有19.8%，实现产业链集成的企业只有5.4%，离全产业链、全流程的数字化、智能化发展目标模式还有很大的差距。

近10年来，钢铁企业持续在自动化和信息化建设方面投入大量资源，每年都有近百亿的专项投资用于企业的数字化改造升级，生产过程的整体自动化和信息化水平提升明显。工业互联网赋能钢铁行业形成平台化设计、智能化制造、个性化定制、服务化延伸、数字化管理及网络化协同六大应用模式，已经覆盖29个典型应用场景。宝钢股份、沙钢等企业建立了"黑灯工厂"智能车间。宝武、鞍钢、太钢、华菱湘钢、南钢等9家国家级智能制造试点示范企业在智能车间、智慧矿山、大规模定制等应用领域取得显著成果。宝武韶钢通过智慧制造开展全流程资源配置，有效提升了组织运行效率和管理效率，传统的作业区和生产线已经被重新定义。

二、持续推进数字化转型，实现智能化发展新飞跃

我国钢铁行业两化融合总体取得了长足进步，也涌现了一些典型案例和优秀企业，但如何推动个体优势转变为整体优势，优秀案例转变为行业标准规范，从而带动行业整体数字化转型，实现智能化质的飞跃，钢铁行业仍需要付出巨大努力。

进一步积极搭建信息和资源交流共享的平台，开展专项技术交流，推广共性技术应用，不断宣传推广成功案例。利用钢铁行业信息化发展建设指导意见》《钢铁行业智能制造解决方案推荐案例集（2021年）》《工业互联网与钢铁行业融合应用参考指南（2021年）》深化数字转型。组建"钢铁行业智能制造联盟"，积极构建跨产业、跨领域协同的创新生态圈。

从钢铁产业生产线的角度来看，既要专注生产线，更要优化产业链，最终构建生态圈。生产线是技术的集成，要追求精益生产的目标；产业链是产品的延伸，要践行全生命周期的理念；而生态圈体现的是全要素的资源配置最优化和全要素效率最大化。到了产业链和生态圈发展阶段，没有工业互联网技术和体系的支撑是难以想象的，理念也只能是理念。因而可以说，正是工业互联网的快速进步和广泛应用，为钢铁工业向新业态的演进提供了全新的发展基础，开辟了无限广阔的发展空间。

三、紧扣数字化转型的着力点，重塑钢铁发展新格局

当前我国钢铁行业发展仍处于高质量发展的起步阶段，发展不平衡、不充分问题依然突出，世界一流强企仍然较少，产能与需求平衡的压力长期存在，绿色低碳发展将倒逼企业快速转型。钢铁行业转型升级要重点聚焦一个根本任务、坚持两大发展主题、解决行业三大痛点、推进一个重要进程。而拥抱世界新一轮工业革命，加快钢铁行业数字技术应用和数字化改造，是推动行业转型升级的重要途径。

加快数字化技术应用和数字化改造，首先要进一步提高对数字化转型的认识，进而提升数字化转型与企业发展战略的匹配度，并相应变革企业运营组织管理方式，以真正推进体系重构和流程再造。加快数字化转型的关键主要有以下几点：

第一，钢铁行业要尽快建立行业数字化标准。要加快数字化标准体系建设，充分发挥行业组织和龙头企业的主导作用，统一数据规范、数据字典和数据语言体系，推动形成系统化标准。建立行业大数据中心，健全行业数字标准开放的相关制度，积极融入全国智能制造标准信息资源共享体系，实现钢铁行业及上下游产业在数字化空间的共建、共治、共享。

第二，钢铁企业要突破一批关键技术。围绕平台接入设备能力，数据采集能力，数字化模型，平台间数据流通，设备协议统一标准、协议数量等方面难题，大力推进技术攻关和实践探索。

第三，要助力钢铁低碳发展进程。面向钢铁行业绿色低碳发展方向和碳中和目标，用工业互联网思维重塑钢铁产业生态系统，打造绿色高科技钢铁产业。钢铁行业实现"双碳"目标是一项复杂庞大的系统工程。绿色制造需要数字化迭代升级、新工艺装备及技术改造的投入、能效的极致管理，需要绿色产品的精准营销和交付、绿色低碳的采购和物流、碳足迹管理等供应链服务与之协同。要持续推动工业互联网技术与钢铁绿色制造过程的深度融合，提供覆盖全生命周期的绿色智慧制造解决方案。

第二节 创新驱动保驾钢铁产业结构升级

"十四五"时期，在构建国内国际双循环相互促进的新发展格局中，钢铁行业作为国民经济的基础，必须在保障产业链、供应链稳定发展中发挥更大的作用。在新一轮科技和产业革命与工业化发展进入后期阶段的双重推动下，加快结构升级，加快发展中高端产品，已成为钢铁工业适应经济发展新常态，提高发展质量，抢占未来发展制高点的战略之举。经济的数量与质量的齐头并进需要从中低端产品链迈入中高端产品链，这需要产业结构的不断调整和适配，要完成这个伟大的发展使命，无论是政府还是企业都要倾注更多的目光在创新方面。

一、中国产量到中国质量的转化

"高质量发展"自2017年首次提出后，历经近五年的时间，已经深切地从经济领域的高质量拓展至各领域的高质量，不仅是"十三五""十四五"的主题，更是未来我国必然坚持的发展路径。对于我国钢铁行业，在高质量发展的背景下，首先要解决淘汰落后产能和化解产能过剩问题，另一方面则是推进产业转型升级，在转型升级的基础上逐步培育新兴产业，继而带来新的质量更高的经济增长点。

钢铁时代始于19世纪中叶，1856年Bessemer工艺诞生，使得大规模生产问世，其突破是基于去除廉价的富碳铸铁中的碳，而不是向低碳锻铁中加入碳。20世纪钢铁行业得到了进一步发展，开始更多地关注成形工艺。美国发明了首台带钢热轧机，可以将大块大块的金属轧制成带卷。这项发明导致了汽车、金属包装以及许多消费品的兴起。随着量产钢铁经济的确立，废钢也开始变得重要。电弧炉炼钢成为最重要的循环工艺之一。技术进步也意味着炼钢周期加快，50年前从原材料到带钢需要7天以上，而如今最快只需8个小时。钢铁生产设备的不断研发，使其从数量的增长上呈现出了突飞猛进的态势。然而，在钢铁产品的质量上，还需要关键技术的提升，我国仍有很大的研发空间。

钢铁产业是国民经济的重要基础产业，是国之基石。我国钢铁产业从新中国成立以来的幼稚时期逐渐成长变强，2021年我国粗钢产量10.3亿吨，钢材累计出口量为6 689.5万吨，同比增长24.6%。从净出口方面看，2021年我国粗钢净出口4 096.1万吨，同比增长2 451.6万吨。我国稳居全球钢铁生产和出口第一大国的位置。钢铁产业的发展为我国工业化、现代化的推进作出了重大贡献。"十四五"期间，钢铁产业必然将以质量为抓手，坚持新发展理念，坚持深入改革开放，加快构建现代化的钢铁产业体系，促进钢铁工业质量效率的全面提升，为实现高质量发展奠定坚实基础。

在钢铁产业高质量发展的进程中，严格控制钢铁冶炼项目的盲目建设，严格落实产能置换、项目备案、环评、排污许可、能评等法律法规、政策规定，不得以机械加工、铸造、铁合金等名义新增钢铁产能。严格执行环保、能耗、质量、安全、技术等法律法规，利用综合标准依法依规推动落后产能应去尽去，严防"地条钢"死灰复燃和已化解过剩产能复产。研究落实以碳排放、污染物排放、能耗总量、产能利用率等为依据的差别化调控政策。健全防范产能过剩长效机制，加大违法违规行为查处力度。

针对重点区域的钢铁工业，对低质发展的相关设备等要提高淘汰标准，淘汰步进式烧结机、球团竖炉等低效率、高能耗、高污染工艺和设备。鼓励有环境容量、能耗指标、市场需求、资源能源保障和钢铁产能相对不足的地区承接转移产能。未完成产能总量控制目标的地区不得转入钢铁产能。鼓励钢铁冶炼项目依托现有生产基地集聚发展。对于确有必要新建和搬迁建设的钢铁冶炼项目，必须按照先进工艺装备水平建设。现有城市钢厂应立足于就地改造、转型升级，达不到超低排放要求、竞争力弱的城市钢厂，应立足于就地压减退出。统筹焦化行业与钢铁等行业发展，引导焦化行业加大绿色环保改造力度。

高质量发展与健全的产品质量评价体系密切相关。大幅提高钢铁供给质量，加快推动钢材产品提质升级，在航空航天、船舶与海洋工程装备、能源装备、先进轨道交通及汽车、高性能机械、建筑等领域推进质量分级分类评价，持续提高产品实物质量稳定性和一致性，促进钢材产品实物质量提升。支持钢铁企业瞄准下游产业升级与战略性新兴产业发展方向，重点发展高品质特殊钢、高端装备用特种合金钢、核心基础零部件用钢等小批量、多品种关键钢材，力争每年突破5种左右关键钢铁新材料，更好满足市场需求。鼓励企业牢固树立质量为先、品牌引领意识，深入推进以用户为中心的服务型制造，开展规模化定制、远程运维服务、网络化协同制造、电子商务等新业态，提升产品和服务附加值。

二、中国制造到中国创造的转化

在新发展格局、新发展理念引领下，首先要做到的是强化创新驱动对钢铁产业结构升级的影响。这需要钢铁行业加大研发投入力度，为结构升级提供强有力的技术支持。目前，我国钢铁工业的研发投入强度仅为1%左右，产业技术供给能力仍不能完全满足行业发展需求，部分核心工艺技术存在明显短板，尚未摆脱关键、核心技术追随者的角色。"十四五"时期，我国钢铁工业还需继续增强创新意识，强化完善创新体制机制，加大研发投入，提高高端钢材的研发和产业化能力，为"高、精、尖、深、专"钢材产品的研制提供坚强的技术支持。

从企业的角度出发，要进一步强化自觉创新意识，同时要强化企业的创新主体地位。进一步推动产、学、研协同发展，营造良好的创新生态环境。在重点区域鼓励制定"揭榜挂帅"的管理办法，采用科技悬赏制的方法，通过政府组织面向全社会尤其是钢铁榜样企业开放征集科技创新成果的一种非周期性科研管理办法。此外，还要建立行业公共服务创新平台和建设创新中心。结合目前我国钢铁工业新发展理念，要有针对性地在相关领域增大创新资源投入，例如低碳冶金领域、洁净钢冶炼领域、薄带铸轧领域、高效轧制领域、基于大数据的流程管控领域、节能环保等关键共性技术领域，以及先进电炉领域、特种冶炼领域、高端检测领域等通用专用装备和零部件等。

从政府的角度出发，鼓励钢铁龙头企业挑起创新大梁，构建示范平台，充分发挥研究领域新材料的作用。建立健全关键领域钢铁新材料上下游合作机制，搭建重点领域产业联盟。鼓励有条件的地区建设钢铁行业创新平台，积极争创国家级创新平台。加强标准技术体系建设，制定发布一批基础通用的国家标准、行业标准，培育发展一批先进适用的高水平团体标准，满足市场和创新需求。除此之外，还要协同绿色低碳的发展目标，推进产学研协同共进，加强相应的基础研究和应用研究，强化产业链工艺、装备、技术集成创新，促进产业耦合发展，强化钢铁工业与新技术、新业态融合创新。

三、中国产品到中国品牌的转化

2010年伊始，中国超越美国成为世界第一制造业大国。粗钢产量自1995年突破1亿吨，占全球粗钢产量的14%，跃居全球收首位。至2021年，我国粗钢产量占全球产量的52.95%。在钢铁产品的产量方面，我国钢铁产品数量地位已然岿然不动。但是与全球钢铁产业强国相比，我们在产品的质量上，尤其是国际认可度上还亟须努力。我国钢铁产品要不断地从产量奇迹转向质量奇迹，以质量奇迹开创品牌优势。

从企业的角度出发，钢铁企业尤其是骨干钢铁企业，要向国际领先水平看齐，大幅提升产品质量水平，尤其是高端产品的质量稳定性、一致性。钢铁企业要力争自觉创新，创造中国血统的民族钢铁品牌。品牌建设是企业产品的质量符号，是商誉的展现形式。只重产品不重品牌的发展路径必然使得企业在世界市场迷失方向。

众所周知，产品本身是没有生命力的，只有产品，没有品牌的企业是没有生命力和延续性的。品牌是一个企业的灵魂，是一个企业存在和延续的价值支柱。因此，只有重视品牌，构筑自身发展的灵魂，我国企业才能从目前的"世界工厂"转变为世界级公司。在世界市场上，企业竞争分为三级，即价格竞争级、质量竞争级和品牌竞争级。全球钢铁产品日趋成熟，已经步入了第三级，即品牌竞争级。高附加值、高利润及高市场占有率显然是品牌的重要价值。作为无形资产的品牌，已然成为企业重要的资产之一。钢铁企业要充分重视企业的品牌战略建设，建立科学系统的品牌培育体系以获得品牌主导地位。

从政府的角度出发，政府和相关行业协会也要加快建立健全质量分级体系，健全完善技术标准体系，提高标准质量，培育优质优价、优胜劣汰的良好市场环境，为钢铁工业结构升级保驾护航。高质量发展的内涵中品牌建设占据重要地位。推动品牌建设，共建行业高质量发展格局，亦是国家竞争力的综合体现。

习近平总书记强调，推动中国制造向中国创造转变、中国速度向中国质量转变、中国产品向中国品牌转变。品牌是质量的价值体现，是质量的内涵升华。党的十九大报告作出了"我国经济已由高速增长阶段转向高质量发展阶段"的重大论断。从总体看，品牌建设助力产业结构升级，向高质量发展阶段迈进，关键是要瞄准供给侧结构性改革这条主线，以提高供给体系质量为主攻方向，加快产业结构调整步伐，提高产品供给质量。品牌是连接供给与需求的纽带，好品牌必然带来更好市场效益。在我国全面扩大开放的大背景下，钢铁产业的品牌建设将推动钢铁工业的高质量发展。政府部门要注重品牌建设引导的平台搭建，突出从创新、标准、设计到质量促进品牌建设。要健全信用评价机制，推进重要钢铁企业和中小钢铁企业质量诚信体系建设，加快推进质量信用信息共享和联动，建立质量诚信"红、黑名单"制度，以有效的激励机制保证弘扬民族品牌精神。

第三节　协调理念主导促钢铁产业融合

基于新科技革命和产业变革加快发展的背景，立足我国钢铁工业发展现状，结合新发展理念的指引，从机制运行、组织、制度和政策等方面入手，注重市场运作，政策引导，以"结构调整—产业联动—制度匹配—空间协定—高效率—高质量"为传导路径，基于"点（微观层面企业）→线（中观层面供需链）→面（宏观层面制度面）→体（机制保障体）"的维度等，建立多层次钢铁产业融合发展模式。

钢铁是对含碳量质量百分比介于0.02%至2.11%之间的铁碳合金的统称。钢以其低廉的价格、可靠的性能成为世界上使用最多的材料之一，是建筑业、制造业和人们日常生活中不可或缺的成分。钢铁行业产业链上游为原材料及辅料，主要包括铁矿石、有色金属、煤炭、电力等；中游为钢铁制造，主要包括生铁、粗钢、钢材等；下游为应用领域，主要包括建筑与基建、航天航空、铁路、机械、汽车和家电等。通过对钢铁工业上游进行分析发现，铁矿石是钢铁生产企业的重要原材料，铁矿石经过破碎、磨碎、磁选、浮选、重选等程序逐渐选出铁。钢铁行业上下游企业紧密联系。

从上游的角度看，数据显示，2020年我国铁矿石产量达8.7亿吨，2021年上半年我国铁矿石产量达4.9亿吨，较上年同期增长15.9%。煤炭是钢铁行业的上游企业和燃料供应行业，钢铁行业是煤炭行业的下游企业和用户。数据显示，2019年我国原煤产量达37.46亿吨，2020年我国原煤产量达38.44亿吨，同比增长0.9%；2021年上半年我国原煤产量达19.5亿吨，较上年同期增长6.4%。从中游的角度看，铁水预处理主要对铁水进行脱硫扒渣处理，为后续转炉炼钢、精炼提供合格的铁水，同时它也是调节高炉和转炉之间供求的主要设备，铁水在混铁炉中储存、混匀铁水成分和均匀温度。转炉是现代钢铁中最主要的设备,世界绝大多数钢厂都是转炉生产钢水,其他部分短流程、特殊钢等可能采用电弧炉等炼钢设备。转炉以铁水和废钢为原料,并向铁水内部吹入氧气,使铁水中杂质和碳元素氧化,并以吹入的高压气体带动铁水流动,起到夹杂物上浮、铁水脱碳等作用,一般高炉铁水的碳含量在4%左右,转炉就是脱碳的重要环节。从下游的角度看,建筑用钢主要包括钢品种钢筋、线材、棒材、型钢、普通钢管等,一般机械用钢主要包括中厚板、优质棒材、型钢和普通钢管。特种机械主要用钢轴承钢、耐磨钢、硅钢片和重型钢轨。汽车制造主要用钢包括高强度冷轧板、高强度镀锌板、合金弹簧钢、齿轮钢、轴承钢等优质棒材。能源用钢主要包括低压容器板、宽厚板、油管钢和碳素钢钢管等,详见图8-1。

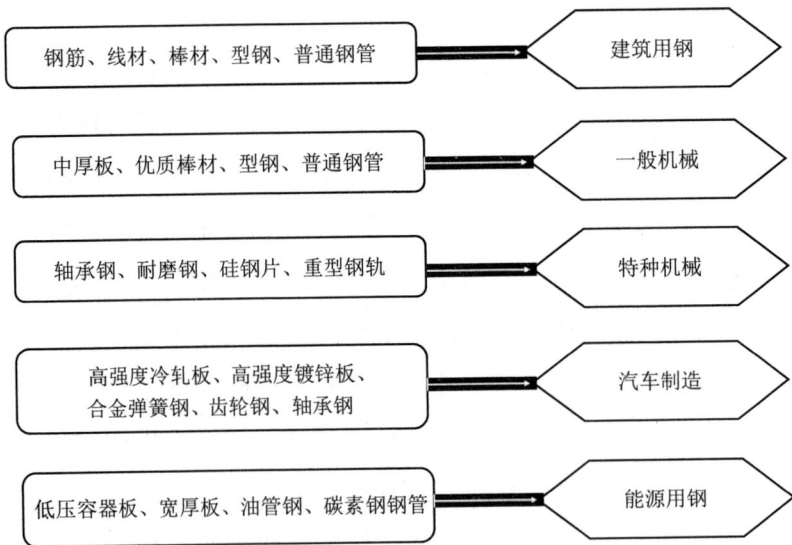

图8-1 钢材品种用途与下游行业

数据来源:iiMedia Research。

钢铁工业发展服务性制造可将"生产"延伸到"生产+服务",延伸产业链与价值链,使产业从同质化竞争转向差异化发展,从低附加值转变为高附加值。完善钢铁工业不同生产环节有重点地做大做强做优相应的配套生产性服务业,并形成专业化的市场,涵盖钢铁工业的每一个环节。作为供给侧结构性改革先行先试支撑制造业发展的基础产业，我国钢铁行业经过40多年的快速发展，有基础、有条件、有能力加快两业融合步伐，实现从钢铁到材料、从制造到服务的深度融合，率先实现高质量发展。发展服务化钢铁制造，需要立足、延伸、超越钢铁工业，延伸、拓展、重构钢铁产业链，实现钢铁制造与服务化的有机结合以及平稳转型，更好地满足用户需求，提升用户价值。

从企业的角度出发，具体来说，首先，在产品开发环节，企业总部设立独立的研发部门和技术部门，在企业发展良好的前提下，继续向下面的子公司延伸设立研发部、技术部，或者与其他技术服务公司合作一起研发新产品，用技术创新做优做强该企业的核心产品。其次，从资源条件出发，根据企业现有资源延伸发展服务，为原来制造的产品增加更多的服务含量，使整体产品的内涵更加丰富，如发展钢材剪切、配送服务等。再次，从能力条件出发，根据钢铁企业固有能力提供服务，即对钢铁产业链进行拓展，在生产产品的基础上提供全生命周期的服务，如定制化生产、定期维护、状态监控等。最后，从信息条件出发，对生产链进行重构，将围绕产品的生产链转变为围绕客户的服务链，将产业链拆分重构为研发链、生产链、产品链和管理链，为客户提供风险管控、咨询服务、区块链技术等以智能管理系统为基础的信息化服务。

从政府的角度出发，以"创新、协调、绿色、开放、共享"新发展理念为引领，坚持自主创新，提升全产业链竞争力。习近平总书记指出："现阶段，我国经济发展的基本特征就是由高速增长阶段转向高质量发展阶段。"推进高质量发展是中国特色社会主义战略安排能否如期实现的关键所在。钢铁行业是国之重工，担负着引领我国经济高质量发展的重要角色。首先，督促国有钢铁企业深入贯彻落实国企党建要求，不断夯实中国钢铁经济高质量发展的政治保证。鼓励钢铁企业推行中国特色现代国有企业制度，将党的领导融入公司治理，实现加强党的领导与完善公司治理相统一。充分发挥党委"把方向、管大局、保落实"的作用。一是把握功能定位，理清权责边界。

二是落实前置程序，强化党委把关。三是健全制度机制，强化协同运行。四是强化贯彻落实，推进党建一贯到底。其次，构筑高质量钢铁生态圈，协调既是发展手段又是发展目标，同时还是评价发展的标准和尺度，是发展两点论和重点论的统一，是发展平衡和不平衡的统一，是发展短板和潜力的统一。钢铁生态圈是围绕钢铁"智慧制造+智慧服务"领域内的制造、交易、物流、燃料、金融、数据、技术、园区开发等核心业务，所有业务关联方共同参与打造的集多功能于一体、为用户提供高效、敏捷、安全的产品和服务的产业生态系统。钢铁生态圈以"一基五元为基础、用户利益至上"，基本特征是开放共享、连接协同、智慧敏捷、创新迭代。

第四节　绿色与循环理念引领低碳钢铁行业

从可持续发展的视角看，"十四五"时期钢铁工业要增强与经济社会发展特别是与环境发展的协调性，亟须加快绿色化转型，努力实现产业发展的低碳化。绿色低碳发展理念已经深入各个钢铁企业，甚至已经内化为中国钢铁企业和中国钢铁人的基本理念。

"十三五"期间，循环发展取得了积极成效，2020年主要资源产出率比2015年提高了约26%。单位国内生产总值（GDP）能源消耗继续大幅下降，单位GDP用水量累计降低28%。废钢利用量约为2.6亿吨，替代62%品味铁精矿约4.1亿吨；再生有色金属产量1 450万吨，占国内十种有色金属总产量的23.5%。"十三五"期间，钢铁行业在绿色低碳发展方面虽然取得了巨大的成绩，但仍然面临很多问题。中国钢铁始终坚持绿色发展理念，以节能降耗、超低排放、淘汰落后、绿色制造等方式积极行动，为钢铁行业低碳转型、做"双碳"引领者奠定了坚实基础。"十四五"期间，从国际上看，一方面绿色低碳循环发展成为全球共识，世界主要经济体普遍把发展循环经济作为破解资源环境约束、应对气候变化、培育经济新增长点的基本路径。美国、欧盟、日本等发达国家和地区已系统部署新一轮循环经济行动计划，加速循环经济发展布局，应对全球资源环境新挑战。另一方面世界格局深刻调整，单边主义、保护主义抬头，叠加全球新冠肺炎疫情影响，全球产业链、价值链和供应链受到非经济因素严重冲击，国际资源供应不确定性、不稳定性增加，对我国资源安全造成重大挑战。低碳转型是一个庞大的系统工程，中国钢铁在中国工业化进程中仍需保持一定规模，要用远远短于发达国家所用的时间实现碳达峰碳中和，没有先例可循，挑战巨大，任重道远。可以说，钢铁行业走向"双碳"道阻且长。

一、钢铁企业绿色优化治理

发展低碳钢铁，从企业的角度看，需要钢铁企业把"绿色"作为引领动力，瞄准国际先进排放指标，加大环保投入力度，加大企业技术装备的改造升级，加快采用先进适用、成熟可靠的先进技术，加快研发先进低碳技术，优化企业生产工艺流程，实现全流程、全工序超低排放。钢铁企业要围绕烟气治理、固体废弃物综合利用、节能降耗等重点领域自主开发新技术新工艺新装备，大力推进低碳冶金新技术的研发，拓展节能减排新途径，用科技创新促进钢铁企业节能环保水平实现均衡提高。尤其要加快研发并推广应用源头氮氧化物控制技术、低温SCR技术、低温烟气循环流化床一体化脱除技术等烧结烟气超低排放技术，负能炼钢新技术，高效绿色电炉冶炼技术，二氧化碳捕集、利用和储存技术等先进低碳技术，加快钢铁企业低碳化转型升级的技术支撑能力。

钢铁企业绿色低碳发展路线要从以下几个方面作为切入点：

第一，工艺流程优化提升。流程优化做得好的话，可以减碳10%左右。第二，前沿技术创新应用。现在来看有两个路径，一个是熔融还原，一个是气基竖炉。第三，产品绿色低碳转型。作为钢铁企业，在自身实现绿色低碳生产的同时，为用户提供更加绿色、高品质的产品。第四，绿色物流系统升级。第五，提高绿色能源、绿色电力的占比，优化用能结构。第六，通过余热余能的利用给周边供暖，以及加强钢渣的回收利用等措施，提升资源、能源循环利用水平。部分钢铁企业开发了LCA（生命周期评价）环境决策模型和数据分析平台，引导并协同下游用钢产业进行绿色消费，以全生命周期理念对全社会节能减排作出贡献。

二、政府政策引导绿色钢铁

从政府的角度看，要继续健全完善钢铁产业政策特别是环境规制政策，包括落实税收、信贷融资、差别化电价以及环保管理等支持政策，降低钢铁企业设施改造投入的成本，引导钢铁企业提高环境保护的主体责任意识。

从国内看，"十四五"期间，我国将着力构建以国内大循环为主体、国内国际双循环相互促进的新发展格局，释放内需潜力，扩大居民消费，提升消费层次，建设超大规模的国内市场，资源能源需求仍将刚性增长，同时我国一些主要资源对外依存度高，供需矛盾突出，资源能源利用效率总体上仍然不高，大量生产、大量消耗、大量排放的生产生活方式尚未根本性扭转，资源安全面临较大压力。发展循环经济、提高资源利用效率和再生资源利用水平的需求十分迫切，且空间巨大。我国钢铁工业在发展循环经济中仍然面临资源产出效率不高，再生资源回收利用规范化水平低，回收设施缺乏用地保障，低值可回收物回收利用难，大宗固废产生强度高、利用不充分、综合利用产品附加值低等突出问题。

近年来，在全球最严格的钢铁环境保护标准倒逼下，我国已经掌握了部分世界领先的节能减排技术。"十四五"期间，我国将全面落实钢铁行业超低排放，但是在钢铁超低排放改造实施过程中，还存在相关技术储备不足、现有技术投资运行成本高昂、忽视非常规污染物等问题。为此，钢铁行业要主动作为，在不断完善已有的节能环保技术与装备的同时，积极推进超低排放技术改造，在技术层面解决全面实现超低排放的整体方案。组织研发重质劣质油加工及高效转化利用、大型高效节能先进煤气化、以二氧化碳为原料生产化工产品、富氢碳循环高炉、氢能窑炉、氢基直接还原等技术。钢铁行业注重推广钢铁循环材料使用、近终形短流程铸轧、低品位资源生物冶金等低碳技术。组织实施氢冶金、非高炉炼铁等低碳冶炼试点项目，开展低碳水泥、氢能窑炉及固碳建材试点。通过政策引导钢铁企业全面完成烧结脱硫、干熄焦、高炉余压回收等改造，淘汰高能耗、高污染、高排放的技术装备和工艺流程。尤其要消除地方政府在环境保护上的不作为和有法不依、执法不严现象，防止钢铁企业出于成本考虑、故意闲置污染防治设施的机会主义行为，加强对钢铁企业生产全流程的环境管控和督察，最大限度地消除钢铁生产中的无组织排放现象，最大限度地发挥现有污染防治技术装备的能效，为钢铁产业的低碳化发展提供可靠的政策保障。

　　钢铁是世界各国关注的重点碳排放行业，碳减排是钢铁行业应对气候变化最重要的举措。从全球范围看，2019年，全球钢铁工业碳排放量约28亿吨，占全球能源系统排放量的8%左右，中国钢铁工业碳排放量占了全球钢铁碳排放总量的60%以上，占全国碳排放总量的15%左右，是我国碳排放量最高的制造业行业，也是碳减排的重中之重。

参考文献

[1] 安博伟，王星杰，王幸.（2015）.环境约束下江苏省全要素能源效率研究.科技展望，2015，25（17），228-229.

[2] 敖宏，邓超.（2009）.论循环经济模式下我国资源型企业的发展策略.管理世界，（4），1-4.

[3] 蔡晓春，邹克.（2012）.基于DEA-Malmquist的钢铁行业上市公司能源效率分析.统计与信息论坛，27（8），90-98.

[4] 曹光辉，齐建国.（2006）.循环经济的技术经济范式与政策研究.数量技术经济经济研究，（5），112-121.

[5] 陈关聚.（2014）.中国制造业全要素能源效率及影响因素研究——基于面板数据的随机前沿分析.中国软科学，（1），180-192.

[6] 陈国康.（2010）.建立钢铁行业发展循环经济评价指标体系的建议.再生资源与循环经济，3（9），9-13.

[7] 陈慧学.（2010）.循环经济与钢铁产业结构调整.中国钢铁业，（3），27-29.

[8] 陈佳伟.（2020）.马克思生态经济思想的循环经济发展研究.现代营销（经营版），（9），142-143.

[9] 陈凯，史红亮.（2011）.中国钢铁行业全要素生产效率实证分析.经济问题，（1），94-100.

[10] 陈玲，赵国春.（2014）.地方政府环境规制对全要素能源效率影响——基于新疆面板数据的实证研究.干旱区资源与环境，（8），7-13.

[11] 陈诗一.（2009）.能源消耗、二氧化碳排放与中国工业的可持续发展.经济研究，（4），41-55.

[12] 陈翔，肖序.（2015）.中国工业产业循环经济效率区域差异动态演化研究与影响因素分析——来自造纸及纸制品业的实证研究.中国软科学，（1），160-171.

[13] 陈勇，童作锋，蒲勇健.（2009）.钢铁企业循环经济发展水平评价指标体系的构建及应用.中国软科学，（12），102-110.

[14] 崔凌凤.（2009）.企业视角：发展循环经济制约因素分析.中共青岛市委党校，青岛行政学院学报，（6），10-14.

[15] 崔树军，安玉红.（2008）.河北省钢铁产业循环发展模式研究.河北学刊，28（5），219-221.

[16] 戴淑芬，郝雅琦.（2014）.基于"企业邮箱"模型的循环经济产业链融资研究.经济问题探索，（10），76-80.

[17] 戴淑芬，郝雅琦，张超.（2014）.我国钢铁企业污染物影子价格估算研究.价格理论与实践，（10），48-50.

[18] 窦彬.（2007）.循环经济下钢铁企业技术创新战略研究.冶金经济与管理，（2），28-30.

[19] 杜春丽，成金华.（2009）.我国钢铁产业循环经济效率评价：2003—2006.产业经济研究，（5），7-14.

[20] 范丹，王维国.（2013）.基于低碳经济的中国工业能源绩效及驱动因素分析.资源科学，（9），1790-1800.

[21] 凤亚红，李文琴.（2008）.基于循环经济的西部能源企业发展模式研究.管理学报，5（5），751-754.

[22] 冯之浚.（2005）.论循环经济.福州大学学报（哲学社会科学版），（2），5-13.

[23] 冯之浚.（2006）.循环经济的范式研究.中国软科学，（8），9-21.

[24] 冯之浚.（2013）.循环经济与绿色发展.杭州：浙江教育出版社.

[25] 冯之坦.（2006）.煤炭企业建立循环经济的影响因素分析及评价.能源技术与管理，（5），91-93.

[26] 付晓东.（2007）.影响循环经济的区域因素.首都经济贸易大学学报，（6），60-63.

[27] 高志刚.（2009）.新疆循环经济发展实证分析与模式构建.北京：石油工

业出版社.

[28] 郭百红，高文.基于马克思生态经济思想的经济发展方式研究——我国经济增长、能源消耗、碳排放的实证分析.经济问题探索，（2），153-162.

[29] 郭晗，高小珺.（2021）.城镇化、数字经济与经济高质量发展——基于中介效应和调节效应的实证分析.经济视角，40（3），14-16.

[30] 韩晶.（2008）.中国钢铁业上市公司的生产力和生产效率——基于DEA-Tobit两步法的实证研究.北京师范大学学报：（社会科学版），（1），119-126.

[31] 韩瑞玲，佟连军，宋亚楠.（2011）.基于生态效率的辽宁省循环经济分析.生态学报，31（16），4732-4740.

[32] 韩一杰，刘秀丽.（2011）.基于超效率DEA模型的中国各地区钢铁行业能源效率及节能减排潜力分析.系统科学与数据，31（3），287-298.

[33] 何枫，陈荣.（2008）.公司治理及其管理层激励与公司效率——关于中国上市公司数个行业的实证研究.管理科学学报，11（04），142-152.

[34] 何枫，祝丽云，马栋栋，姜维.（2015）.中国钢铁企业绿色技术效率研究.中国工业经济，（7），84-98.

[35] 何维达，万学军，武雅斌.（2009）.中国钢铁产业竞争力研究——基于策略能力观的视角.中国工业经济，（11），56-65.

[36] 花明，陈润羊.（2007）.论循环经济中的公众参与.江西社会科学，（4），116-119.

[37] 黄导.（2010）.提高固废治理利用技术水平促进钢铁工业循环经济建设.中国废钢铁，（2），42-51.

[38] 黄栋.（2010）.低碳经济技术创新与政策支持.中国科技论坛，（2），37-40.

[39] 黄和平.（2015）.基于生态效率的江西省循环经济发展模式研究.生态学报，35（9），2894-2901.

[40] 黄和平，毕军，袁增伟，张炳.（2009）.基于 MFA 与 AHP 的区域循环经济发展动态评价——以江苏省为例.资源科学，31（2），278-287.

[41] 胡文娟.（2020）.中国长期低碳发展战略与转型路径研究成果发布.可持续发展经济导刊，（10），7-9.

[42] 姜宛宜，朴春兰.（2021）.日报循环经济发展模式经验探讨.现代商业，52-54.

[43] 蒋育翔，黄全福，洪小和.（2011）.大型钢铁企业能源管理分析与研究.华东经济管理，25（1），104-108.

[44] 焦国华，江飞涛，陈舸.（2007）.中国钢铁企业的相对效率与规模效率.中国工业经济，（10），37-44.

[45] 揭水晶，何凌云.（2014）.内部能源价格相对指数对能耗的调节效应——基于技术效率变动视角的研究.资源科学，36（3），520-529.

[46] 金涌，王垚，胡山鹰，朱兵.（2008）.低碳经济：理念实践创新.中国工程科学，（9），4-13.

[47] 李超.（2008）.日本发展循环经济的背景、成效与经验分析.现代日本经济，160（4），24-28.

[48] 李慧明，王军峰.（2006）.加强物质流分析和调控是发展循环经济的关键.经济纵横，（2），24-26.

[49] 李慧明，王磊.（2008）.减物质化——循环经济发展的重要测度标准.中国环境科学学会学术年会优秀论文集，58-65.

[50] 李瑾，车莉昵.（2021）.世界各国循环经济发展经验对中国的启示.中国轮胎资源综合利用，（4），33-37.

[51] 李尽法，吴育华，潘海生.（2008）.基于 Malmquist 指数的钢铁企业效率测度分析.北京理工大学学报（社会科学版），（3），65-68.

[52] 李利剑.（2005）.我国钢铁企业二次能源回收技术创新.科学学与科学技术管理，（1），67-69.

[53] 李廉水，周勇.（2006）.技术进步能提高能源效率吗？——基于中国工

业部门的实证检验. 管理世界,（10）, 82-89.

[54] 李梦蕴, 谢建国, 张二震.（2014）.中国区域能源效率差异的收敛性分析——基于中国省区面板数据研究. 经济科学,（1）, 23-28.

[55] 李强, 魏巍.（2015）.碳排放约束视角下的全要素能源效率及影响因素研究. 软科学, 29（4）, 71-74.

[56] 李世祥, 成金华.（2009）.中国工业行业的能源效率特征及其影响因素——基于非参数前沿的实证分析. 财经研究, 35（7）, 134-143.

[57] 刘秉镰, 林坦, 刘玉海.（2010）.规模和所有权视角下的中国钢铁企业动态效率研究. 中国软科学,（1）, 150-157.

[58] 刘鸿亮, 曹凤中.（2008）.节能减排与钢铁工业的发展. 中国地质大学学报（社会科学版）, 8（3）, 28-30.

[59] 刘健.（2010）.企业循环生产的经济性障碍分析. 生态经济,（4）, 51-53.

[60] 柳克勋.（2010）.关于钢铁企业发展循环经济的思考. 再生资源与循环经济, 3（4）, 11-15.

[61] 刘淑琴, 李旭智.（2009）.影响循环经济发展的主要因素分析. 山西财政税务专科学校学报, 10（5）, 65-69.

[62] 李天芳.（2020）.我国贫困地区循环经济发展的现实困境与创新策略——以陕南为例. 生态经济, 36（10）, 78-84.

[63] 李世俊.（2007）.钢铁行业节能减排现状目标和工作思路. 中国钢铁业,（3）, 12-17.

[64] 吕荣胜, 周子元, 聂铟.（2012）.基于SBM的重化工能源效率实证研究. 中国经贸导刊,（11）, 70-71.

[65] 林伯强, 蒋竹均.（2009）.中国二氧化碳的环境库兹涅茨曲线预测及影响因素. 管理世界,（4）, 27-36+221.

[66] 林伯强, 孙传旺.（2011）.如何在保障中国经济增长前提下完成碳减排目标. 中国社会科学,（1）, 64-76+221.

[67] 刘捷, 杜春丽.（2007）.基于层次分析法的中国钢铁企业循环经济发展

战略选择. 理论月刊,（12）, 157-159.

[68] 刘彦平, 刘玉海.（2008）.中国钢铁产业动态生产效率分析——基于 Malmquist 生产力指数. 学习与探索,（1）, 167-170.

[69] 刘轶芳, 佟仁城.（2011）.基于能值理论的循环经济投入产出模型的理论探讨. 管理评论, 23（5）, 9-17.

[70] 罗冰生.（2010）.钢铁工业发展循环经济要解决的关键问题. 再生资源与循环经济, 3（1）, 16-18.

[71] 路文杰, 马翠香.（2007）.钢铁工业生态化评价分析研究. 经济问题探索,（8）, 97-103.

[72] 马珊珊, 齐二石, 霍艳芳, 潘贻芳.（2007）.钢铁行业绿色制造评价体系研究. 科学学与科学技术管理,（9）, 194-196.

[73] 穆瑞欣, 陈晓红, 游达明.（2010）.基于主客观综合赋权的长株潭城市群循环经济评价. 系统工程, 28（1）, 113-117.

[74] 牛桂敏.（2008）.循环经济理论对传统经济学价值理论的创新. 天津社会科学,（4）, 81-83.

[75] 蒲甘霖.（2021）.数字金融助力"双循环"经济发展的驱动路径. 新疆社会科学,（5）, 46-55+162-163.

[76] 卜庆才.（2005）.中国和主要产钢国铁资源效率的对比分析. 中国冶金, 15（8）, 9-12.

[77] 乔文怡, 李功, 管卫华等.（2018）.2016-2050年中国城镇化水平预测. 经济地理, 38（2）, 51-58.

[78] 邱锐.（2022）.美国钢铁公司发展历程对我国钢铁产业发展的启示. 冶金经济与管理,（1）, 43-45.

[79] 曲格平.（2002）.发展循环经济是21世纪的大趋势. 当代生态农业,（1）, 18-20.

[80] 屈小娥.（2009）.中国省级全要素能源效率变动分解——基于Malmquist 指数的实证研究. 数量经济技术经济研究, 26（8）, 29-43.

[81] 冉启英，于海燕.（2015）.有无环境约束下西部地区全要素能源效率及其影响因素研究.新疆大学学报，43（3），15-22.

[82] 冉启英，周辉.（2015）.1997-2012年中国农业全要素能源效率的地区差异及收敛性分析.新疆农业科学，52（6），1169-1176.

[83] 任海英，耿宝利.（2008）.钢铁工业生态化园区模式体系研究.生态经济，（6），108-111+132.

[84] 佘元冠，王蒙.（2013）.基于粗糙集的企业循环经济发展水平评价——以我国16家钢铁企业为例.科技管理研究，33（17），59-64.

[85] 师博，沈坤荣.（2008）.市场分割下的中国全要素能源效率：基于超效率DEA方法的经验分析.世界经济，（9），49-59.

[86] 师博，沈坤荣.（2013）.政府干预、经济集聚与能源效率.管理世界，（10），6-18+187.

[87] 史丹.（2006）.中国能源效率的地区差异与节能潜力来分析.中国工业经济，（10），49-58.

[88] 史洪亮，陈凯.（2011）.我国钢铁行业全要素能源效率实证分析——基于省际面板数据.经济问题，（9），86-90+122.

[89] 石捷.（2018）.浅谈马克思生态哲学思想对当前经济发展的启示.经济研究导刊，（5），9-10.

[90] 宋淑芹.（2007）.大力发展循环经济加快向钢铁强国的根本转变.冶金管理，（6），49-51.

[91] 苏杨，周宏春.（2005）.关于当前我国促进循环经济发展的若干问题的探讨.经济研究参考，（10），15-20.

[92] 孙广生，黄祎，田海峰，王凤萍.（2012）.全要素生产率、投入替代与地区间的能源效率.经济研究，47（9），99-112.

[93] 孙玉峰，郭全营.（2014）.基于能值分析法的矿区循环经济系统生态效率分析.生态学报，34（3），710-717.

[94] 索贵彬，王延增.（2008）.基于自主创新和绿色制造的我国钢铁工业发

展策略研究.科学管理研究，26（4），30-33.

[95] 陶信平，李国勇.（2011）.西北地区循环经济发展的资源环境影响因素分析.新疆财经大学学报，44（1），25-28.

[96] 王兵，张技辉，张华.（2011）.环境约束下中国省际全要素能源效率实证研究.经济评论，（4），31-43.

[97] 王国印.（2012）.论循环经济的本质与政策启示.中国软科学，（1），26-38.

[98] 王军.（2007）.循环经济的理论与研究方法.北京：经济日报出版社.

[99] 王俊岭，戴淑芬.（2014）.基于DEA-Malquist指数的我国钢铁行业循环经济效率评价.河北经贸大学学报，35（2），78-82.

[100] 王克亮，杨宝臣，杨力.（2010）.考虑环境效应的中国省际全要素能源效率研究.管理科学，23（6），100-111.

[101] 王宁沈，易荣华，王伟.（2007）.基于DEA的循环经济相对效率性研究——以华东地区五省一市为例.科技管理研究，（8），93-94.

[102] 王维国，范丹.（2012）.中国区域全要素能源效率收敛性及影响因素分析——基于Malmquist-Luenberger指数方法.资源科学，34（10），1816-1824.

[103] 王晓冬.（2010）.美国循环经济发展的实践经验及借鉴——基于制度经济学的分析.财政经济评论，（2），121-132.

[104] 王雄，岳意定，刘贯春.（2013）.基于SFA模型的科技环境对中部地区能源效率的影响研究.经济地理，33（5），37-42.

[105] 王喜平，孟明，刘剑，蒋理.（2013）.碳排放约束下京津冀都市圈全要素能源效率研究.工业技术经济，32（1），11-19.

[106] 王喜平，姜晔.（2012）.碳排放约束下我国工业行业全要素能源效率及其影响因素研究.软科学，26（2），73-78.

[107] 王喜平，姜晔.（2013）.环境约束下中国能源效率地区差异研究.长江流域资源与环境，22（11），1419-1425.

[108] 王艳丽，钟奥.（2015）.工业行业环境规制、创新能力与全要素能源效率实证检验.统计与决策，（15），139-142.

[109] 万燕鸣.（2011）.中国钢铁行业效率研究——基于2002—2008年数据的数据包络分析.技术经济，30（2），51-56.

[110] 魏楚，沈满洪.（2007）.能源效率及其影响因素：基于DEA的实证分析.管理世界，（8），66-76.

[111] 魏楚，沈满洪.（2008）.结构调整能否改善能源效率——基于中国省级数据的研究.世界经济，（11），77-85.

[112] 文拥军.（2009）.基于超效率DEA的农业循环经济发展评价——以山东省为例.生产力研究，（2），21-22+49.

[113] 吴季松.（2006）.循环经济的由来与内涵.科学术语研究，8（1），51-54.

[114] 吴琦，武春友.（2009）.基于DEA的能源效率评价模型研究.管理科学，22（1），103-112.

[115] 吴士锋，陈兴鹏，周宾，徐保金.（2010）.基于信息流引作用的循环经济研究.情报杂志，29（5），192-195+191.

[116] 吴文杰，巩芯仪.（2015）.碳排放约束下陕西省全要素能源效率研究.当代经济科学，37（2），97-105+127-128.

[117] 相震.（2011）.德国节能减排低碳的措施与经验.石油与化工节能，（4），35-37.

[118] 薛冰，陈兴鹏，张伟伟，耿涌.（2010）.区域循环经济的调控机制研究.软科学，24（8），74-78.

[119] 薛楠，刘舜，陈素敏.（2009）.循环经济条件下的钢铁行业静脉产业发展模式研究——以河北省为例.生产力研究，（12），138-141.

[120] 郗永勤.（2013）.循环经济发展的机制与政策研究.北京:社会科学文献出版社.

[121] 郗永勤，张其春.（2010）.循环经济发展的微观机理研究——基于企业

家的视角.西南民族大学学报（人文社会科学版），31（12），120-124.

[122] 肖明辉，彭亮.（2012）.完善我国循环经济宏观调控政策的思考.西南民族大学学报（人文社会科学版），33（1），114-118.

[123] 邢军伟.（2011）.基于循环经济视角的钢铁产业链整合.辽宁行政学院学报，13（8），82-87.

[124] 徐二明，高怀.（2004）.中国钢铁企业竞争力评价及其动态演变规律分析.中国工业经济，（11），40-46.

[125] 徐匡迪.（2010）.低碳经济与钢铁工业.钢铁，（3），1-12.

[126] 徐建中，马瑞先.（2008）.基于AHP的企业循环经济发展水平灰色综合评价研究.科技管理研究，（4），46-49.

[127] 徐业斌，秦慧杰.（2005）.新型工业化道路与循环经济.哈尔滨:黑龙江人民出版社.

[128] 徐盈之，管建伟.（2011）.中国区域能源效率趋同性研究——基于空间经济学视角.财经研究，37（1），112-123.

[129] 薛英岚，张静，刘宇等.（2022）."双碳"目标下钢铁行业控煤降煤碳路线图.环境科学，（3），1-21.

[130] 闫波，马新蕾.（2008）.区域经济的内涵及其影响因素.重庆社会科学（5），31-35.

[131] 闫敏.（2006）.循环经济的国际比较.北京:新华出版社.

[132] 杨洪亮，史丹.（2008）.能效研究方法和中国各地区的能源效率的比较.经济理论与经济管理，（3），12-20.

[133] 杨家兵，吴利华.（2006）.基于DEA的钢铁行业上市公司效率评价.工业技术经济，（2），90-93.

[134] 杨洁.（2009）.钢铁产业发展循环经济的途径.河北理工大学学报（社会科学版），9（6），43-44+48.

[135] 杨顺顺，栾胜基，王颖.（2008）.基于CAS理论的循环经济适应性评价与理论研究.北京大学学报（自然科学版），44（4），611-617.

[136] 姚小芹，崔维军．(2010)．中国重化工业循环经济发展研究——基于投影寻踪的评价分析．科学学研究，28(12)，1856-1860．

[137] 殷瑞钰，张春霞．(2005)．钢铁企业功能拓展是实现循环经济的有效途径．钢铁，40(7)，1-8．

[138] 殷瑞钰．(2008)．钢铁制造流程的本质、功能与钢厂未来发展模式．中国科学，38(9)，1365-1377．

[139] 殷瑞钰．(2021)．构建绿色低碳循环可持续发展的钢铁工业发展体系．科技导报，39(16)，56-61．

[140] 袁晓玲，张宝山，杨万平．(2009)．基于环境污染的中国全要素能源效率研究．中国工业经济，(2)，76-86．

[141] 原毅军，郭丽丽，孙佳．(2012)．结构、技术、管理与能源利用效率——基于2000-2010年中国省际面板数据的分析．中国工业经济，(7)，18-30．

[142] 翟金德．(2022)．城镇化、消费结构及区域经济高质量发展——以长江经济带为例．商业经济研究，(5)，170-173．

[143] 张红霞，刘起运．(2008)．我国高能耗产业的地区间相对有效性及其影响．统计研究，25(4)，50-55．

[144] 张金利，姚伟龙．(2010)．基于循环经济理论的北京市建筑固体废物再利用模式研究．中国软科学，(4)，88-93．

[145] 张立国，李东，龚爱清．(2015)．中国物流业全要素能源效率动态变动及区域差异分析．资源科学，37(4)，754-763．

[146] 张丽妍．(2009)．发展循环经济的制度障碍和制度创新．理论探索，(5)，83-84．

[147] 张庆芝，何枫，雷家骕．(2013)．技术效率视角下我国钢铁企业节能减排与企业规模研究．软科学，27(8)，6-10．

[148] 张庆芝，何枫，赵晓．(2010)．基于DEA的钢铁企业能源及水资源消耗与生产效率研究．软科学，24(10)，46-50．

[149] 张庆芝，何枫，赵晓.（2011）.基于SFA的能源消耗、代理成本及股权结构与钢铁企业效率关系研究.管理学报，8（7），1086-1092.

[150] 张庆芝，何枫，赵晓.（2012）.基于超效率DEA的我国钢铁产业能源效率的研究.软科学，26（2），65-68.

[151] 张三峰，吉敏.（2014）.市场化能改善环境约束下的能源效率吗?——基于2000—2010年省际面板数据的经验研究.山西财经大学学报，36（1），65-75.

[152] 张寿荣.（2006）.我国钢铁工业发展循环经济的若干问题.宏观经济研究，（5），18-20+28.

[153] 张真，杜宪军.（2021）.碳中和目标下氢冶金减碳经济性研究.价格理论与实践，（5），65-68+184.

[154] 赵凯，陈甫军.（2006）.对循环经济技术范式——"XR"原则的探讨.中国工业经济，（6），44-50.

[155] 赵文平，周达培.（2015）.基于贝叶斯网络的循环经济产业链稳定性预测与诊断.统计与决策，（5），29-31.

[156] 曾琳，张天柱.（2012）.循环经济与节能减排政策对我国环境压力影响的研究.清华大学学报（自然科学版），52（4）：478-482.

[157] 赵峰.（2007）.基于循环经济的企业行为转变的动力学研究.贵州社会科学，212（8），102-105.

[158] 赵国杰，郝清民.（2003）.中国钢铁企业规模经济性的数据包络分析.钢铁，（2），72-74.

[159] 赵立祥，邢李志，李京文.（2008）.中国钢铁企业生态化研究.统计研究，25（8），30-34.

[160] 赵文平，周达培.（2015）.基于贝叶斯网络的循环经济产业链稳定性预测与诊断.统计与决策，（5），29-31.

[161] 赵燕娜，朝霞.（2006）.我国大型钢企可持续发展对策研究.科学管理研究，24（4），46-49.

[162] 郑明月.（2022）.钢铁产业发展趋势及碳中和路径研究.冶金经济与管理，（1），4-6.

[163] 周宾，陈兴鹏，吴士峰.（2010）.基于AHP-模糊推理的甘肃省循环经济发展实证分析.系统工程理论与实践，30（7），1200-1206.

[164] 周宏春，霍黎明，管永林等.(2021).碳循环经济：内涵、实践及其对碳中和的深远影响.生态经济，37（9），13-26.

[165] 周洋，宗科.（2012）.循环经济视角下岱庄煤矿水资源循环利用研究.中国矿业，21（5）：63-66.

[166] 诸大建，邱寿丰.（2008）.作为我国循环经济测度的生态效率指标及其实证研究.长江流域资源与环境，（1）：1-5.

[167] 诸大建，朱远.（2013）.生态文明背景下循环经济理论的深化研究.中国科学院院刊，28（2），207-218.

[168] 诸骏生.（2010）.加快我国废钢铁产业化假设为我国循环经济、低碳经济的发展做贡献——四届三次会员大会工作报告.中国废钢铁，（3），1-9.

[169] 祝志杰，王庆莲.（2015）.可持续发展视角下提升我国钢铁行业能源利用率路径研究.长春大学学报，25（5），1-7.

[170] Abramovitz, M. (1956). Resource and Out-put Trends in the U.S.Since 1870. American Economic Review，46(2)，5-23.

[171] Aigner, J., Lovel, 1 K., & Schmidt, P. (1977). Formulation and Estimation of Stochastic Frontier Production Function Models. Journal of Econometric，6(1)，21-37.

[172] Aitken, B., & Harrison, A. (1999). Do Domestic Firms Benefit from Foreign Direct Investment? Evidence from Venezuela. American Economic Review，89(3)，605-618.

[173] Amanda K. Winegardner, Emma E. Hodgson, Adrienne M. Davidson, & John Post. (2014). Reductions in federal oversight of aquatic systems

in Canada: implications of the new Navigation Protection Act. Canadian Journal of Fisheries and Aquatic Sciences, 72(4), 56-70.

[174] Battese, E., & Coelli, T. (1988). Prediction of Firm-level Technical Efficiencies with A Generalized Frontier Production Function and Panel Data. Journal of Econometrics, 38(3), 387 - 399.

[175] Battese, E., & Coelli, T. (1992). Frontier Production Functions, Technical Efficiency and Panel Data: With Application to Paddy Farmers in India. Journal of Productivity Analysis, 3, 153-169.

[176] Battese, E., & Coelli, T. (1995). A Model of Technical Inefficiency Effects in Stochastic Frontier Production for Panel Data. Empirical Economics, 20(2), 325 - 332.

[177] Banker, R.D., Charnes, A., & Cooper, W.W. (1984). Some Models for Estimating Technical and Scale Inefficiencies in Data Envelopment Analysis. Management Science, 30(9), 1078-1092.

[178] Berger A N. (1993). "Distribution-Free" estimates of efficiency in the U.S. Banking Industry and Tests of the Standard Distributional Assumptions. The Journal of Productivity Analysis, 4(3), 261-292.

[179] Berger A N, & Humphrey D B. (1992). Measurement and Efficiency Issues in Commercial Banking In: Griliches Z, ed. Measurement Issues in the Service Sector. Chicago, U.S.: NBER, 245-300.

[180] Berg, S A, F. R. Forsund, & E.S. Jansen. (1992). Malmquist Indices of Productivity Growth during the Deregulation of Norwegian Banking: 1980-1989. Seandinavian Journal of Economics, 94, 211-228.

[181] Boqiang Lin, & Xiaolei Wang. (2014). Exploring energy efficiency in China's iron and steel industry: A stochastic frontier approach. Energy Policy, 72, 87-96.

[182] Boyd, Gale A., George Tolley, & Joseph Pang. (2002). Plant level

productivity, efficiency and environmental performance of the container glass industry. Environmental and Resource Economics, 23(9), 29-43.

[183] Bosseboeuf D, Chateau B, & Lapillone B. (1997). Cross-country comparison on energy efficiency indicators: the on-going European effort towards a common methodology. Energy Policy, 25(9), 673-682.

[184] C.A. Tsiliyannis. (2007). A flexible environmental reuse/recycle policy based on economic strength. Waste Management, 27(1), 3-12.

[185] Caves D.W., Christensen L.R., & Diewert W.E. (1982). The Economic Theory of Index Numbers and the Measurement of Input, Output and Productivity. Journal of the Econometric, 50(6), 1393-1414.

[186] Chambers R., Y.H. Chung, & R.Fare. (1996). Benefit and Distance Function. Journal of Economic Theory, 70(2), 407-419.

[187] Charnes A., Cooper W.W., & Rhodes E. (1978). Measuring the Efficiency of Decision Making Units. European Journal of Operational Research, 2(6), 429-444.

[188] Chen, Shiyi, Amelia U. & Santos-Paulino. (2013), Energy Consumption and Carbon Emission Based Industrial Productivity in China: A Sustainable Development Analysis. Review of Development Economics, 17(4), 644-661.

[189] Chung, Yangho, Rolf Fare, & Shawna Grosskopf. (1995). Productivity and Undesirable Outputs: A Directional Distance Function Approach. Journal of Environmental Management, 51(3), 229-240.

[190] Colby H., X. Diao, & A. Somwaru. (2000). Cross Commodity Analysis of China's Grain Sector: Sources of Growth and Supply Growth. Technical Bulletin No.1884, Economic Research Service, USDA, Washington D.C..

[191] Comwell C., P. Schmidt, & R.C. Sickles. (1978). Production the

Efficiency of Decision Making Units. European Journal of Operational Research, 6(2), 429 – 444.

[192] Cooper W W, Seiford L M, & Tone K. (2007). Data envelopment analysis: a comprehensive text with models, applications, references and DEA-Solver software. 2nd ed. New York: Spring Science& Business Media.

[193] Denison E.F. (1974). Accounting for United States Economic Growth, 1929-1969. Washington D.C.: Brookings.

[194] Deprins D, Simar L, & Tulkens H. (2006). Measuring Labor Inefficiency in Post Offices. In: Parkash Chander, Jacques Dreze, C. Knox Lovell and Jack Mintz (Eds.). Public goods, environmental externalities and fiscal competition. Springer.

[195] D. Shields. National. (2007). Level Indicators to Measure the Contributions of Mineral and Energy Systems to Sustainable Development in the USA. Ft. Collins: USDA Forest Service Research and development.

[196] Fabio Iraldo, Francesco Testa, MichelaMelis & Marco Frey. (2011). A Literature Review on the Links between Environmental Regulation and Competitiveness. Environmental Policy and Governance, 21(3), 210-222.

[197] Fare, R., S. Grosskopf. (2010). Directional Distance Functions and Slacks-Based Measures of Efficiency. European Journal of Operational Research, 2000(1), 320-322.

[198] Fare, R., S. Grosskopf, & Lovell. K. (1994). Production Frontiers. Cambridge University Press, Cambridge.

[199] Fare, R., & Primont, D. (1995). Multi-output Production and Duality: Theory and Applications. Boston:Kluwer Academic Publishers.

[200] Feng He, Qingzhi Zhang, Jiasu Lei, Weihui Fu, & XiaoningXu.

(2013). Energy efficiency and productivity change of China's iron and steel industry: Accounting for undesirable outputs. Energy Policy, 54, 204-213.

[201] Fukuyama H, William L., & Weber. Y. (2009). A Directional Slacks-based Measure of Technical Inefficiency. Socia-Economic Planning Sciences, 43(4), 274-287.

[202] Freeman S.L., Niefer M.J., & Roop J.M. (1997). Measuring industrial energy intensity: practical issues and problems. Energy Policy, 25(7), 703-714.

[203] Gielen D, Saygin D, Taibi E, et al (2020). Renewables-based decarbonization and relocation of iron and steel making: A case study. Journal of Industrial Ecology, 24(5): 1113-1125.

[204] He F., Zhang Q., Lei J., Fu W., & Xu X. (2013). Energy efficiency and productivity change of China's iron and steel industry: accounting for undesirable outputs. Energy Policy, 54(3), 204-213.

[205] Hao R., He W., & Zhang C. (2015). Comprehensive Estimation of the Economic Security of Logistics Industry—Based on DEA Model. Journal of Scientific & Industrial Research, 74(7), 381-386.

[206] He W., Hao R., Deng P., & Wang H. (2014). An Empirical Analysis of Production Efficiency of the Non-ferrous Metal Industry. Journal of Scientific & Industrial Research, 73(8), 505-509.

[207] He W., Hao R., Zhang C., & Ainou F.Z. (2015). Influence Analysis of Media Supervision in Corporate governance. Current Science, 108(5), 804-812.

[208] He W., Sheng Z., & Hao R. (2016). A Productivity Analysis of the Industrial Security in the Mineral Resources Mining Industry. Journal of Scientific & Industrial Research, 75(1), 14-18.

[209] He Weida, Zhang Chuan, & Hao Rong. (2015). Analysis of Electricity Prices Policy and Economic Growth, Journal of Scientific & Industrial Research, 74(1), 11-18.

[210] Hirofumi Fukuyama, & William L.Weber. (2002). Estimating Output Allocative and Productivity Change, Application of Japanese Banks. European Journal of Operational Research, 137(1), 177-190.

[211] Hu Jin-lin, & Wang Shih-Chuan. (2006). Total factor energy efficiency of regions in China. Energy Policy, 34(17), 3206-3217.

[212] Jefferson G.H. (1990). China's iron and steel industry: sources of enterprise efficiency and the impact of reform. Journal of Economic Development, 33(2), 329-355.

[213] John Ehrenfeld, Nicholas. (1997). Industrial Ecology in Practice: The Evolution of Interdependence at Kalundborg. Journal of Industrial Ecology, 1(1), 67–79.

[214] Jondrow, J., C. Lovell, I. Materov, & P. Schmidt. (1982). On the Estimation of Technical Inefficiency in the Stochastic Frontier Production Function Model. Journal of Econometrics, 19(2/3), 233-238.

[215] Justin Doran, & Geraldine Ryan. (2012). Regulation and firm perception, eco-innovation and firm performance. European Journal of Innovation Management, 15(4) , 421-441.

[216] Kalirajan K.P., & Cao Y. (1993). Can Chinese state enterprises perform like market entities: productivity efficiency in the Chinese iron and steel industry. Applied Economics, (25), 1071-1080.

[217] Karakaya E, Nuur C, Assbiring L. (2018). Potential transitions in the iron and steel industry in Sweden: towards a hydrogen-based future? Journal of Cleaner Production, 195(10), 651-663.

[218] Kendriek J.W. (1956). Productivity Trends: Capital and Labor. Review of

Economics and Statistics，(38)，248-257.

[219] Kendrick，J. (1961). Productivity Trends in the United States.New York:NBER.

[220] Kumbhakar，S. (1996). A parametric Approach to Efficiency Measurement Using a Flexible Profit Function. Southern Economic Journal，63(2)，473 - 487.

[221] Kumbhakar，S. (1990). Production Frontiers，Panel Data，and Time-varying Technical Inefficiency. Journal of Productivity Analysis，46(1-2)，201-211.

[222] Kumbhakar S.C. (2000). Estimation and Decomposition of Productivity Change When Production is not Efficient: A Panel Data Approach. Econometric Reviews，19(4)，312-320.

[223] Lambert D.K.，& Parker E. (1998). Productivity in Chinese Provincial Agriculture. Journal of Agricultural Economics，49(3)，378-392.

[224] Leigh Drake. (2001). Efficiency and Productivity Change in UK Banking. Applied Financial Economics，11(5)，557-571.

[225] Leung. (1999). Singapore's Manufacturing Industries 'Total Factor Productivity Growth (TFPG). Applied Economics Letters. U.S.，(4)，194-199.

[226] Lin B.，& Wang X. (2014). Exploring energy efficiency in China's iron and steel industry: a stochastic frontier approach. Energy Policy，72(9)，87-96.

[227] Ma J.，Evans D.G.，Fuller R.J.，& Stewart D.F. (2002). Technical efficiency and productivity change of China's iron and steel industry. International Journal of Production Economics，76(3)，293-312.

[228] Mead R.W. (2003). A revisionist View of Chinese Agricultural Productivity. Contemporary Economic Policy，21(1)，117-131.

[229] Meeusen，W.，& Broeck，J.，van den. (1977). Efficiency Estimation

from Cobb-Douglas Production Functions with Composed Error. International Economic Review, 18(2), 435 - 446.

[230] Miller, Upadhyay. (2002). Total Factor Productivity, Human Capital and Outward Orientation: Differences by Stage of Development and Geographic Regions, Working Paper.

[231] Movshuk, O. (2004). Restructuring , productivity and technical efficiency in China's iron and steel industry, 1988-2000. Journal of Asian Economics, 15(1), 135-151.

[232] Peter Schmidt, Robin C, & Stickles. (1984). Production Frontiers and Panel Data. Journal of Business& Economic Statistics, 2(4), 367-374.

[233] Renuka Mahadevan, & Kall Kalirajan. (2000). Singapore's Manufacturing Sector's TFP Growth: A Decomposition Analysis. Journal of Comparative Economics, 28(4), 828-839.

[234] Sabla Y. Alnouri, Patrick Linke, & Mahmoud El-Halwagi. (2015). A synthesis approach for industrial city water reuse networks considering central and distributed treatment systems. Journal of Cleaner Production, 89(15), 231-250.

[235] Solow R.M. (1957). Technical Change and the Aggregate Production Function. Review of Economics and Statistics, 39(3), 312-320.

[236] Stigler G.J. (1947). Trends in output and Employment, NewYork:NBER.

[237] Tone K. (2001). A slacks-based measure of efficiency in data envelopment analysis. European Journal of Operational Research, 130(3), 498-509.

[238] Tone K. (2003). Dealing with Undesirable Outputs in DEA: A Slacks based Measure (SBM) Approach. National Graduate Institute for Policy Studies, I-2003-0005.

[239] Tone K. (2010). Variations on the theme of slacks-based measure of efficiency in DEA. European Journal of Operational Research, 200(3),

901-907.

[240] Valentin V, Max A, Lars J N. (2018). Assessment of hydrogen direct reduction for fossil-free steelmaking Journal of Cleaner Production. 203(1), 736-745.

[241] Wei Y.M., Liao H., & Fan Y. (2007). An empirical analysis of energy efficiency in China's iron and steel sector. Energy, 32(12), 2262-2270.

[242] Wei Liu, Jin-ping Tian, Lu-jun Chen, Wan-ying Lu, & Yang Gao. (2015). Environmental Performance Analysis of Eco-Industrial Parks in China: A Data Envelopment Analysis Approach. Journal of Industrial Ecology, 19(6), 1070-1081.

[243] Wen Z G, Wang Y H, Li H F, et al. (2019). Quantitative analysis of the precise energy conservation and emission reduction path in China's iron and steel industry. Journal of Environmental Management, 246, 717-729.

[244] Wold H. (1966). Estimation of Principal Components and Related Models by Iterative Least Squares. Krishnaiah P R (Ed.), Multivariate Analysis. New York: Academic Press, 391-420.

[245] Wold H. (1982). Soft Modeling: The Basic Design and Some Extention. Jöreskog K G, Wold H (Eds), Systems under indirect observation. Amsterdam: North- Holland, 1-54.

[246] Zhang X.G., Zhang S.Q. (2001). Technical efficiency in China's iron and steel industry: evidence from the new census data. International Review of Applied Economics. International Review of Applied Economics, 15(2), 199-211.

[247] Zhang J.L., Wang G.S. (2008). Energy saving technologies and productive efficiency in the Chinese iron and steel sector. Energy, (33), 525-537.